문서로 보는 한반도 평화 프로세스
: 40선 해제

문서로 보는 한반도 평화 프로세스: 40선 해제

초판 1쇄 발행 2021년 11월 3일

편저자	김병로 · 서보혁
펴낸이	윤관백
펴낸곳	도서출판 선인
등 록	제5-77호(1998.11.4)
주 소	서울시 마포구 마포대로 4다길 4 곳마루빌딩 1층
전 화	02)718-6252/6257
팩 스	02)718-6253
E-mail	sunin72@chol.com

정가 28,000원
ISBN 979-11-6068-626-5 93300

문서로 보는
한반도평화 프로세스
40선 해제

김병로·서보혁 편저

발간사

책을 내면서 수년 동안 묵혀두었던 원고를 드디어 출간한다는 기쁨보다 마음 한편에 스며드는 착잡함과 무력감을 금할 길 없다. 평화의 대전환을 가져올 듯 보였던 정상들의 위용도 물거품처럼 사라지고 다시 대립과 갈등의 밑바닥을 드러내고 있는 한반도의 현실이 그렇거니와, "3개월 내 외국군대 철수 협의"라는 정전협정의 그 단순한 약속 하나 지키지 못한 채 70년을 보내고 있는 작금의 현실이 너무나 개탄스럽기 때문이다.

한국전쟁 이후 전쟁 종식과 평화 실현을 위해 수많은 선언과 노력이 있었음에도 이처럼 평화가 결실을 맺지 못한 이유가 무엇일까? 적대관계를 종식하고 평화적 관계를 만들 수 있는 조건은 과연 무엇인가? 이러한 물음에 대답하기 위한 시도의 일환으로 이 책이 출간되었다. 전쟁을 종결하고 평화와 공존의 길을 찾아가는 과정을 평화 프로세스라고 한다면, 한반도 평화 프로세스는 한국전쟁을 완전히 종결하기 위해 정전협정을 평화협정으로 바꾸고 전쟁 방지 및 평화 구축을 위해 필요한 모든 절차와 제도를 의미한다.

『문서로 보는 한반도 평화 프로세스: 40선 해제』는 정전체제를 평화체제로 전환하기 위한 조건들은 무엇인가를 탐구하는 책이다. 특히 그 전환 과정을 관련국들 간에 공식적으로 합의된 문서를 중심으로 주요 의제와 쟁점이 변화되어 온 궤적을 살펴본다. 정전협정 이후 한반도 평화 구축에 관한 수많은 외교 합의와 선언이 있었으나, 이 책에서는 1953년 7월 27일 정전협정부터 2021년 5월 21일 한미정상회담 공동성명까지 핵심적인 문서 40건을 선별하여 해제를 붙였다. 사실, 문헌 해제 작업은 각 문서의 분석도 중요하지만, 수많은 문서 가운데 어느 것을 채택하느냐 하는 선별 작업이 결정적이다. 따라서 이 책에 수록된 40건의 문헌은 한반도 평화 프로세스의 전환적 계기를 만들어낸 중요한 문서들이라 할 수 있다.

책의 내용을 3장으로 구성하였다. 제1장에서 한반도 평화체제의 역사를 개괄하고 평화 프로세스의 주요 의제와 쟁점, 관련국의 입장을 정리하였다. 평화협정의 형식을 남북으로 해야 한다는 주장과 북미로 해야 한다는 주장이 맞서고, 남북미 3자와 남북미중 4자가 당사자가 되어야 한다는 대안이 나오고 있다. 또 협정의 전제조건으로 미군 철수 주장과 북한의 핵 포기 주장이 맞서고, 비핵화와 군사적 긴장완화, 신뢰구축과 평화협정 내용도 각기 다르다. 미중 패권경쟁이 심각한 국제정세 속에서 관련국의 입장까지 고려해야 하는 상황에 이르면 평화의 길을 찾기는 더 어려워보인다.

제2장에서는 전체 시기를 냉전기(1953~1987), 전환기(1988~1992), 탈냉전기(1993~2007), 변환기(2008~2021)의 네 시기로 구분하여 각 시기별로 선별한 주요 문건을 설명하고 전문을 수록하였다. 네 시기는 정전협정 이후의 역사를 구분짓는 분수령과 같은 사건을 중심으로 나누었다. 1988년 7·7선언은 한국의 대북정책이 중대 전환을 단행한 시

기로 냉전기를 마감하고 전환기를 여는 결정적 계기가 되었으며, 1994년 북미 제네바 합의는 미국과 북한의 첫 외교협상 결과물로 탈냉전기를 견인하는 중요한 계기가 되었다. 또한 2010년 5·24 대북 제재 조치와 잇달은 유엔 안전보장이사회(이하 유엔안보리) 제재 결의는 북핵협상의 단절로 변환기 위기의 악순환을 낳는 중요한 계기로 작용하였다. 이 시기는 2018년 평화 프로세스가 개시되는 일련의 정상외교와 초보적인 비핵화 조치도 포함한다. 그러나 미중 대결이 격화되는 가운데 한반도 평화 프로세스는 답보하는, 소위 평화와 비평화가 경합하는 시기로 볼 수 있을 것이다.

마지막 제3장은 한반도 평화 프로세스의 향후 과제와 전략을 제시하였다. 문제와 갈등이 한계에 다다라 해결의 기미가 보이지 않을 때는 공통분모를 찾기 위해 문제의 초점을 완전히 좁혀 접근하거나 반대로 문제를 더 확대하여 큰 틀에서 접근하는 방법을 취하는 것이 보통이다. 제3장에서는 헬싱키 프로세스와 같이 문제의 판을 더 키워 안보, 경제, 인권으로 확대하여 접근하는 복합 평화전략을 제안한다.

이 책은 남북한을 비롯한 미국과 중국 등 당사국과 일본, 러시아 등 관련국이 평화체제 수립을 위해 합의한 문건을 분석한 것으로서, 한반도 평화체제의 제도화에 필요한 구체적인 형식과 내용, 그리고 전략을 이해하는 데 큰 도움을 줄 것이다. 한반도는 지난 70년간 군사력을 바탕으로 평화와 안정을 비교적 잘 지켜왔으나, 평화를 위해 적극적이고 전향적인 노력을 기울이는 데는 소홀하였다. 한국전쟁의 혹독한 경험 때문에 힘으로 평화를 지켜야 한다는 안보논리가 지배하여 적대적 상대와 관계를 회복하고 적극적 평화로 나가는 데 대한 불안과 두려움이 크다. 힘을 바탕으로 자신을 지키고 공동체를 보호하는 데서 평화가 시작되는 것은 사실이지만 힘으로 지키는 것만으로 평화는 오지 않는다.

평화는 적대적 관계를 전환하고 협력하여 공존공영하는 관계로 발전시켜 나가야 가능하다. 관계를 전환함으로 평화를 조성하고 구축하는 작업은 군사력만 아니라 외교와 경제, 사회와 문화 등 모든 영역에서 폭넓게 접근해야만 가능하다. 최근 평화학은 지속가능한 평화, 양질의 평화 등 보다 풍부한 평화 개념에 관심을 갖고 외교적 노력은 물론 개발 및 인권과 같은 경제사회적 조건을 평화 증진에 연결하는 방향으로 연구가 확장되고 있다. 한반도에서도 한국전쟁의 발생 원인과 전개 과정 등 직접적인 주제를 넘어서 평화경제와 개발협력, 평화-발전-인권의 선순환 등과 같은 대담한 주제들을 다루면서 평화 구축과 평화의 조건을 탐구하는 방향으로 발전하고 있어 고무적이다.

이 책을 관통하며 지속되는 질문은 적대적 관계를 종식하고 평화적 관계를 만드는 데 필요한 조건은 과연 무엇인가라는 물음이다. 너무 더디고 진전이 없는 한반도 평화 프로세스를 보면서 한국전쟁의 혹독한 경험이 얼마나 관련 당사자들을 깊은 불안과 두려움에서 헤어나지 못하게 하는가를 목도한다. 외교적, 법적으로 평화협정을 체결한다 해도 서로의 불신과 두려움이 해소되지 않은 상황에서는 이행을 담보하기 어렵다. 물론 협정 체결 자체를 비관적으로 볼 것은 아니다. 비록 수포로 돌아간 듯 보이나, 한반도에서 진행되었던 이 수많은 합의와 선언과 실천은 사람들의 기억에 차곡차곡 쌓여 경험이 되고 자산이 되어 조만간 유용하게 사용될 것이라는 기대도 갖는다. 그런 사유 속에서 대결보다는 평화 구축이 나와 우리의 미래에 더 유용하다는 대안적인 실익 계산과, 상대를 일면적으로만 볼 것이 아니라 공감하며 공존할 동반자로도 생각할 수 있는 태도 전환이 일어날 것이다.

적대관계를 평화적 관계로 전환하려면 결국 누군가가 먼저 이 악순환의 고리를 끊고 선순환의 반전을 시작해야만 가능한 것 같다. 찰스

쿱찬(Charles Kupchan) 조지타운대 교수는 『적은 어떻게 친구가 되는가(*How Enemies Become Friends*)』라는 자신의 저서에서 적이 친구가 되려면 무엇보다 먼저 어느 한 편에서 선의의 일방적 조치가 필요함을 역설한다. 물론 그 선의의 일방적 조치가 이후에 상호절제와 교류협력, 새로운 내러티브와 정체성 창출 노력으로 이어져야 하지만, 어느 일방의 선제적 양보와 수용이 없이는 적대적 관계 해소가 불가능함을 강조한다. 그러나 그런 논의가 70년의 적대관계를 이어온 한반도에서 순탄하지 않다면, 상호 합의한 바를 이행하며 신뢰를 축적하고 상생의 길을 닦아갈 상호주의적 접근도 권장할 바이다.

이 책을 출판하기까지 관련 문서를 수집하고 정리해준 대학원 학생들의 도움과 수고가 컸다. 냉전기 자료를 정리해준 강민혜, 전환기 파트를 맡아 수고한 최경희 박사, 탈냉전기와 변환기 자료를 각각 맡아서 수집·정리한 김성혜와 이숙현에게 깊은 고마움을 전한다. 어려운 출판계 환경에서도 출간을 흔쾌히 받아준 선인의 윤관백 사장과 편집진에게도 감사드린다.

아무쪼록 이 책이 한반도 평화체제 논의의 역사와 구조를 이해하는데 크게 기여하기를 기대하며, 앞으로 만들어갈 평화구축 과정에 많은 참고가 되고 영감을 주길 바라마지않는다.

2021년 11월
김병로·서보혁

목차

제3장 한반도 평화 프로세스: 전략과 과제 ····················· 331

제1장

한반도 평화체제론의 범위와 쟁점

1. 평화체제의 정의와 논의 배경

평화체제는 전쟁을 벌인 당사자들이 전쟁을 종식하고 평화로운 관계를 형성 발전시키는 유무형의 요소와 구조를 말한다. 유형의 요소에 휴전조약이나 평화조약, 군축이 포함되고, 무형의 요소에는 군사문화의 평화문화로의 전환, 적대감 해소와 우호감 증진을 들 수 있다. 이런 노력은 전쟁 당사국들 사이는 물론 각국의 대내적 측면과 국제적 측면에서도 함께 이루어질 때 성과를 거둘 수 있다. 평화체제는 크게 둘로 구성되는데 그 하나가 전쟁 재발을 막고 평화로운 관계를 형성하는 '평화 회복'이고, 다른 하나가 그런 평화 상태를 유지시키는 '평화 유지'다. 이 둘이 이루어지면 평화체제는 공고한 상태로 나아갈 수 있다.[1]

평화체제를 구축한다는 의미는 필요한 제도적 장치와 관련국들 간

---

1) 서보혁·나핵집, 『지속가능한 한반도 평화를 향하여』 (서울: 동연, 2016), pp. 128-129.

공통의 인식과 신뢰를 바탕으로, 정전 상태를 평화 상태로 전환하고 상호 적대적 관계를 초래했던 긴장 요인을 해소함으로써 항구적 평화를 실현하는 일련의 행위와 그 결과이다. 이미 지난 2005년 3단계 6자회담 결과인 「9·19 공동성명」(4항)에서 "직접 관련 당사국들이 적절한 별도 포럼에서 한반도의 항구적 평화체제에 관한 협상을 가질 것"을 명시함으로써 한반도 평화체제 구상이 시작되었다. 그 후 2007년 「2·13합의」에서 5개의 실무그룹(Working Group)의 하나인 "동북아 평화·안보체제" 그룹이 러시아의 주관 아래 한반도 평화체제 구축 문제를 다룬 적도 있다.

제도적 측면에서는 「한반도 비핵화 선언」과 「남북기본합의서」의 실질적 이행, 종전선언과 평화협정 체결 등과 같은 조치들이 필요하고, 평화협정의 주체와 체결 방식, 협정의 기본 내용, 이행 방법, 평화관리기구 등에 대한 방안도 필요할 것이다. 그러나 평화체제 논의가 실행 가능하려면 복합적 평화구조에 관한 공동인식이 필요하고 그것을 실현할 수 있는 대전략이 있어야 한다. 대결 국면에서 논의되는 특정 사안들로 국한해서는 돌파구를 만들기 어려우며, 보다 큰 틀에서 상호 교환하거나 양보하는 대타협의 방안을 찾아야 한다.

규범적 측면에서 볼 때 평화체제는 관련국들 간에 평화체제의 비전과 국제사회에서 통용되는 보편가치를 공유하는 것을 바탕으로 한다. 여기에는 당연히 평화가 포함되는데, 평화는 수단으로서의 평화와 목표로서의 평화, 그리고 그 둘을 연결하는 과정으로서의 평화 등 삼중의 의미를 갖는다. 또 보편가치가 평화만이 아니므로 가령, 평화와 인권, 그리고 지속 가능한 발전과 같이 보편가치들 사이의 상호의존, 상호연관성에 유의하는 자세가 특히 요구된다. 이는 평화체제 구축이 복합 전략임을 의미하고, 한반도 평화체제를 논의할 때 보편가치를 특정한 조건(가령, 남북 분단과 군사적 대치 상태, 북한의 저발전 등)에서 어떻게 구현할지 창조적인 자세가 필요함을 말해준다. 또 중대한 관심사항들(한반도의 경우 비핵화, 적대관계 청산, 평화관리기구 구성 및 운영 등)에 대한 추진 원칙과 방향 등에 대한 공감대가 평화체제 구축에 앞선다는 점에서 규범적 측면의 중요성을 새삼 확인하게 된다.

1980년대 말부터 세계적 냉전이 종식되는 과정에서 일련의 남북 고위급회담과 북미, 북일 접촉도 일어났다. 그런 회담에서 관련국들은 한반도 정전체제 종식과 관련국들 간의 적대관계 청산을 통해 평화체제 수립의 필요성을 논의하기도 했다. 1990년대 들어 1차 북핵위기가 경제 지원과 정치적 협상으로 완화되어 가자 1997년부터 남북한과 미국, 중국이 4자회담을 열어 한반도 긴장 완화와 평화체제 수립에 관한 논의에 들어간 적도 있었다.

하지만 그런 논의 과정은 한반도의 진정한 평화를 위해서라기보다는 관련 당사국들의 이해관계가 반영된 정치적 레토릭(rhetoric)의 성격이 강했다. 남과 북, 미국과 중국 등 관련 당사자들은 비핵화의 개념을 각기 다르게 갖고 있고, 한반도 평화체제의 아이디어들이 어떠한 과정을 통해 실현될 수 있는가에 대한 조건들을 다르게 구상하고 있어서 돌파구를 찾지 못했다. 4자회담이 실패로 돌아가고, 2차 북핵위기가 발생하자 2003년부터 6자회담이 진행되어 비핵화에 일정한 진전이 있었지만 상호 불신과 이해관계의 대립으로 5년여 만에 결국 중단되고 말았다.

2010년 3월에 발생한 천안함 사건과 11월에 겪은 연평도 사태는 정전체제, 곧 한반도에서 군사적 대립을 해소하는 일이 매우 시급하며 중요한 문제임을 상기시켜 주었다. 탈냉전 이후 남북한은 냉전 시기의 적대적 관계를 뒤로하고 교류와 협력 관계를 확대하여 「남북기본합의서」

와 「6·15공동선언」, 「10·4선언」 등의 합의를 도출하였다. 그러나 위 두 사건은 군사적 대립과 갈등은 여전히 해결되지 않고 있음을 보여주는 상징적 사건이라 할 수 있다. 북한은 세계적 냉전이 해체되는 상황에 즈음해 줄곧 북방한계선(NLL) 문제를 제기하며 서해에서 군사적 충돌을 야기해 왔고, 김정은 후계 구축 과정에서 김정은의 선군 리더십을 부각하기 위해 공세적인 대남전략을 구사했다. 북한의 이러한 시도는 내부 결속을 기하려는 대내정치적 의도와 함께, 한반도가 불안한 정전 상태에 있음을 환기시키며 미국으로 하여금 북미 평화협상에 응하도록 하기 위한 외교전략의 측면도 있다. 특히 북한이 핵보유를 선언한 이후에는 평화협정 체결 의도를 더욱 강하게 드러내고 있다.

한반도의 안보와 평화에 대한 관심은 2011월 12월 북한 김정일 국방위원장의 사망, 이후 김정은의 집권 공고화 과정과 잇달은 핵실험 및 장거리미사일 발사로 더 높아졌다. 여기에 한국과 미국이 주도하는 강력한 대북 제재와 2016년 한국과 미국의 고고도미사일방어체계(THAAD)의 한국 배치 결정으로 역내 긴장의 파고는 더 높아졌다. 「판문점선언」과 「평양공동선언」, 그리고 싱가포르 북미정상회담으로 비핵화와 평화에 대한 기대가 한층 고조되었으나, 2019년 2월 하노이 북미정상회담의 결렬로 한반도 정세는 또 다시 앞을 가늠하기 어렵게 되었다. 이는 한반도와 동북아시아에서 지속가능한 평화체제를 수립하는 일의 어려움과 그 절실함을 동시에 드러내주고 있다.

2. 한반도 평화체제 논의 과정

한반도 평화체제는 불안정한 정전 상태를 종식시키고 공존과 평화의 상태가 지속되는 구조와 규범을 필수 조건으로 한다. 평화체제는 안보·군사적 차원에서 평화의 제도를 만들고 남북관계와 대외관계에서 이를 보장하는 제도적 발전이 이루어진 상태로 규정할 수 있다. 이런 맥락에서 평화체제는 관련 당사국들 사이의 신뢰 조성 및 적대관계 청산과 현 정전협정을 평화협정으로 대체하는 논의에서부터 그와 관련된 국제정치적, 국제법적 문제 해결에 이르기까지 그 내용이 폭넓다.

역사적으로 보면 정전협정을 평화협정으로 전환하기 위한 논의가 가장 먼저 시작되었다. 한국전쟁이 발발한 지 3년이 조금 지난 1953년 7월 27일, 「정전협정」이 체결되어 "휴전협정이 서명되고 발효된 이후 3개월 이내에 한반도 문제의 평화적 해결과 외국군 철수를 협의하기 위해 고위급 정치회담을 개최한다"는 「정전협정」 제4조 60항의 규정에 따라 참전국들은 1954년 4월 26일-6월 15일 사이에 제네바 정치회담을 개최하였다.[2] 제네바 정치회담은 별다른 결실을 거두지 못하고 끝나고 말았으나, 이 자리에서 북한은 "외국 군대의 철수와 남북 군대의 축소"를 조건으로 남북 평화협정을 제안하였다. 이 제안은 정전협정을 항구적인 평화협정으로 전환하기 위한 첫 번째 시도였다는 점에서 의미를 갖지만, 분단 정전체제의 유지에 더 관심이 많았다.

제네바 정치회담 이후 북한은 주한미군의 철수를 전제로 한 남북 평화협정을 주장해 오다가 1974년 3월 최고인민회의 제5기 3차 회의에

---

2) 제네바 정치회담에는 한국전쟁에 참전한 유엔군 측 15개국(남아공 제외)과 소련, 중국, 남·북한 등 모두 19개국이 참가하였다. 문성묵·신범철, "평화공동체 구상: 조건과 시기," 북한연구학회 주최 2011년 봄 정기학술회의 발표문 (이화여대, 2011.4.22), p. 28. 휴전협정에 반대했던 이승만 정부는 당초 제네바 정치회담에도 참석하지 않겠다는 입장을 나타냈지만, 미국 측의 끈질긴 참가 요청으로 참가하게 되었다. 강인덕·송종환 외, 『남북회담: 7·4에서 6·15까지』 (극동문제연구소, 2004), p. 52; 문성묵·신범철, 위 논문, p. 28에서 재인용.

서 북미 평화협정 체결을 제안하였다.[3] 남한은 1974년 1월 '남북 간 상호불가침협정'을 제안함으로써 협정의 당사자를 남과 북으로 명확히 하였으나, 평화협정 대신 불가침협정을 맺자고 주장하였다. 남과 북은 협정의 형태와 당사자 문제를 두고 대립된 견해를 유지하였다. 1984년 1월 북한은 북미 평화협정과 남북 불가침선언의 병행 체결을 주장했으며 이를 위한 3자회담을 제안하였다. 북한의 이러한 주장은 1992년 2월 「남북 사이의 화해와 불가침 및 교류·협력에 관한 합의서」(「남북기본합의서」)를 통해 남북 간에 '불가침합의'가 관철된 것이란 판단을 밑바탕에 두고 있다. 따라서 북한은 남은 과제는 북미 평화협정 체결이라고 주장하고 있고, 남한은 1990년 8월부터 남북 평화협정 체결을 공식적으로 주장하고 있다.

남한은 이후에도 남북 평화협정안을 일관되게 유지하고 있지만 북핵문제의 해결 없이 평화협정 체결 논의는 시기상조라는 입장을 취하고 있다. 그에 비해 북한은 1990년대 이후 평화보장체계, 관계정상화, 불가침조약, 핵군축회담 등 정세와 필요에 따라 다양한 방안을 제시해왔지만, 평화협정 체결 문제에 있어서 남한을 배제하고 북미 당사자론을 견지하고 있다.

1990년대 초부터 북한의 핵개발 문제가 불거지면서 평화체제 논의는 뒷전으로 밀려났다. 다행히 1994년 제네바 「북미 제네바 합의(Agreed Framework)」 채택으로 북핵문제가 봉합된 후 평화체제 논의는 남과 북, 미국과 중국이 참가하는 4자회담의 틀에서 논의되었다. 1996년 4월 한미정상회담에서 공동 제의하고 북한이 이를 받아들임으로써 1997년부

---

3) 조성렬, "한반도 비핵화와 평화협정의 연계 배경과 전망: 북핵문제의 포괄적 해법을 위한 시사점," 북한연구학회 춘계학술회의 발표 논문 (2010.4.9); 문성묵·신범철, 위의 논문, p. 28에서 재인용.

터 시작된 4자회담은 '긴장완화'와 '평화체제'라는 분과위원회를 설치해 평화체제 문제를 다루었다. 하지만 주한미군의 철수와 북미 평화협정을 의제화 하려는 북한과 군사적 신뢰 구축 조치를 우선 논의하자는 한국과 미국의 주장이 맞서 별다른 성과를 거두지 못한 채 제5차 본회담을 끝으로 중단되고 말았다.[4]

2002년 10월 북미 간 대립이 다시 격화되어 북한이 핵무기 개발을 공식화하기에 이르자, 북한 핵문제를 협의하기 위한 6자회담이 시작되었다. 2003년 8월 27일, 6자회담의 시작으로 평화체제 논의는 새로운 국면을 맞이했다. 북핵문제와 한반도 비핵화 문제가 평화체제 구축의 선결조건으로 부상한 것이다. 비관적 시각으로 보면 핵문제라는 장애물에 막혀 평화체제 논의가 후퇴했다고 볼 수도 있으나, 낙관적 관점에서 보면 북핵문제가 더욱 심각해짐으로써 역설적으로 평화체제에 대한 관심이 더 높아졌다고 볼 수도 있다. 2005년 「9·19 공동성명」에서 '직접 관련 당사국들'은 '적절한 별도 포럼'을 개최하여 "한반도의 영구적 평화체제에 관한 협상을 가질 것"을 합의함으로써 평화체제의 필요성이 구체적으로 언급되었다. 2006년 북한의 핵실험 이후 2007년의 「2·13 합의」와 「10·3 합의」에서 5개 분과위원회 중 하나로 동북아 평화·안보 체제 실무그룹을 결성하고, 이를 위한 별도의 '한반도평화포럼' 개최에 합의했다.

그러나 북핵 시설의 불능화와 대북 중유 제공 약속의 불이행이 맞물리면서 평화체제 논의는 다시 중단되었고 한반도평화포럼은 가동조차

---

4) 2000년 10월 12일 조명록 조선인민군 차수와 올브라이트(Madeleine Albright) 미 국무장관 간의 회담에서 합의된 「북·미 공동커뮤니케」에는 "조선반도에서 긴장상태를 완화하고 1953년의 정전협정을 공고한 평화 보장체계로 바꾸어 조선전쟁을 공식 종식시키는데서 4자회담 등 여러 가지 방도가 있다는데 대하여 견해를 같이 하였다"고 밝히고 있다.

안 됐다. 2006년 10월 1차 핵실험에 이어 2009년 5월 북한의 2차 핵실험이 단행되었고 그에 대응하여 유엔안보리가 북한에 대한 군사·금융 제재인 1874호 결의안을 채택함으로써 비핵화 논의는 완전히 중단되었다. 북한의 핵개발과 국제사회의 제재가 악순환을 거듭하는 가운데 남북관계도 악화되어 평화체제 문제를 다룰 조건은 사라져버렸다.

그런 사태 전개로 인해 한국에서는 한반도 평화체제 논의의 유용성에 의문을 던지고 대북 억지에 초점을 두는 논의가 지배적이다. 북핵문제의 악화를 반영한 그런 시각이 일리가 있지만, 다른 한편으로는 장기적 안목에서 평화체제 수립에 대비하는 논의가 필요한 것도 사실이다. 그런 두 시각 사이에서 비핵화와 평화체제 논의를 병행할 필요성을 갖고 그 방안에 관심을 두는 논의도 있어왔다.

3. 한반도 평화체제론의 의제와 쟁점

지금까지 한반도 평화체제 구축을 논의하는 과정에서 제기된 의제를 종합하면 평화협정 체결, 긴장 완화와 신뢰 구축, 한반도 비핵화 등 세 영역으로 발전해 왔음을 알 수 있다. 남북분단과 정전 상태를 종식하고 평화체제를 구축하는 데 있어서 가장 핵심적 과제가 평화협정, 남북 간 긴장 완화와 신뢰 구축임에도 불구하고 북핵문제가 불거짐으로써 한반도 비핵화가 가장 시급한 현안으로 대두되어 있다. 북핵이라는 풍랑을 만나 평화체제라는 배가 뒤집힐 것인가, 아니면 북핵 풍랑에도 불구하고 평화체제호(號)가 순항할 것인가 가늠하기 어렵지만 현재로서는 북핵문제가 상당한 걸림돌이 되고 있다.

한반도 평화체제를 위해 첫째로 다루어야 할 의제는 비핵화 문제다.

한반도 평화체제의 관련 당사국은 당장 발등에 떨어진 북핵문제라는 불을 끄기에 정신이 없다. 현재 한반도 평화체제 논의에서 가장 큰 장애물이 바로 한반도 비핵화의 문제다. 가장 해결하기 어려운 과제이면서 이 문제를 간과하고 평화체제를 진전시키기 어렵게 되어 있다. 6자회담이 바로 한반도 비핵화를 목표로 시작된 다자간 회의체였다. 그간 6자회담에서 합의된 「9·19 공동선언」, 「2·13합의」, 「10·3합의」는 북한의 핵시설 동결, 불능화·신고, 핵폐기 등 3단계 해법을 제시하고 있다. 각 단계에 따라 북한이 취해야 할 조치들과 미국 등 관련 5개국이 이행해야 할 조치들이 맞물려 있어 동시행동 원칙으로 약속을 이행하도록 되어 있다.

2007년 「10·3합의」에서 비핵화를 위한 1단계 조치로 북한은 핵시설 불능화와 핵프로그램 신고를 하고 나머지 5개국은 백만 톤의 중유를 제공하며 미국은 테러지원국 명단을 해제하기로 했다. 2008년 6월 북한의 영변 핵시설 냉각탑 해체에 부응하여 미국은 같은 해 10월 테러지원국 명단에서 북한을 해제하였다. 그러나 불능화라는 개념이 "폐쇄·봉인"에 그치느냐 아니냐, 또 신고대상인 "현존 핵계획"에 고농축우라늄(HEU) 프로그램이 포함되느냐 아니냐를 두고 서로 의견 일치를 보지 못하였다.[5] 그런 갈등으로 인해 북한에 대해 대적성국 교역법 적용 종료 절차가 진행되지 않고 100만 톤 상당의 중유 지원 약속도 완결되지 못했다. 결국 북한이 2009년 5월 핵실험을 강행하고 유엔안보리 결의 1874호를 채택해 북한을 제재하는 갈등 국면이 이어졌다.

한반도 평화체제 구축과 관련한 두 번째 의제는 군사적 긴장 완화와

---

5) 불능화(Disablement)는 동결(Freeze)과 폐기(Dismantlement)·해체(Disassembly)의 중간단계이다. 신고대상인 '현존 핵계획'에 대해 김계관 북한 외무성 부상은 2007년 7월 '영변 핵시설'로 제한하고 이를 해체하는 대가로 경수로 지원을 요구했다.

신뢰 구축 문제다. 비핵화 문제가 다자회담을 통해 해결해야 할 문제라면, 남북 간 군사적 긴장 완화와 신뢰 구축의 문제는 남북관계의 차원에서 주도적으로 해결할 수 있는 의제다. 현재 남북 간에는 「남북기본합의서」와 「한반도비핵화선언」이 이미 체결되어 있기 때문에 기존에 합의된 문서들을 이행하면 긴장 완화와 신뢰 구축에 크게 기여할 것이다. 「남북기본합의서」에는 남북군사공동위원회 구성·운용 및 비무장지대의 평화적 이용, 단계적 군축 실현, 군사직통전화 설치·운영 등이 포함되어 있다.[6] 남북군사공동위원회는 남북 사이의 불가침을 이행·보장하고 군사적 신뢰구축과 군축을 실현하기 위한 협의기구, 나아가 평화관리기구로서의 역할을 수행할 수 있다. 따라서 군사적 신뢰 구축에 관한 조치들은 군사공동위원회를 활용하여 기존의 합의 내용을 어떻게 이행할 것이냐 하는 논의로 진행하면 될 것이다.

물론 여기에는 남북이 국내적으로 정비해야 하는 남한의 국가보안법과 북한의 노동당 규약 및 형법과 같은 제도 개혁의 문제도 포함된다. 2018년 「판문점 선언」과 「평양 공동선언」에서 한반도의 전쟁 종식을 선언하고 더 이상 전쟁이 발생하지 않도록 군사적 조치를 취하도록 합의했음에도 불구하고, 2020년 6월 북한은 남북공동연락사무소를 무자비하게 폭발하며 분노를 표출하였다. 남북 간에 거듭되는 합의와 선언에

---

6) 「남북기본합의서」 제12조와 13조에는 남북군사공동위원회 구성 및 운용, 대규모 부대 이동과 군사연습 통보 및 통제, 비무장지대의 평화적 이용, 군 인사교류 및 정보교환, 대량살상무기와 공격능력 제거, 단계적 군축 실현, 군사직통전화 설치, 운영 등이 포함되어 있다. 「남북기본합의서」의 불가침 부속합의서는 수도권 안전보장지대 설정, 군사분계선 일대 무력증강 금지, 우발적 무력충돌 방지, 불가피한 침범 시 대피의 보장 등을 언급하고 있다. 또 두 차례의 남북정상회담에서는 국방장관회담의 개최, 불가침 의무 준수, 정전체제 종식 및 평화체제 구축 노력, 서해평화협력특별지대 설치, 문산-개성 간 철도 화물 수송 등이 다루어졌고, 두 차례의 남북국방장관회담에서는 DMZ에서의 군사역량 철거, 전쟁포로 송환 및 인도, 북핵 불능화 및 폐기 추진 등이 논의되었다.

도 좀처럼 해결의 실마리를 찾지 못하고 있다. 이런 측면에서 보면 평화의 과제를 문서화하는 작업도 중요하지만 합의한 내용을 어떻게 실천하는가 하는 문제가 더 중요함을 알 수 있다.

마지막 의제는 정전협정을 평화협정으로 대체하는 문제다. 평화협정의 의제와 관련해서는 일반적으로 국경선의 획정, 군축을 포함한 분쟁예방 및 해결 방안, 포로 및 난민의 지위, 채무관계의 정리, 기존 조약의 적용 문제 등이 논의된다.[7] 따라서 한반도 평화협정에서도 전쟁 상태 종료 및 정전협정 대체, 비무장지대의 평화지대화, 해상경계선 획정, 유엔사의 해체와 주한미군의 지위 조정, 그리고 평화관리기구를 규정하는 내용이 포함되어야 하고 남·북의 주권, 영토 보전, 정치적 독립성의 내용도 포함될 수도 있다.

평화협정 체결 내용과 함께 협정의 당사자가 누구이냐 하는 점도 큰 쟁점이다.[8] 이 문제는 법리와 명분, 이익 등과 관련하므로 그 자체로 복잡한 문제다. 2007년 10월 4일, 노무현 대통령과 김정일 국방위원장이 서명한 「남북관계 발전과 평화번영을 위한 선언」(2차 남북정상회담 공동선언 혹은 10·4선언)에도 "직접 관련된 3자 또는 4자 정상들이 한반도 지역에서 만나 종전을 선언하는 문제를 추진"한다고 밝혀, 한반도 평화 관련 당사자 문제가 복잡한 문제임을 말해주고 있다. 평화협정 체결 방안에는 한국전쟁에 군대를 파견한 16개국과 유엔 등 17개 당사자론과 북한의 주장인 북미 당사자론도 포함되지만, 현실 가능성

---

7) 평화협정 사례와 관련하여 자세한 내용은 신범철, "탈냉전기 평화협정 관행을 통해 본 한반도 평화협정에의 시사점," 『서울국제법연구』 제14권 2호 (2007) 참조. '독일문제의 최종 종결 조약'은 통일독일의 영역(제1조), 군축(제2, 3, 5조), 군사동맹 문제(제6조), 전승국의 권리와 책임 소멸(제7조) 등으로 구성되었다. 통일연구원, 『한반도 평화체제: 자료와 해제』(서울: 통일연구원, 2007), pp. 358~366.
8) 서보혁, "한반도 평화체제 구상: 10대 쟁점," (사)통일맞이 주최 '4·2공동성명 21주년 기념 토론회' 발표문 (대한상공회의소, 2010.4.1) 참조.

의 면에서 여기서는 제외한다. 국내에서 논의되어 온 주요 방안은 남북 당사자론, 남북미 3자 당사자론, 남북미중 4자 당사자론, 2(남북)+2(미중) 방안 등 크게 네 가지이다.

남북 당사자론은 한반도 '평화의 주체'는 남북한과 관련 강대국들이라고 할 수 있다고 하더라도 '평화협정의 주체'는 남과 북이라고 주장하고 있다. 그 근거는 「남북기본합의서」에 평화의 주체로 남북을 적시한 점, 남한뿐만 아니라 김일성도 남북 평화협정 체결을 반복해 제안한 사실, 정전협정와 평화협정 당사자가 반드시 같지 않는 국제법적 논리, 그리고 무엇보다 남북이 한반도 평화의 직접적 이해 당사자라는 점 등이 꼽힌다.

남북미 3자 당사자론은 직접 당사자와 보장자를 포함시키고 있다. 평화협정의 당사자 문제에서 가장 우선적으로 고려해야 할 것이 과거 법적 당사자가 아니라 미래 교전 당사자, 미래 평화 유지 당사자라는 논리 하에, 거기에 평화 보장의 측면을 가미하여 미국을 포함시키고 있다. 3자 당사자론에서 평화 보장자로 미국을 포함시키고 중국을 배제한 것은 한미연합방위 태세와 주한미군의 존재를 감안한 것이다.

그러나 남북미중 4자 당사자론은 중국의 참여 없이 실질적인 평화보장이 가능한지 의문을 던진다. 남북미중 4자가 모두 참여해 평화협정에 서명할 때 평화를 형성하고 보장하는 것이 동시에 가능하다고 말한다. 그에 비해 2(남북)+2(미중)안은 남북미중 4자가 모두 참여하는 것은 4자 당사자론과 같지만, 남북과 미중을 직접 당사자와 보장자로 구분해 그 책임과 역할에 차등을 두는 방안이다. 이 경우 평화협정 시 남북한은 정식 서명하고, 미국과 중국은 그 아래 서명해 그런 차이를 드러낼 수 있다.

결국 평화협정의 당사자가 누구냐 하는 문제는 '당사자'의 개념을 정의하기에 따라 달라질 수 있다. 그리고 평화협정 체결의 당사자와 협정 내 특정 분야(가령, 평화 보장)에서의 역할을 구분하느냐에 따라 달라질 수도 있다. 그런 점에서 평화협정을 반드시 단일문서 형식으로 전제하거나, 평화협정 체결로 모든 문제를 해결한다는 발상은 경직되어 보일 수도 있다. 관련국들 간의 대화와 타협에 바탕을 두고 평화협정 체결 방안에는 유연성을 취하되 실질적인 평화 회복 및 유지에 초점을 두는 접근이 유용할 것이다.

평화협정 체결은 남북 이외에 관련국들과의 협의가 필요하므로 6자 회담 합의문에서 밝힌 '한반도평화포럼'이 논의를 진행하며 한반도의 비핵화 및 북미수교의 진전과 맞물려 추진할 수 있을 것이다. 평화협정 체결 이전에 상징적 의미의 종전선언 또는 평화선언도 가능하다. 2007년 남북미 사이에 검토된 종전선언은 북핵 불능화와 연계하면서 평화체제 구축의 출발점으로 삼을 수도 있었다. 평화협정 논의 과정에서 주한미군 철수 문제도 논의될 것인데, 이는 한국전쟁 이후 정전체제와 직결되는 '근본문제'이자 한미동맹관계의 물리적 근거로서 뜨거운 쟁점이 아닐 수 없다.

4. 평화체제에 관한 관련국들의 입장

한반도 평화체제 수립은 남북한 간의 문제이기도 하지만 국제적 관심사이기도 하다. 그 출발이 된 한국전쟁과 분단의 고착화가 민족 내부적 성격과 국제적 성격을 동시에 갖고 있기 때문이다. 한반도 평화체제 구축의 주요 당사자는 4자회담의 예에서 본 바와 같이, 남북한과 미국, 중국 등 기본적으로 4자라 할 수 있다. 평화체제 수립의 길로 나아가려면 당사자들 사이의 입장 차이를 이해하고 조율하는 일이 일차 관건이다.

한국은 1974년 1월 '남북간 상호불가침협정안' 제의를 시작으로 1976년 '남북 당사자 해결 원칙에 입각한 정전협정 대체 방안 모색 용의' 표명 등 남북 평화협정 체결을 지속적으로 주장하였다. 1990년 8월 노태우 정부는 '남북 평화협정'을 공식적으로 제안한 바 있고, 김영삼 정부는 1995년 8월 남북 당사자 해결, 기존 남북합의서 존중, 관련국 협조와 뒷받침 등 '한반도 평화체제 구축 3원칙'을 제시하였다. 김대중 정부는 보다 구체적으로 남북 화해협력, 미국과 일본의 대북관계 개선, 북한의 대외개방 환경 조성, 비핵화 및 재래식 군비통제, 정전체제의 평화체제로의 전환 등 5대 추진과제를 제안하였다. 이어 노무현 정부는 평화체제 구축을 위한 단계적 해결 방안을 내놓았다. 즉 1단계에서 북핵문제의 해결과 평화증진 가속화, 2단계에서 남북협력 심화와 평화체제의 토대 마련, 3단계에서 남북 평화협정 체결과 평화체제의 구축 등 단계적 방안을 제시하였다.[9] 이명박, 박근혜 정부에서는 압박에 의한 북핵문제 해결 우선의 입장이었기 때문에 평화체제 구축에는 소극적이었다. 문재인 정부는 비핵화–평화체제–남북관계의 선순환 구도 확립을 통해 평화체제 구축을 추구하였다.

북한은 1954년 이래 남북 평화협정 체결을 주장해오다 1974년부터 북미 평화협정 체결로 입장을 전환하였다. 이후 북한은 북미 평화협정, 남북 불가침선언 병행 → 북미 평화보장체제 → 북미 불가침조약 등으로 변화를 보여 왔다. 여기에 북한의 핵실험은 한반도 평화체제 수립에 앞선 해결 과제로 부상하였다. 북한은 주한미군 문제에 대해서는 원칙

---

9) 허문영, 『한반도 비핵화와 평화체제 구축전략』 (서울: 통일연구원, 2007), pp. 35-38.

적으로 철수 입장이지만 거시적인 국제질서 변화를 반영해 즉각 철수 →
단계 철수 → 유보적 태도 등의 순으로 입장 변화를 보였다. 북한의 평
화 제의는 처음 대남 통일전략의 하위개념에서 이루어지다가 점점 독
자적인 영역으로 발전해나갔다. 북한은 재래식 군축 문제에 있어서만
큼은 남북간 문제로 인식해왔으나, 핵실험을 거치면서 미국과의 핵군
축 협상을 추구하였다. 북한의 평화 제의는 체제 생존 곧 정권 안보와
긴밀히 연계되어 있는데, 이것은 한반도 평화체제 구축 과정에서 주변
국들이 북한 정권을 어떻게 다룰 것인가 하는 문제를 제기하고 있다.[10]
또 핵능력을 발달시켜 온 북한은 비핵화 협상의 조건으로 미국의 대북
적대시 정책 포기를 주장하고 있다. 거기에는 ① 한미연합군사훈련 중
단, 유엔사 해체, 주한미군 철수, 핵공격 위협 중단 등 군사적 측면, ②
최고지도자 및 북한체제 인정, 관계정상화와 같은 정치적 측면, ③ 제
재를 비롯한 북한의 대외교역 방해 중단, 경제 지원 및 협력 등 그 범
위가 포괄적이다. 북한 정권은 이들 항목들을 필요에 따라 선택해 대미
외교를 구사해오고 있다.

한편, 미국과 중국은 공개적으로는 한반도 평화 정착, 남북한의 평
화통일을 지지한다고 수차례 밝혀왔다. 이는 러시아, 일본도 마찬가지
다. 그러나 2000년대 한반도 정세 변화에서 보듯이, 남북한이 긴장 완
화와 신뢰 구축에 주도적으로 나서지 않은 이상 주변 강대국들이 평화
체제 구축과 통일 문제에 적극적인 자세를 취할 가능성은 대단히 낮다.

미국은 2005년 9·19 공동선언에서 밝힌 관련 당사국 간 별도의 포
럼을 통한 한반도 평화체제 협의에 동의한 바 있고, 2006년 9월 한미
정상회담에서는 북핵 해결을 위한 '공동의 포괄적 접근'에 합의하였다.

---

10) 서보혁, "북한의 평화 제안 추이와 그 특징," 『북한연구학회보』 제13권 1호 (2009),
    pp. 61-82.

2006년 11월 미국의 부시 대통령은 한반도 비핵화를 전제로 북한과 한국전 '종전선언'의 가능성을 언급했으며 2007년 「2·13합의」에서 평화체제 협의를 재확인하였다. 2018년 싱가포르에서 트럼프 대통령은 북한의 완전한 비핵화와 북미 간 평화체제 수립 및 외교관계 정상화를 약속하였다. 그러나 2021년 한미정상회담에서 바이든 대통령은 기존의 남북, 북미 합의를 존중한다고 했지만 평화체제에 관한 분명한 언급은 하지 않았다. 사실 북한의 잇달은 핵실험과 그에 대한 국제사회의 대북제재가 한반도 정세를 주도하고 있어 평화체제 논의는 유보되어 있는 상태이다.

미국에 비해 중국은 평화체제 수립을 지지하는 편이다. 만약 평화협정이 체결되면 주한미군이 계속 주둔할 명분이 사라지고 그러면 미국의 대중 압박이 완화될 것이라는 기대가 작용할 것이기 때문이다. 중국은 비핵화 문제를 핵무기 개발과 평화적인 핵에너지 이용이라는 두 측면에서 보고 있으며, 다자회담에서 비핵화 문제를 다루고자 하고 있다. 중국은 한반도 평화체제는 남북 간의 문제라기보다는 4자 혹은 6자회담과 같은 다자안보협의체에서 해결해야 한다는 입장을 견지하고 있다. 중국은 자국을 정전협정의 당사자이자 주한미군 문제에 직접적인 영향을 받기 때문에 자국이 참여하는 4자회담과 같은 다자회담 틀에서 한반도 평화체제 문제를 다루어야 한다는 입장이다.[11] 실제 중국은 한반도 비핵화를 목표로 하는 6자회담 의장국으로서, 장기 표류하고 있는 6자회담의 재개를 위해 2011년 남북대화, 북미대화, 6자회담의 순으로 대화를 진전시키자는 3단계 해법을 제시하기도 했다. 중국은 또

---

11) 중국은 노무현 대통령과 김정일 국방위원장이 2007년 「10·4 남북정상선언」에서 한반도 종전선언의 협의 주체를 "3자 또는 4자 정상"으로 언급한 것에 대해 불편한 반응을 나타낸 바 있다.

한 2016년 2월 북한이 핵·미사일 개발과 실험을 중단하고 한미연합훈련도 잠정적으로 중단하자는 쌍중단(雙中斷)과 한반도 비핵화 프로세스와 북·미 평화체제 전환 협상을 병행하여 추진하자는 쌍궤병행(雙軌竝行) 구상을 내놓은 바 있다. 미 트럼프(Donald Trump) 행정부의 대북 압박정책 하에서도 중국은 기본적으로 위와 같은 입장을 취하였다. 다만, 북핵문제는 한반도 냉전구조와 직결된 문제이고 그 핵심은 북미관계라는 인식도 견지하며 북미대화를 지지하고 있다.

이들 4자 사이에 평화체제 구축과 관련한 주요 사안들을 둘러싸고 다양한 입장이 나와 있다. 평화협정 체결 당사자 문제에 있어서는 남북한, 북미, 남북미, 남북미중으로 나눠진다. 평화협정과 북핵문제에 있어서는 북핵 해결 우선, 북핵 해결과 평화체제 구축 병행으로 나눠진다. 이런 차이와 함께 대북정책 방향에서도 북한 체제 변화 혹은 북한의 행동 변화로 나눠지고, 대북정책 수단에서는 제재 위주와 제재 및 대화 병행으로 갈라진다. 이와 같은 입장 차이는 한반도 평화체제 수립, 특히 평화협정 체결 논의를 즉각, 다른 사안들과 분리하여 독자적으로 전개하기 어려움을 말해준다. 긴장 완화와 관련국들 사이의 신뢰 회복이 일정하게 형성되어야 비핵평화 협상이 가능할 것이다. 나아가 이런 복잡한 이해관계와 이슈 간 연계(issue linkage) 현상은 평화협정 체결에 관한 새로운 포괄적 접근이 필요함을 말해준다. 그런 점에서 2018년 6월 사상 최초의 북미정상회담에서 과거 비핵화와 평화체제 사이의 우선순위를 둘러싼 갈등을 넘어 둘이 다같이 추진할 과제라는 데 합의한 의의는 결코 작지 않다. 그럼에도 한반도 평화체제 수립에 관한 관련국들 간 입장 차이를 어떻게 수렴할지가 남아 있는 과제이고, 그런 논의를 어디서부터, 어떤 방식으로 전개할지도 다시 협의할 문제이다.

한반도 평화체제 수립을 위해서는 복합적인 과정이 필요하다. 한반도 평화체제 구축에 필요한 과제들을 열거하자면 한반도 비핵화, 북미·북일 관계정상화, 경제 및 에너지 협력, 동북아 평화·안보체제 수립 등의 문제를 꼽을 수 있다. 과거 6자회담 실무그룹에서 논의한 바 있는 이런 이슈들은 남북 간 신뢰 구축과 관련국들 간 활발한 대화를 필요로 하고, 특히 비핵화가 실현되는 과정의 어떤 지점에서 평화협정 체결 논의를 전개할지가 관건이다.(바로 이점이 2019년 2월 27일 하노이 북미정상회담이 결렬되고 지금까지 평화협상이 중단된 이유이다.)

위에서 살펴보았듯이 평화협정 당사자 문제가 놓여 있지만, 평화협정 안에 전쟁 상태의 종식, 불가침 및 무력 불사용, 경계선 설정, 분쟁의 평화적 해결, 내부 문제 불간섭, 상호 체제 존중, 기존 합의 준수 및 이행 문제 등이 포괄적으로 규정되어야 한다는 데 대해서는 이의가 없을 것이다.[12] 유엔사 해체와 주한미군 철수, 정전협정 당사자 자격과 작전통제권 문제, 정전협정과 서해북방한계선(NLL) 등 북한이 줄곧 제기하고 있는 민감한 사안들도 협상에서 다뤄질 것이다.

평화협정이 체결되려면 남북 간에도 군사적 긴장 완화와 신뢰 구축 조치가 선행되어야 한다. 남북 간 군비통제가 실현되어 한반도에 군사적 긴장이 해소되고 UN을 포함한 국제사회가 객관적으로 한반도에 전쟁 재발 위험이 없다고 판단하는 수준의 군사적 신뢰가 형성되어야 할 것이다. 이러한 군사적 신뢰가 형성되면 유엔 안보리가 유엔사 해체를 결의하여 법적 측면에서 평화협정 체결의 걸림돌을 제거할 수도 있을 것이다.[13] 또한 종전선언이나 평화선언과 같은 정치적 행위를 통해 평

---

12) 김동명, "한반도 평화체제 구상," 『통일과 평화』 3집 1호 (2011), p. 100.
13) 유엔사령부는 안보리 결의 84호(1950.7.7)에 의거해 한국전 참전 16개국을 총괄하는 통합사령부로 설립되었으므로, 국제사회가 한반도에 군사적 신뢰가 공고화

화체제 구축을 본격 추진해나갈 수 있을 것이다. 이와 관련해 2018년 남북미 정상들 사이에 종전선언, DMZ 평화지대화 논의와 일부 시범 조치는 계승할 필요가 크다. 특히 미국과 북한은 '종전선언'을 발표함으로써 냉전체제의 종식을 공식 선언할 필요가 있고, 남북한 당국도 '남북평화선언'을 천명함으로써 평화협정 체결을 촉진할 수 있을 것이다.

그러나 현실적으로 평화협정 체결 논의는 북핵문제의 해결 혹은 해결의 결정적 단계에 들어서야 가능할 것이다. 2007-8년 북한의 핵시설 폐쇄 및 불능화 조치와 미국의 북한 테러지원국 명단 삭제 결정과 인도적 지원 등으로 비핵화를 달성하고 관계정상화의 길이 비춰지기도 했다. 그에 따라 종전선언 → 평화협정의 순으로 평화체제 구축의 가능성이 점쳐지기도 했다. 2018년 싱가포르 북미정상회담에서는 북한과 미국이 완전한 비핵화와 평화협정 체결, 관계정상화 등과 같은 확고한 의지를 피력하여 한반도 평화체제에 대한 기대가 최고조로 높아졌다. 그러나 하노이 회담의 결렬로 북한의 지속적인 핵능력 고도화 움직임과 그에 따른 대북 국제제재가 다시 강화되어 대화의 문이 닫히고 한반도 평화 구축의 가능성은 더 멀어졌다.

이렇게 보면 평화협정을 체결하기 이전에 한반도 냉전구조 해체 작업이 더 중요하다. 남북 간 긴장완화와 신뢰 구축은 물론 북한과 미국, 일본과의 관계 개선 노력이 거기에 포함된다. 그러나 핵심문제인 북한의 핵무기 개발 포기와 그에 대한 상응조치를 다룰 것인가, 그렇다면 어떤 일괄타결안을 마련할 것인가를 논의하지 않고서는 평화협정 체결 논의는 가시권에 들어오지 않을 것이다. 그 출발점은 다시 2018년 9월

되었다고 판단될 경우 유엔 안보리의 결의나 주요 국가들의 합의로 유엔사를 해체할 수 있을 것이다.

평양, 2019년 2월 하노이가 될 가능성이 높다. 이런 남북, 북미 간 병행접근이 어떤 다자회담보다 그 실효가 클 것이다.

제2장

평화 합의 해제

1. 냉전기: 대결의 시대(1953-1987)

한반도 평화체제를 구축한다고 할 때, 그것은 1953년의 정전협정을 평화협정으로 전환하는 법적, 정치군사적 조치를 포함한다. 물론 평화협정을 맺는 것만으로 평화체제가 형성되는 것은 아니지만, 정전협정을 평화협정으로 전환하는 작업은 한반도의 항구적 평화체제를 구축하기 위한 필수조건이다. 정전협정에 근거한 현 정전체제를 극복하고 평화를 실현하려면 어떤 형태든지 평화협정, 곧 관련 당사자들이 평화를 수립하겠다는 공약과 그 방안에 대한 합의 없이는 불가능한 일이다.

일반적으로 전쟁을 종식시키는 정전협정은 분쟁지역 관리와 국경선 설정 및 관리를 어떻게 할 것인가, 정전 상태를 유지 및 보장하는 방안과 같은 군사 문제를 논의한다. 전정협정에 담겨져 있는 이러한 조치와 합의가 제대로 이행되었는가 혹은 위반되었는가를 따져 보는 것이 한반도 평화 프로세스를 추진하는 데 매우 중요하다. 이런 점에서 정전협정이 냉전시기 동안 어떤 변화를 거쳐왔는지 살펴볼 필요가 있다. 그러나 정전협정의 준수만으로는 지속가능하고 항구적인 평화를 기대할 수 없다. 정전체제는 계속되는 적대와 긴장 상황 속에서 항상 물리적 충돌의 위험을 안고 있기 때문이다.

냉전의 관점에서 바라보는 평화는, 현재 우리가 보편적으로 생각하는 평화의 개념과 큰 차이가 있다. 국립국어원의 『표준국어대사전』에서 평화는 "전쟁, 분쟁 또는 일체의 갈등 없이 평온하거나 그런 상태"를 말한다. 그러므로 언제나 갈등의 위험, 심지어는 무력의 공포를 내포하고 있는 냉전시대에는 우리가 일반적으로 이야기하는 평화란 있을 수 없다. 하지만 이 시대에도 당시 상황에 맞는 평화 개념이 사용되었다. 당시 국제 상황과 국가 간에 체결한 조약을 토대로 보면 평화가 두 가지 의미가 있었다는 것을 알 수 있다.

첫 번째 의미는 공존이라고는 볼 수 없고 단순히 서로 공격하지 않고 자극하지 않는, 일종의 상호 방임 상태라고 할 수 있다. 1956년 소련 공산당 서기장 흐루쇼프(N. Khrushchev)는 평화공존론을 주창했지만, 1962년 소련이 쿠바에 미사일 기지를 세우려는 계획이 미국에게 발각되면서 다시 긴장 상태가 지속된 사례가 그 예라 할 수 있다. 이처럼 냉전기 시대에는 갈등 상황에서 단순히 적의 생존을 위협하는 군사적 충돌이 일어나지 않도록 서로 견제하는 정도의 평화만이 존재했다.

냉전시대 평화의 두 번째 의미는 공존이 아닌 자국의 생존, 자국의 안보가 보장되는 상황이라 할 수 있다. 그렇기 때문에 적이 나를 침략할 것이라는 징조가 감지되는 순간 내가 먼저 공격하여 상대를 무너뜨려야 한다는 의식이 강했다. 물론 1950년대 초반에 비해 1970년대, 곧 데탕트(détente) 시기가 도래하면서 냉전 갈등은 점차 약화되는 양상을 보이기는 하였지만, 여전히 현재와 같은 평화 개념은 구축되지 않았다.

냉전시대의 협력은 공존공영 하는 이익(win-win) 게임이 아니라, 단지 상대를 자극하지 않고 상호 최소한의 생존만 보장하는 영합(zero-sum) 게임의 개념이 더 컸다. 이상과 같은 냉전시대의 불안한 평화 상태는 세계적 차원에서는 해소되었는지 모르지만, 지금도 한반도와 동북아시아에서는 가시지 않고 있다. 냉전이라는 시간과 무대는 어느 곳에서는 과거 거기였지만, 한반도의 경우는 '지금 여기'에서 계속되고 있는 것이다.

그렇다면 냉전시기 한반도의 평화는 무엇을 의미하였는가? 모두가 알고 있듯이 냉전은 미국과 소련을 양축으로 하여 자본주의와 공산주의 진영으로 나누어져 대립하고 갈등한 시기였다. 한반도의 분단과 전쟁도 기본적으로 냉전의 결과이다. 이념 대결에 기반을 둔 두 패권국의 세계분할 경쟁 과정에서 한반도가 분단된 것이다. 물론 한반도의 분단은 이후 냉전체제의 확립을 촉진한 것도 사실이다.

약소국이었던 남한과 북한은 미국이 주도하는 자본주의 진영 또는 소련이 주도하는 공산주의 질서 속에 편입하여 생존을 추구해나갈 수밖에 없는 상황이었다. 그리하여 한반도에는 한국-미국-일본의 남방삼각관계와 북한-소련-중국의 북방삼각관계 구도가 형성되어 대립하기 시작했다. 물론 흐루쇼프의 평화공존론과 데탕트로 인해 냉전시기에도 일시적으로 평화가 도래했다고 할 수 있지만 한반도에서는 전혀 아니었다. 왜냐하면 소련의 진영 간 평화공존 선언과 중일 국교정상화 등으로 인해 전 세계적으로 안보협력과 공존이 제기되었지만, 그것은 주로 유럽 지역에 해당하는 일이었다. 서양의 입장에서 볼 때 그것은 극동 지역 냉전 대결의 최전선에 있던 남한과 북한에게 이익을 준 것이 아니었다. 왜냐하면 미소 양극이 평화를 구축 할 경우 약소국인 남한과 북한 입장에서는 안보와 경제적 지원을 쉽게 받을 명분이 사라지기 때문이었다. 남북한 사회 내에서는 상대를 적대시 하는 냉전문화로 인해 비민주적이고 폭력적인 상황이 개선되기 힘들었다. 이러한 배경에서 본다면 1972년 남북 간에 체결된 「7·4공동성명」은 미소 간 긴장완화 조치에 따라 불가피하게 체결된 것이라 할 수 있다.

한반도 평화 프로세스의 이행과정을 분석하기 위해 필요한 냉전 시기의 공식 문건은 다음과 같다.

1) 정전협정(1953.7.27)

2) 한미상호방위조약(1953.10.1)

3) 조소우호원조조약(1961.7.6)

4) 조중우호원조조약(1961.11.24)

5) 한일기본조약(1965.6.22)

6) 7·4 남북공동성명(1972.7.4)

1) 정전협정(1953.7.27)

해제

정전협정은 1950년 6월 25일 시작된 한국전쟁을 중단시키기 위해 1953년 7월 27일 미국, 중국, 북한의 군 사령관들이 체결한 군사조약이다. 한반도 평화체제가 바로 이 정전협정을 평화협정으로 전환하면서 시작한다는 점에서 정전협정의 내용을 파악해 볼 필요가 있다. 정전협정에 담겨 있는 구체적 조항들이 이후에 어떻게 이행되었는지 아니면 위반되었는지를 따져 보면, 앞으로 평화체제를 어떻게 구축해 나갈 것인가에 대한 시사점을 얻을 수 있기 때문이다.

그런데 2013년 3월 5일 북한은 3월 11일부로 이 정전협정을 백지화한다고 선언했다. 이에 대해 남한은 "정전협정은 일방적으로 파기를 선언한다고 파기되는 것이 아니"며 "정전협정은 다른 평화협정으로 대치될 때까지 효력을 갖고 있고 수정·보충은 쌍방이 합의해야 한다."라며 정전협정이 유효함을 강조했다.[1] 유엔도 "정전협정 조항은 당사자 어느 한쪽이 일방적으로 파기할 수 없다"며 정전협정이 여전히 유효함을 강조했다.[2] 이러한 주장에 대해 북한은 "다른 협정들과 달리 정전협정은 특성상 쌍방이 합의하여 파기할 성격의 협정이 아니며 어느 일방이 협정을 준수하지 않으면 자동적으로 백지화되는 것"이라고 맞받아쳤다.[3] 정전협정이 체결된 시점에도 여전히 협정의 효력 자체를 두고 공방을 벌이고 있는 불안정한 상황이 지속되고 있었던 것이다.

---

1) 통일부 국회 외교통상통일위원회 현안보고 내용. 〈연합뉴스〉, 2013.3.11.
2) 미국도 2013년 3월 11일 빅토리아 눌런드 국무부 대변인의 정례브리핑에서 "상호 합의한 정전협정에 대해 특정 일방이 상대방의 동의 없이 철회할 수 없다."며 법률적 판단에 근거할 때 북한의 일방적인 정전협정 무효화는 성립하지 않는다는 견해를 피력했다. 〈연합뉴스〉, 2013.3.12.
3) 〈연합뉴스〉, 2013.3.14.

정전협정의 정식 명칭은 "국제연합군 총사령관을 일방으로 하고 조선민주주의인민공화국 최고사령관 및 중공인민지원군 사령원을 다른 일방으로 하는 한국 군사정전에 관한 협정"이다. 한국전쟁 휴전에 관한 제안은 전쟁이 발발한 지 1년이 지난 1951년 6월 23일 소련 외무장관 말리크(Y. Malik)의 "평화의 가치"라는 제목의 라디오 연설에서 처음 나왔으며,[4] 국제연합군과 조중연합군은 1951년 7월 10일 개성에서 비밀리에 정전에 관한 협의를 시작하였다. 이승만 정부가 반대했지만, 만 2년에 걸친 기나긴 협상 끝에 한국전쟁 발발 3년 뒤인 1953년 7월 27일 정전협정이 체결되기에 이르렀다. 본 협정은 국제연합군 총사령관과 북한군 최고사령관, 중공인민지원군 사령원이 판문점에서 만나 체결하였으며, 총 5조 63항으로 구성되어 있고, 한국어·영어·중국어로 작성되었다.

정전협정은 한국전쟁을 중단하고 교전 쌍방의 군사력을 분리하여 적대행위와 일체의 무장행동을 완전히 정지하는 등의 군사문제를 규정하고 있다. 휴전회담에서 합의된 회담 의제는 총 4가지로, 첫째 군사분계선과 비무장 지대, 둘째, 정전 이후 휴전 수행을 감시, 감독하는 기관 구성, 권한 및 기능, 셋째, 전쟁포로 문제, 넷째, 쌍방 관계 정부들에의 건의 등에 관한 것이었다. 남북한의 군사분계선과 비무장지대를 어떻게 설정하고 관리할 것인가, 정전체제를 관리하기 위한 구체적 조치와 군사정전위원회 및 중립국감독위원회를 어떻게 구성하고 운영할 것인가, 전쟁포로를 어떻게 처리할 것인가 하는 문제들을 규정하고 있다.

정전협정을 평화협정으로 전환할 때 국경선 관리 문제가 중요한데, 육상의 군사분계선과 비무장지대는 정전협정에 명시되어 있으나, 해상

---

4) 김보영, "정전회담 쟁점과 정전협정," 『역사문제연구소』 제63호 (2003), pp. 20-39.

의 군사분계선을 획정하는 문제는 설정하지 않았다. 1990년대 후반 이후 남북한 간에 첨예한 다툼의 진원지가 되고 있는 서해상의 무력충돌이 바로 해상의 군사분계선 획정 때문에 발생하고 있는 것이다.

정전협정 제2조 13-ㄴ항에서 "경기도와 황해도 경계선상에서 북서쪽에 있는 모든 섬들은 북(조선)이 관할한다. 단 백령도, 대청도, 소청도, 연평도, 우도 다섯 섬은 예외로 한다"고 규정하고 있어 서해 다섯 섬의 관할권만을 규정하고 있을 뿐, 해상군사분계선은 규정하지 못했다. 당시 영해권에 관한 국제규범이 확립되어 있지 않은 상태여서 합의가 이루어지지 못했다. 정전협정 1달 후인 1953년 8월 30일 3해리를 기준으로 미국은 북방한계선(NLL: Northern Limit Line)을 선포하였으나, 북한은 1955년 3월 5일 12해리 영해권을 주장하였다. 특히 1973년 12월 1일 북한은 군사정전위원회 제346차 회의에서 "서해 다섯 섬을 드나들 때는 우리의 사전 승인을 받아야 한다. 만일 이를 위반하면 응당한 조치를 취하겠다."고 선언하고 나섰다. 1999년 9월 2일 북한군 총참모부는 'NLL 무효화'를 선언하였다. 급기야 NLL 일대에서 1999년 6월 15일에는 1차 서해교전, 2002년 6월 29일 2차 서해교전, 2009년 11월 10일 대청해전으로 이어지는 남북 해군 간 무력충돌이 발생했다.

휴전국인 한국에서는 한반도 평화를 군사적 충돌의 반대 개념으로 정의하고 있다는 점에서 이 협정은 한반도 평화의 시작점이 되었고, 체결된 이래 한반도 분단관리와 평화유지에 기여해 왔다. 하지만 2002년 발생한 서해교전이나 천안함 침몰과 연평도 포격 사건에서 보듯이 해상 군사분계선 획정 문제를 둘러싸고 무력충돌이 지속되고 있어서 정전협정의 유효성이 문제시되고 있다. 정전협정의 실효성에 관한 논란은 국제정치적 현실과 국제법적 규범 사이에서 일어나는 경우가 많다.

정전협정이 문자 그대로 언제든지 전쟁을 다시 개시해도 되는 휴전협정에 불과한 것인가, 아니면 정전협정이 체결된 지 60년 동안 관행적으로 큰 문제없이 유지되어 왔기 때문에 정전협정을 문자 그대로 해석하는 것이 국제법적으로 타당하다는 상반된 해석이 나오고 있다.

정전협정에는 협정 체결 당사자로 남한이 배제되어 있다. 남한이 제외된 채 북한, 중국, 그리고 미국의 군 최고책임자가 체결의 서명자로 참가하였다는 점은 이후 남한이 실질적 당사자로서 평화 프로세스에 참여해야 하는 문제, 그리고 한반도 문제가 남북한만의 문제가 아닌 국제문제가 될 수 있다는 점을 시사한다. 한국이 전쟁 당사자임에도 불구하고 휴전회담의 주체가 되지 못한 이유는, 전쟁 초기 작전지휘권을 유엔군사령관에게 이양했기 때문이다. 작전지휘권 이양 초기에는 미군과 국군이 협력하여 작전을 지휘했으나, 1951년 중공군의 5월 공세 때 한국군 제3군단이 작전에 실패하자 유엔군사령관은 이 군대를 해체시키고 한국군 육군본부의 작전지휘권 행사를 금지시켰다.[5] 근래 들어 북한은 남한을 실질적인 교전 당사국으로서 평화협정의 당사자로 참여하는 것을 묵인하는 듯한 태도를 취하는 경우도 있지만, 북한은 남한이 서명 당사국이 아니며 주한미군이 남한에 주둔하고 있다는 사실에 근거하여 북한과 미국이 정전협정을 대체할 평화협정의 당사자가 되어야 한다고 주장해 왔다.

---

5) 김보영, 위 논문, pp. 20-39.

국제연합군사령관을 일방으로 하고 조선인민군 최고사령관 및 중국인민지원군
사령원을 다른 일방으로 하는 한국 군사정전에 관한 협정
Agreement between the Commander-in-Chief, United Nations Command, on
the one hand, and the Supreme Commander of the Korean People's Army and
the Commander of the Chinese People's volunteers, on the other hand, con-
cerning a military armistice in Korea
1953.7.27.

| 서언 |

국제연합군사령관을 일방으로 하고 조선인민군 최고사령관 및 중국
인민지원군사령관을 다른 일방으로 하는 하기의 서명자들은 쌍방에 막
대한 고통과 유혈을 초래한 한반도에서의 충돌을 정지시키기 위하여,
서로 최후적인 평화적 해결이 달성될 때까지 한국에서의 적대 행위와
일체 무력 행위의 완전한 정지를 보장하는 정전을 확립할 목적으로 하
기조항에 기재된 정전조건과 규정을 접수하며 또 그 제약과 통제를 받
는데 개별적으로나 공동으로나 또는 상호간에 동의한다. 이 조건과 규
정의 의도는 순전히 군사적 성질에 속하는 것이며 이는 오직 한국에서
의 교전쌍방에만 적용한다.

| 제1조 군사분계선과 비무장지대 |

1. 한 개의 군사분계선을 확정하고 쌍방이 이 선으로 부터 각기 2km
   씩 후퇴함으로써 적대군대 간에 한 개의 비무장지대를 설정한다.
   한 개의 비무장지대를 설정하여 이를 완충지대로 함으로써 적대

행위의 재발을 초래할 수 있는 사건의 발생을 방지한다.

2. 군사분계선의 위치는 첨부한 지도에 표시한 바와 같다.

3. 비무장지대는 첨부한 지면에 표시한 북방경계선 및 남방경계선으로써 이를 확정한다.

4. 군사분계선은 하기와 같이 설립한 군사정전위원회의 지시에 따라 이를 명백히 표시한다. 적대 쌍방 사령관들은 비무장지대와 각자의 지역 간의 경계선에 따라 적당한 표시물을 세운다. 군사정전위원회는 군사분계선과 비무장지대의 양 경계선에 따라 설치한 일체 표시물의 건립을 감독한다.

5. 한강 하구의 수역으로 그 한쪽 강안이 일방의 통제하에 있고 그 다른 한쪽 강안이 다른 일방의 통제하에 있는 곳은 쌍방의 민간선박의 항행에 이를 개방한다. 첨부한 지도에 표시한 부분의 한강하구의 항행규칙은 군사정전위원회가 이를 규정한다. 각방 민용선박이 항행함에 있어 자기 측의 군사통제하에 있는 육지에 배를 대는 것은 제한받지 않는다.

6. 쌍방은 모두 지대 내에서 또는 비무장지대로부터 비무장지대에 향하여 어떠한 적대행위도 감행하지 못한다.

7. 군사정전위원회의 특정한 허가 없이 어떠한 군인이나 민간인이나 군사분계선을 통과함을 허가하지 않는다.

8. 비무장지대 내의 어떠한 군인이나 민간인이거나 그가 들어가려고 요구하는 지역의 사령관의 특정한 허가 없이는 어느 일방의 군사통제하에 있는 지역에도 들어감을 허가하지 않는다.

9. 민사행정 및 구제사업의 집행에 관계되는 인원과 군사정전위원회의 특정한 허가를 얻고 들어가는 인원을 제외하고는 어떠한 군인이나 민간인이거나 비무장지대에 들어감을 허가하지 않는다.

10. 비무장지대 내의 군사분계선 이남의 부분에 있어서의 민사행정 및 구제사업은 국제연합군 총사령관이 책임진다. 비무장지대 내의 군사분계선 이북의 부분에 있어서의 민사행정 및 구제사업은 조선인민군 최고사령관과 중국인민지원군사령관이 공동으로 책임진다. 민사행정 및 구제사업을 집행하기 위하여 비무장지대에 들어갈 것을 허가받은 군인 또는 민간인 인원수는 각방 사령관이 각각 이를 결정한다. 단, 어느 일방이 허가한 인원의 총수는 언제나 일천 명을 초과하지 못한다. 민사행정, 경찰의 인원수 및 그가 휴대하는 무기는 군사정전위원회가 이를 규정한다. 기타 인원은 군사정전위원회의 특정한 허가 없이는 무기를 휴대하지 못한다.

11. 본조의 어떠한 규정이든지 모두 군사정전위원회, 그의 보조인원, 그의 공동감시소조 및 보조인원, 그리고 하기와 같이 설립한 중립국감독위원회, 그의 보조인원, 그의 중립국시찰소조 및 소조의 보조인원과 군사정전위원회로부터 비무장지대 출입과 비무장지대 내에서의 두 지점이 비무장지대 내에 전부 들어 있는 도로로써 연락되지 않는 경우에 이 두 지점 간에 반드시 경과하여야 할 통로를 왕래하기 위하여 어느 일방의 군사통제하에 있는 지역을 통과하는 이동의 편리를 허여한다.

｜제2조 정화(停火) 및 정전의 구체적 조치 ｜

가. 총칙

12. 적대 쌍방 사령관들은 육해공군의 모든 부대와 인원을 포함한 그들의 통제하에 있는 모든 무장역량이 한국에 있어서의 일체

적대행위를 완전히 정지할 것을 명령하고 또 이를 보장한다. 본 항의 적대행위의 완전정지는 본 정전협정이 조인된 지 12시간 후부터 효력을 발생한다.(본 정전협정의 기타 각항의 규정이 효력을 발생하는 날짜와 시간에 대하여서는 본 정전협정 제 63 참조)

13. 군사정전의 확고성을 보장함으로써 쌍방의 최고위 정치회담을 진행하여 평화적 해결을 달성하는 것을 이롭게 하기 위하여 적대 쌍방 사령관들은

ㄱ. 본 정전협정 중에 따로 규정한 것을 제외하고 본 정전협정이 효력을 발생한 후 72시간 내에 그들의 일체의 군사역량, 보급 및 장비를 비무장지대로부터 철거한 후 비무장지대 내에 존재한다고 알려져 있는 모든 폭발물, 지뢰원, 철조망 및 기타 군사 정전위원회 또는 공동감시소조 인원의 통행안전에 위험이 미치는 위험물들은 이러한 위험물이 없다고 알려져 있는 모든 통로와 함께 이러한 위험물을 설치한 군대의 사령관이 반드시 군사정전위원회에 이를 보고한다. 그 다음에 더 많은 통로를 청소하여 안전하게 만들며, 결국에 가서는 72시간의 기간이 끝난 후 45일 내에 모든 이러한 위험물은 반드시 군사정전위원회 지시에 따라, 또 그 감독 하에 비무장지대 내로부터 이를 제거한다. 72시간의 기간이 끝난 후 군사정전위원회의 감독 하에서 45일의 기간 내에 제거 작업을 완수할 권한을 가진 비무장부대와 군사정전위원회가 특히 요청하였으며 또 적대 쌍방 사령관들이 동의한 경찰의 성질을 가진 부대 및 본 정전협정 제10항과 제11항에서 허가한 인원 이외에는 쌍방의 어떠한 인원이라든지 비무장지대에 들어가는 것을 허락하지 않는다.

ㄴ. 본 정전협정이 효력을 발생한 후 10일 이내에 상대방의 한국에 있어서의 후방과 연해제도(沿海諸島) 및 해면으로부터 그들의 모든 군사역량, 보급물자 및 장비를 철거한다. 만일 철거를 연기할 쌍방이 동의한 이유없이 또 철거를 연기할 유효한 이유없이 기한이 넘어도 이러한 군사역량을 철거하지 않을 때는 상대방은 치안을 유지하기 위하여 그가 필요하다고 인정하는 어떠한 행동이라도 취할 권리를 가진다. 상기한 연해제도라는 용어는 본 정전협정이 효력이 발생할 때에 비록 일방이 점령하고 있더라도 1950년 6월 24일에 상대방이 통제하고 있던 도서중에서 백령도(白翎島: 북위 37° 58′. 동경 124° 40′), 대청도(大靑島: 북위37° 50′. 동경 124° 42′), 소청도(小靑島: 북위 37° 46′. 동경 124° 46′), 연평도(延坪島: 북위 37° 38′. 동경 125° 40′) 및 우도(牛島지: 북위 37° 36′. 동경 125° 58′)의 도서군들을 국제연합군 총사령관의 군사통제하에 남겨두는 것을 제외한 기타 모든 도서는 조선인민군 최고사령관과 중국인민지원군사령관의 군사통제하에 둔다. 한국 서해안에 있어서 상기 경계선 이남에 있는 모든 도서는 국제연합군 총사령관의 군사통제하에 남겨 둔다.

ㄷ. 한국 경외로부터 증원하는 군사인원을 들여오는 것을 중지한다. 단 아래에 규정한 범위내의 부대와 인원의 윤환 임시임무를 담당한 인원이 한국에의 도착 및 한국 경외에서 단기휴가(短期休暇)를 하였거나 혹은 임시임무를 담당하였던 인원의 한국에의 귀환(歸還)은 이를 허가한다. '윤환'의 정의는 부대 혹은 인원이 한국에서 복무를 개시하는 다른 부대 혹은 인원과 교체하는 것을 말하는 것이다. 윤환인원은 오직 본

정전협정 제43항에 열거한 출입항을 경유하여서만 한국으로 들어오며 또 한국으로부터 내어 갈 수 있다. 윤환은 일인 대 일인의 교환기초 위에서 진행한다. 단 어느 일방이든지 일력 월 내에 윤환정책하에서 한국 경외로부터 삼만오천 명 이상의 군사인원을 들여오지 못한다. 만일 일방의 군사인원을 들여오는 것이 해당 측이 본 정전협정 효력 발생일로부터 한국으로 들어온 군사인원의 총수로 하여금 같은 날짜로부터 한국을 떠난 해당 측 군사인원의 누계총수를 초과하게 할 때는 해당 측의 어떠한 군사인원도 한국으로 들여올 수 없다. 군사인원의 한국에의 도착 및 한국으로부터의 이거(離去)에 관하여 매일 군사정전위원회와 중립국감독위원회에 보고한다. 이 보고는 입경과 출경의 지점 및 매개지점(每個地點)에서 입경하는 인원과 출경하는 인원의 숫자를 포함한다. 중립국감시위원회는 그의 중립국시찰소조를 통하여 본 정전협정 제43항에 열거한 출입항에서 상기의 허가된 부대 및 인원의 윤환을 감독하며 정찰한다.

ㄹ. 한국 경외로부터 증원하는 작전비행기, 장갑차량, 무기 및 탄약을 들여오는 것을 정지한다. 단 정전기간에 파괴, 파손, 손모(損耗) 또는 소모된 작전비행기, 장갑차량, 무기 및 탄약은 같은 성능과 같은 유형의 물건을 일대 일로 교환하는 기초 위에서 교체할 수 있다. 이러한 작전비행기, 장갑차량, 무기 및 탄약은 오직 본 정전협정 제43항에 열거한 출입항을 경유하여서만 한국으로 들어올 수 있다. 교체의 목적으로 작전비행기, 장갑차량, 무기 및 탄약을 한국으로 반입할 필요를 확인하기 위하여 이러한 물건의 매차(每次) 반입에 관

하여 군사정전위원회와 중립국감독위원회에 보고한다. 이 보고 중에서 교체되는 처리정황을 설명한다. 교체되어 한국으로부터 내어가는 물건은 오직 본 정전협정 제43항에 열거한 출입항을 경유하여서만 내어갈 수 있다. 중립국감독위원회는 그의 중립국시찰소조를 통하여 본 정전협정 제43항에 열거한 출입항에서 상기의 허가된 작전비행기, 장갑차량, 무기 및 탄약의 교체를 감독하며 감시한다.

ㅁ. 본 정전협정 중의 어떠한 규정이든지 위반하는 각자의 지휘하에 있는 인원을 적당히 처벌할 것을 보장한다.

ㅂ. 매장지점(埋藏地點)이 기록에 있고 분묘(墳墓)가 확실히 존재하고 있다는 것이 판명된 경우에는 본 정전협정이 효력을 발생한 후 일정한 기한 내에 그의 군사적 통제하에 있는 한국지역에 상대방의 분묘 등록인원이 들어오는 것을 허가하여 이러한 분묘 소재지에 가서 해당 측의 이미 죽은 전쟁포로를 포함한 죽은 군사인원의 시체(屍體)를 발굴(發掘)하고 또 반출(搬出)하여 가도록 한다. 상기 사업을 진행하는 구체적 방법과 기한은 군사정전위원회가 이를 결정한다. 적대 쌍방 사령관들은 상대방의 죽은 군사인원의 매장 지점에 관계되는 일체 가능한 정보를 상대방에 제공한다.

ㅅ. 군사정전위원회와 그의 공동감시소조가 하기와 같이 지정한 그들의 직책과 업무를 집행할 때에 충분한 보호 및 일체의 가능한 방조(幇助)와 협력을 한다. 중립국감독위원회 및 그의 중립국시찰소조의 쌍방이 합의한 주요 교통선을 경유하여 중립국감독위원회본부와 본 정전협정 제 43항에 열거한 출입항 간을 왕래할 때와 또 중립국감독위원회 본부와 본 정

전협정 위반사건이 발생하였다고 보고된 지점 간을 왕래할 때에 충분한 통행상의 편리를 준다. 불필요한 지연을 방지하기 위하여 주요 교통선이 막히든지 통행할 수 없는 경우에는 다른 통로와 수송기재를 사용할 것을 허가한다.

ㅇ. 군사정전위원회 및 중립국감독위원회와 그들 각자에 속하는 소조에 요구되는 통신 및 운수상(運輸上) 편리를 포함한 보급상의 원조를 제공한다.

ㅈ. 군사정전위원회본부 부근(附近) 비무장지대 내의 자기 측 지역에 각각 한계의 적당한 비행장을 건설, 관리, 유지한다. 그 용도(用途)는 군사정전위원회가 결정한다.

ㅊ. 중립국감독위원회와 중립국송환위원회의 전체 위원 및 기타 인원이 모두 자기의 직책을 적당히 집행함에 필요한 자유와 편리를 가지도록 보장한다. 이에는 인가된 외교인원이 국제 관례에 따라 통상적으로 향유하는 바와 동등한 특권, 대우 및 면제권을 포함한다.

14. 본 정전협정은 쌍방의 군사 통제하에 있는 적대중(敵對中)의 일체 지상 군사력에 적용되며 이러한 지상 군사력은 비무장지대와 상대방의 군사 통제하에 있는 한국 지역을 존중한다.

15. 본 정전협정은 적대중의 일체 해상 군사력에 적용되며 이러한 해상 군사력은 비무장지대와 상대방의 군사 통제하에 있는 한국 육지에 인접한 해면을 존중하며 한국에 대하여 어떠한 종류의 봉쇄(封鎖)도 하지 못한다.

16. 본 정전협정은 적대중의 일체 공중 군사역량은 비무장지대와 상대방의 군사 통제하에 있는 한국 지역 및 이 지역에 인접한 해면의 상공을 존중한다.

17. 본 정전협정의 조항과 규정을 준수하며, 집행하는 책임은 본 정전협정에 조인(調印)한 자와 그의 후임 사령관에게 속한다. 적대 쌍방 사령관들은 각각 그들의 지휘하에 있는 군대 내에서 일체의 필요한 조치와 방법을 취함으로써 그 모든 소속부대 및 인원이 본 정전협정의 전체 규정을 철저히 준수하는 것을 보장한다. 적대 쌍방 사령관들은 상호 적극 협력하며 군사정전위원회 및 중립국감독위원회와 적극 협력함으로써 본 정전협정 전체 규정의 문구와 정신을 준수하도록 한다.

제18항. 군사정전위원회와 중립국감독위원회 및 그 각자에 속하는 소조의 사업비용은 적대 쌍방이 균등하게 부담한다.

나. 군사정전위원회

1. 구성

19. 군사정전위원회를 설립한다.

20. 군사정전위원회는 10명의 고급장교로 구성하되 그 중의 5명은 국제연합군 총사령관이 이를 임명하며, 그 중의 5명은 조선인민군 최고사령관과 중국인민지원군사령관이 공동으로 이를 임명한다. 위원 10명 중에서 각방의 3명은 장급에 속하여야 하며 각방의 나머지 2명은 소장, 준장, 대령 혹은 그와 동급인 자로 할 수 있다.

21. 군사정전위원회의 위원은 그 필요에 따라 참모 보조위원을 사용할 수 있다.

22. 군사정전위원회는 필요한 행정인원을 배치하여 비서처를 설치하되, 그 임무는 동위원회의 기록, 서기, 통역 및 동 위원회가 지정하는 기타 직책의 집행을 협조하는 것이다. 쌍방은 각기 비

서처에 비서장 1명, 보조비서장 1명 및 비서처에 필요한 서기, 전문 기술인원을 임명한다. 기록은 영문, 한국문 및 중국문으로 작성하되 세 가지 글은 동등한 효력을 가진다.

23. ㄱ. 군사정전위원회는 처음에 10개의 공동감시소조를 두어 그 협조를 받는다. 소조의 수는 군사정전위원회의 쌍방 수석위원회의 합의를 거쳐 감소할 수 있다.

ㄴ. 매개(每個)의 공동감시소조는 4명 내지 6명의 영관급(領官級) 장교로 구성하되 그중의 반수는 국제연합군 총사령관이 이를 임명하며 그중의 반수는 조선인민군최고사령관과 중국인민지원군 사령원이 공동으로 이를 임명한다. 공동감시소조의 사업상 필요한 운전수, 서기, 통역 등의 부속인원은 쌍방이 이를 제공한다.

2. 책임과 권한

24. 군사정전위원회의 전반적 임무는 본 정전협정의 실시를 감독하며 본 정전협정의 어떠한 위반사건이든지 협의하여 처리하는 것이다.

25. 군사정전위원회는

ㄱ. 본부를 판문점(북위 37°57′29″, 동경 126°40′00″) 부근에 설치한다. 군사정전위원회는 동 위원회의 쌍방 수석위원의 합의를 거쳐 그 본부를 비무장지대 내의 다른 한 지점에 이설(移設)할 수 있다.

ㄴ. 공동기구로서 사업을 진행하며 의장을 두지 않는다.

ㄷ. 그가 수시로 필요하다고 인정하는 절차 규정을 채택한다.

ㄹ. 본 정전협정 중 비무장지대와 한강 하구에 관한 각 규정의

집행을 감독한다.

ㅁ. 공동감시소조의 사업을 지도한다.

ㅂ. 본 정전협정의 어떠한 위반사건이든지 협의하여 처리한다.

ㅅ. 중립국감독위원회로부터 받은 본 정전협정 위반사건에 관한
일체 조사 보고 및 일체 기타 보고와 회의 기록은 즉시로 적
대 쌍방사령관들에게 이를 전달한다.

ㅇ. 하기(下記)한 바와 같이 설립한 전쟁포로 송환위원회와 실향
사민(失鄕私民) 귀향협조위원회의 사업을 전반적으로 감독
하며 지휘한다.

ㅈ. 적대 쌍방사령관 간에 통신을 전달하는 중개역할(仲介役割)
을 담당한다. 단 상기의 규정은 쌍방 사령관들이 사용하고자
하는 어떠한 다른 방법을 사용하여 상호통신을 전달하는 것
을 배제하는 것으로 해석할 수 없다.

ㅊ. 그의 공작인원과 그의 공동감시소조의 증명, 문건 및 휘장
또 그 임무 집행 시에 사용하는 일체의 차량, 비행기 및 선
박의 식별 표시를 발급한다.

26. 공동감시소조의 임무는 군사정전위원회가 본 정전협정 중의 비
무장지대 및 한강 하구에 관한 각 규정의 집행을 감독함을 협조
하는 것이다.

27. 군사정전위원회 또는 그 중의 어느 일방의 수석위원은 공동감시
소조를 파견하여 비무장지대나 한강 하구에서 발생하였다고 보
고된 본 정전협정 위반사건을 조사할 권한을 가진다. 단 동 위원
회 중의 어느 일방의 수석위원이든지 언제나 군사정전위원회가
아직 파견하지 않은 공동감시소조의 반수이상(半數以上)을 파견
할 수 없다.

28. 군사정전위원회 또는 동 위원회의 어느 일방의 수석위원은 중립국감독위원회에 요청하여, 본 정전협정 위반사건이 발생하였다고 보고된 비무장지대 이외의 지점에 가서 특별한 감시와 시찰을 행할 권한을 가진다.

29. 군사정전위원회가 본 정전협정 위반사건이 발생하였다고 확정한 때에는 즉시로 그 위반사건을 적대 쌍방 사령관들에게 보고한다.

30. 군사정전위원회가 본 정전협정의 어떠한 위반사건이 만족하게 시정되었다고 확정한 때에는 이를 적대 쌍방 사령관들에게 보고한다.

3. 총칙

31. 군사정전위원회는 매일 회의를 연다. 쌍방의 수석위원은 합의하여 7일을 넘지 않는 휴회를 할 수 있다. 단 어느 일방의 수석위원이든지 24시간 전의 통고로써 이 휴회를 끝낼 수 있다.

32. 군사정전위원회의 일체 회의기록의 부본(副本)은 매번 회의 후 될 수 있는 대로 속히 적대 쌍방 사령관들에게 송부한다.

33. 공동감시소조는 군사정전위원회에 동 위원회가 요구하는 정기보고를 제출하며 또 이 소조들이 필요하다고 인정하거나 또는 동위원회가 요구하는 특별 보고를 제출한다.

34. 군사정전위원회는 본 정전협정에 규정한 보고 및 회의기록의 문건철 두 벌을 보관한다. 동 위원회는 그 사업 진행에 필요한 기타의 보고기록 등의 문건철 두 벌을 보관할 권한을 가진다. 동위원회의 최후 해산시에는 상기 문건철을 쌍방에 각 한 벌씩 나누어 준다.

35. 군사정전위원회는 적대 쌍방 사령관들에게 본 정전협정의 수정

또는 증보에 대한 건의를 제출할 수 있다. 이러한 개정건의(改正建議)는 일반적으로 더 유효한 정전을 보장할 것을 목적으로 하는 것이어야 한다.

다. 중립국감독위원회

1. 구성

36. 중립국감독위원회를 설립한다.

37. 중립국감독위원회는 4명의 고급장교로 구성하되, 그 중의 2명은 국제연합군 총사령관이 지명한 중립국 즉 스웨덴 및 스위스가 이를 임명하며, 그 중의 2명은 조선인민군 최고사령관과 중국인민지원군사령원이 공동으로 지명한 중립국 즉 폴란드 및 체코슬로바키아가 이를 임명한다. 본 정전협정에서 쓴 중립국이라는 용어의 정의는 그 전투부대가 한국에서의 적대행위에 참가하지 않은 국가를 말하는 것이다. 동 위원회에 임명되는 위원은 임명하는 국가의 군대로부터 파견될 수 있다. 매개(每個) 위원은 후보위원 1명을 지정하여 그 정위원이 어떤 이유로 출석할 수 없게 되는 회의에 출석하게 된다. 이러한 후보위원은 그 정위원과 동일한 국적에 속한다. 일방이 지명한 중립국위원의 출석자 수와 다른 일방이 지명한 중립국위원회의 출석자 수가 같을 때에는 중립국감독위원회는 곧 행동을 취할 수 있다.

38. 중립국감독위원회의 위원은 그 필요에 따라 각기 해당 중립국가가 지원한 참모 보조인원을 사용할 수 있다. 이러한 참모 보조인원은 본 위원회의 후보위원으로 임명될 수 있다.

39. 중립국감독위원회에 필요한 행정인원을 제공하도록 중립국에 요청하여 비서처를 설치하되 그 임무는 동 위원회에 필요한 기

록, 서기, 통역 및 동 위원회가 지정하는 기타 직책의 집행을 협조하는 것이다.

40. ㄱ. 중립국감독위원회는 처음엔 20개의 중립국감독소조를 두어 그 협조를 받는다. 소조의 수는 군사정전위원회의 쌍방 수석위원의 합의를 거쳐 감소할 수 있다. 중립국 감시소조는 오직 중립국감독위원회에 대하여서만 책임을 지며 그에 보고하며 또 그 지도를 받는다.

ㄴ. 매개 중립국 감독소조는 최대한 4명의 장교로 구성하되 이 장교는 영관으로 하는 것이 적당하며, 이 중의 반수는 국제연합군 총사령관이 지명한 중립국에서 내고, 또 그중의 반수는 조선인민군 최고사령관과 중국인민지원군사령원이 공동으로 지명한 중립국에서 낸다. 중립국 감시소조에 임명되는 조원은 임명하는 국가의 무장부대에서 이를 낼 수 있다. 각 조의 직책 집행을 편리하게 하기 위하여 정황의 요구에 따라 최소 2명의 조원으로 구성하는 분조를 설치할 수 있다. 그 두 조원 중의 1명은 국제연합군 총사령관이 지명한 중립국에서 내며 1명은 조선인민군 최고사령관과 중국인민지원군사령원이 공동으로 지명한 중립국에서 낸다. 운전수, 서기, 통역, 통신원과 같은 부속인원 및 각조의 임무 집행에 필요한 비품은 각방사령관이 비무장지대 내 및 자기 측 군사통제지역 내에서 수요에 따라 이를 공급한다. 중립국감독위원회는 동 위원회 자체와 중립국시찰소조들에 그가 요망하는 상기의 인원 및 비품을 제공할 수 있다. 단 이러한 인원은 중립국감독위원회를 구성한 중립국의 인원이어야 한다.

2. 책임과 권한

41. 중립국감독위원회의 임무는 본 정전협정 제 13항 ㄷ목, 제13항 ㄹ목 및 제28항에 규정한 감독, 감시, 조사 및 시찰의 기능을 집행하며 이러한 감독, 감시, 시찰 및 조사의 결과를 군사정전위원회에 보고하는 것이다.

42. 중립국감독위원회는

ㄱ. 본부를 군사정전위원회의 본부 부근에 설치한다.

ㄴ. 그가 수시로 필요하다고 인정하는 절차규정을 채택한다.

ㄷ. 그 위원 및 그 중립국감시소조를 통하여 본 정전협정 제 13항 ㄷ목, 제 13항 ㄹ목에 규정한 감독과 시찰을 진행하며 또 본 정전협정 위반사건이 발생하였다고 보고된 지점에서 본 정전협정 제 28항에 규정한 특별 감시와 시찰을 진행한다. 작전비행기, 장갑차량, 무기 및 탄약에 대한 중립국 감시소조의 시찰은 소조로 하여금 증원하는 작전비행기, 장갑차량, 무기 및 탄약을 한국으로 들여옴이 없도록 확실히 보장할 수 있게 한다. 단 이 규정은 어떠한 작전 비행기, 장갑차량, 무기 또는 탄약의 어떠한 비밀설계 또는 특점을 시찰 혹은 검사할 권한을 주는 것으로 해설할 수 없다.

ㄹ. 중립국시찰소조의 사업을 지도하며 감독한다.

ㅁ. 국제연합군 총사령관의 군사통제지역 내에 있는 본 정전협정 제43항에 열거한 출입항에 5개의 중립국시찰소조를 주재시키며 조선인민군최고사령관과 중국인민지원군사령관의 군사통제지역 내에 있는 본 정전협정 제43항에 열거한 출입항에 5개의 중립국시찰소조를 주재시킨다. 처음에는 따로 10개의 중립국 이동시찰소조를 후비(後備)로 설치하되 중립

국감독위원회 본부 부근에 주재시킨다. 그 수는 군사정전위원회의 쌍방 수석위원의 합의를 거쳐 감소할 수 있다. 중립국이동시찰소조 중 군사정전위원회의 어느 일방 수석위원의 요청에 응하여 파견하는 소조는 언제나 그 반수를 초과할 수 없다.

ㅂ. 보고된 본 정전협정 위반사건을 전목(前目)규정의 범위 내에서 지체없이 조사한다. 이에는 군사정전위원회 또는 동위원회 중의 어느 일방 수석위원이 요청하는 보고된 본 정전협정 위반사건에 대한 조사를 포함한다.

ㅅ. 그의 공작인원과 그의 중립국 감시소조의 증명문건 및 휘장, 또 그 임무집행시에 사용하는 일체 차량, 비행기 및 선박의 식별표지를 발급하도록 한다.

43. 중립국 감시소조는 하기한 각 출입항에 주재한다.

<u>국제연합군의 군사통제 지역</u>

인천(북위 37° 28′, 동경 126° 38′)

대구(북위 35° 52′, 동경 128° 36′)   강릉(북위 37° 45′, 동경 128° 54′)

부산(북위 35° 06′, 동경 129° 02′)   군산(북위 35° 59′, 동경 126° 43′)

<u>조선인민군과 중국인민지원군의 군사통제 지역</u>

신의주(북위 40° 06′, 동경 124° 24′)

청진(북위 41° 46′, 동경 129° 49′)   만포(북위 41° 09′, 동경 126° 18′)

흥남(북위 39° 50′, 동경 127° 37′)   신안주(북위 39° 36′, 동경 125° 36′)

중립국 감시소조들은 첨부한 지도에 표시한 지역 내와 교통선에서 통행상 충분한 편리를 받는다.

3. 총칙

44. 중립국감독위원회는 매일 회의를 연다. 중립국감독위원회 위원은 합의하여 7일을 초과하지 않는 휴회를 할 수 있다. 단 어느 위원이든지 24시간 전의 통고로써 이 휴회를 끝낼 수 있다.

45. 중립국감독위원회 일체 회의기록의 부본(副本)은 매번 회의 후 될 수 있는 대로 속히 군사정전위원회에 송부한다. 기록은 영문, 한국문 및 중국문으로 작성한다.

46. 중립국 감시소조는 그의 감독, 감시, 조사 및 시찰의 결과에 관하여 중립국감독위원회가 요구하는 정기 보고를 동위원회에 제출하며 또 이 소조들이 필요하다고 인정하거나 동위원회가 요구하는 특별보고를 제출한다. 보고는 소조 총체가 이를 제출한다. 단 그 소조의 개별적 조원 1명 또는 수 명이 이를 제출할 수 있다. 개별적 조원 1명 또는 수 명이 제출한 보고는 다만 참고적 보고로 간주한다.

47. 중립국감독위원회는 중립국시찰소조가 제출한 보고의 부본을 그가 접수한 보고에 사용된 글로써 지체없이 군사정전위원회에 송부한다. 이러한 보고는 번역 또는 심의, 결정, 수속 때문에 지체시킬 수 없다. 중립국감독위원회는 실제 가능한 한 속히 이러한 보고를 심의결정하며 그의 판정서를 우선적으로 군사정전위원회에 송부한다. 중립국감독위원회가 해당 심의결정을 접수하기 전에는 군사정전위원회는 이런 어떠한 보고에 대하여서도 최종적 행동을 취하지 못한다. 군사정전위원회의 어느 일방 수석위원의 요청이 있을 때에는 중립국감독위원회의 위원과 그 소조의 소조원은 곧 군사정전위원회에 출두하여 제출된 어떠한 보고에 대하여서든지 설명한다.

48. 중립국감독위원회는 본 정전협정이 규정하는 보고 및 회의기록의 문서철 두 벌을 보관한다. 동위원회는 그 사업 진행에 필요한 기타의 보고, 기록 등의 문건철 두 벌을 보관할 권한을 가진다. 동 위원회의 최후 해산 시에는 상기 문건철을 쌍방에 각 한 벌씩 나누어 준다.

49. 중립국감독위원회는 군사정전위원회에 본 정전협정의 수정 또는 증보에 대한 건의를 제출할 수 있다. 이러한 개정 건의는 일반적으로 더 유효한 정전을 보장할 것을 목적으로 하는 것이어야 한다.

50. 중립국감독위원회 또는 동위원회의 매개 위원은 군사정전위원회의 임의의 위원과 통신 연락을 취할 권한을 가진다.

| 제3조 전쟁포로에 관한 조치 |

51. 본 정전협정이 효력을 발생하는 당시에 쌍방이 수용하고 있는 모든 전쟁포로의 석방과 송환은 본 정전협정 조인 전에 쌍방이 합의한 하기 규정에 따라 집행한다.

ㄱ. 본 정전협정이 효력을 발생한 후 60일 이내에 각방은 그 수용하에 있는 송환을 견지하는 전체 전쟁포로를 포로된 당시에 그들이 속한 일방에 집단적으로 나누어 직접 송환 인도하며 어떠한 저애도 가하지 못한다. 송환은 본조의 각항 관계 규정에 의하여 완수한다. 이러한 인원의 송환 수속을 촉진시키기 위하여 각방은 정전협정 조인 전에 직접 송환될 인원의 국적별로 분류한 총수를 교환한다. 상대방에 인도되는 전쟁포로의 각 집단은 국적별로 작성한 명부를 휴대하되 이에는

성명, 계급(계급이 있으면) 및 수용번호 또는 군번호를 포함
한다.

ㄴ. 쌍방은 직접 송환하지 않은 나머지 전쟁포로를 그 군사통제
와 수용하로부터 석방하여 모두 중립국송환위원회에 넘겨
본 정전협정 부록 '중립국송환위원회 직권의 범위'의 각조의
규정에 의하여 처리케 한다.

ㄷ. 세가지 글을 병용함으로 인하여 발생할 수 있는 오해를 피하
기 위하여 본 정전협정의 용어로서 일방이 전쟁포로를 상대
방에 인도하는 행동을 그 전쟁포로의 국적과 거주지의 여하
를 불문하고 영문 중에는 'REPATRIATION' 한국문에서는
'송환', 중국문에서는 '견반'(遣返)이라고 규정한다.

52. 각방은 본 정전협정의 효력 발생에 의하여 석방되며 송환되는
어떠한 전쟁포로든지 한국충돌 중의 전쟁행동에 사용하지 않을
것을 보장한다.

53. 송환을 견지하는 전체 병상전쟁포로는 우선적으로 송환한다. 가
능한 범위 내에서 포로된 의무인원을 병상전쟁포로와 동시에 송
환하여 도중에서 의료와 간호를 제공하도록 한다.

54. 본 정전협정 제51항 ㄱ목에 규정한 전체 전쟁포로의 송환은 본
정전협정이 효력을 발생한 후 60일의 기한 내에 완료한다. 이
기한 내에 각방은 책임지고 그가 수용하고 있는 상기 전쟁포로
의 송환을 실제 가능한 한 속히 완료한다.

55. 판문점을 쌍방의 전쟁포로의 인도인수 지점으로 정한다. 필요한
때에는 전쟁포로 송환위원회는 기타의 전쟁포로 인도인수 지점
을 비무장지대 내에 증설할 수 있다.

56. ㄱ. 전쟁포로 송환위원회를 설립한다. 동 위원회는 영관급 장교

6명으로 구성하되 그중 3명은 국제연합군 총사령관이 이를 임명하며, 그중 3명은 조선인민군최고사령관과 중국인민지원군사령관이 공동으로 이를 임명한다. 동 위원회는 군사정전위원회의 전반적 감독과 지도하에 책임지고 쌍방의 전쟁포로 송환에 관계되는 구체적 계획을 조절하며 쌍방이 본 정전협정 중의 전쟁포로 송환에 관계되는 일체 규정을 실시하는 것을 감독한다. 동 위원회의 임무는 전쟁포로들이 쌍방 전쟁포로 수용소로부터 전쟁포로 인도인수 지점에 도달하는 시간을 조절하며 필요할 때에는 병상전쟁포로의 수송 및 복리에 요구되는 특별한 조치를 취하며 본 정전협정 제57항에서 설립된 공동적십자소조의 전쟁포로 송환협조사업을 조절하며 본 정전협정 제53항과 제54항에 규정한 전쟁포로 실제 송환 조치의 실시를 감독하며 필요할 때에는 추가적 전쟁포로 인도인수 지점을 선정하여 전쟁포로의 인도인수 지점의 안전조치를 취하며 전쟁포로 송환에 필요한 기타 관계 임무를 집행하는 것이다.

ㄴ. 전쟁포로 송환위원회는 그 임무에 관계되는 어떠한 사항에 대하여 합의에 도달하지 못할 때에는 이러한 사항을 즉시로 군사정전위원회에 제기하여 결정하도록 한다. 전쟁포로 송환위원회는 군사정전위원회 본부 부근에 그 본부를 설치한다.

ㄷ. 전쟁포로 송환위원회가 전쟁포로 송환 계획을 완수한 때에는 군사정전위원회가 즉시로 이를 해산시킨다.

57. ㄱ. 본 정전협정이 효력을 발생한 후 즉시로 국제연합군에 군대를 제공하고 있는 각국의 적십자사 대표를 일방으로 하고 조

선민주주의 인민공화국 적십자사 대표와 중화인민공화국 적십자사 대표를 다른 일방으로하여 조직되는 공동적십자소조를 설립한다. 공동적십자소조는 전쟁포로의 복리에 요망되는 인도주의적 복무로써 쌍방이 본 정전협정 제51항 ㄱ목에 규정한 송환을 견지하는 전체 전쟁포로의 송환에 관계되는 규정을 집행하는 것을 협조한다. 이 임무를 완수하기 위하여 공동적십자소조는 전쟁포로 인도인수 지점에서 쌍방의 전쟁포로 인도인수 사업을 협조하며 쌍방의 전쟁포로 수용소를 방문하여 위문하며 전쟁포로의 위문과 전쟁포로의 복리를 위한 선물을 가지고 가서 분배한다. 공동적십자소조는 전쟁포로 수용소에서 전쟁포로 인도인수 지점으로 가는 도중에 있는 전쟁포로에게 복무를 제공할 수 있다.

ㄴ. 공동적십자소조는 다음과 같은 규정에 의하여 조직한다.

(1) 한 소조는 각방의 본국 적십자사로부터 각기 대표 10명씩을 내어 쌍방 합하여 20명으로 구성하며 전쟁포로 인도인수 지점에서 쌍방의 전쟁포로의 인도인수를 협조한다. 동 소조의 의장은 쌍방 적십자사 대표가 매일 윤번으로 담당한다. 동 소조의 사업과 봉사는 전쟁포로 송환위원회가 이를 조절한다.

(2) 한 소조는 각방의 본국 적십자사로부터 각기 대표 30명씩을 내어 쌍방 합하여 60명으로 구성하며 조선인민군 및 중국인민지원군 관리하의 전쟁포로 수용소를 방문하며 또 전쟁포로 수용소에서 전쟁포로 인도인수 지점으로 가는 도중에 있는 전쟁포로에게 봉사를 제공할 수 있다. 조선민주주의 인민공화국 적십자사 또는 중화인민

공화국 적십자사의 대표가 동 소조의 의장을 담당한다.

(3) 한 소조는 각방의 본국 적십자사로부터 각기 대표 30명씩을 내어 쌍방 합하여 60명으로 구성하며 국제연합군 관리하의 전쟁포로 수용소를 방문하며 또 전쟁포로 수용소에서 전쟁포로 인도, 인수지점으로 가는 도중에 있는 전쟁포로에게 복무를 제공할 수 있다. 국제연합군에 군대를 제공하고 있는 한 나라의 적십자사 대표가 동 소조의 의장을 담당한다.

(4) 각 공동 적십자소조의 임무 집행의 편의를 위하여 정황(情況)이 필요로 할 때에는 최소 2명의 소조원으로 구성하는 분조를 구성할 수 있다. 분조 내에서 쌍방은 동등한 수의 대표를 가진다.

(5) 쌍방 사령관은 그의 군사통제 지역 내에서 사업하는 공동적십자소조의 운전수, 서기 및 통역과 같은 부속인원 및 각 소조가 그 임무 집행상 필요로 하는 장비를 공급한다.

(6) 어떠한 공동적십자 소조든지 동 소조의 쌍방 대표가 동의하는 때에는 그 인원수를 증감할 수 있다. 단 이는 전쟁포로 송환위원회의 인가를 거쳐야 한다.

ㄷ. 각방 사령관은 공동적십자소조가 그의 임무를 집행하는 데 충분한 협조를 주며 또 그의 군사통제 지역 내에서 책임지고 공동적십자소조 인원들의 안전을 보장한다. 쌍방 사령관은 그의 군사통제 지역 내에서 사업하는 이러한 소조에 요구되는 보급, 행정 및 통신상의 편의를 준다.

ㄹ. 공동적십자소조는 본 정전협정 제51항 ㄱ목에 규정한 송환

을 견지하는 전체 전쟁포로의 송환계획이 완수되었을 때에는 즉시로 해산한다.

58. ㄱ. 각방 사령관은 가능한 범위내에서 속히 그러나 본 정전협정이 효력을 발생한 후 10일 이내에 상대방 사령관에게 다음과 같은 전쟁포로에 관한 자료를 제공한다.

　　(1) 제일 마지막 번에 교환한 자료의 마감한 일자 이후에 도망한 전쟁포로에 관한 완전한 자료를 제공한다.

　　(2) 실제로 실행할 수 있는 범위내에서 수용기간 중에 사망한 전쟁포로의 성명, 국적, 계급별 및 기타의 식별자료 또한 사망일자, 사망원인 및 매장지점에 관한 자료를 제공한다.

　ㄴ. 만일 위에 규정한 보충자료의 마감한 일자 이후에 도망하였거나 또는 사망한 어떠한 전쟁포로가 있으면 수용한 일방은 본조 제58항 ㄱ목의 규정에 의하여 관계자료를 전쟁포로 송환위원회를 거쳐 상대방에 제공한다. 이러한 자료는 전쟁포로 인도인수 계획을 완수할 때까지 10일에 1차씩 제공한다.

　ㄷ. 전쟁포로 인도인수 계획을 완수한 후에 본래 수용하고 있던 일방에 다시 돌아온 어떠한 도망 전쟁포로도 이를 군사정전위원회에 넘기어 처리한다.

59. ㄱ. 본 정전협정이 효력을 발생하는 당시에 국제연합군 총사령관의 군사통제지역에 있는 자로서 1950년 6월 24일에 본 정전협정에 확정된 군사분계선 이북에 거주한 전체 사민에 대하여서는 그들이 귀향하기를 원한다면 국제연합군 총사령관은 그들이 군사분계선 이북 지역에 들어가는 것을 허용하며 협조한다. 본 정전협정이 효력을 발생하는 당시에 조선인민

군최고사령관과 중국인민지원군사령원의 군사통제지역에 있는 자로서 1950년 6월 24일에 본 정전협정에 확정된 군사분계선 이남에 거주한 전체 사민에 대해서는 그들이 귀향하기를 원한다면 조선인민군최고사령관과 중국인민지원군사령원은 그들이 군사분계선 이남지역에 들어가는 것을 허용하며 협조한다. 각방 사령관은 책임지고 본목 규정의 내용을 그의 군사통제지역에 광범히 선포하며 또 적당한 민정당국을 시켜 귀향하기를 원하는 이러한 전체 사민에게 필요한 지도와 협조를 주도록 한다.

ㄴ. 본 정전협정이 효력을 발생하는 당시에 조선인민군최고사령관과 중국인민지원군 사령관은 군사통제지역에 있는 전체 외국적(外國籍)의 사민 중 국제연합군 총사령관의 군사통제지역으로 가기를 원하는 자에게는 그가 국제연합군 총사령관의 군사통제지역으로 가는 것을 허용하며 협조한다. 본 정전협정이 효력을 발생하는 당시에 국제연합군 총사령관의 군사통제지역에 있는 전체 외국적의 사민중 조선인민군 최고사령관과 중국인민지원군사령원의 군사통제지역으로 가기를 원하는 자에게는 그가 조선인민군 최고사령관과 중국인민지원군사령원의 군사통제지역으로 가는 것을 허용하며 협조한다. 각방 사령관은 책임지고 본 목 규정의 내용을 그의 군사통제지역에 광범히 선표하며 또 적당한 민정당국을 시켜 상대방 사령관의 군사통제지역으로 가기를 원하는 이러한 전체 외국적의 사민에게 필요한 지도와 협조를 주도록 한다.

ㄷ. 쌍방의 본조 제59항 ㄱ목에 규정한 사민의 귀향 및 본조 제

59항 ㄴ목에 규정한 사민의 이동을 협조하는 조치는 본 정전협정이 효력을 발생한 후 될 수 있는 한 속히 개시한다.

ㄹ. (1) 실향민 귀향협조위원회를 설립한다. 동 위원회는 영관급 장교 4명으로 구성하되 그중 2명은 국제연합군 총사령관이 이를 임명하며 그중 2명은 조선인민군최고사령관과 중국인민지원군사령관이 공동으로 이를 임명한다. 동 위원회는 군사정전위원회의 전반적 감독과 지도 밑에서 책임지고 상기 사민의 귀향을 협조하는 데 관계되는 쌍방의 구체적 계획을 조절하며 또 상기 사민의 귀향에 관계되는 본 정전협정 중의 일체 규정을 쌍방이 집행하는 것을 감독한다. 동 위원회의 임무는 운수조치를 포함한 필요한 조치를 취함으로써 상기 사민의 이동을 촉진 및 조절하며 상기 사민의 군사분계선을 통과하는 월경지점(越境地點)을 선정하며 월경지점의 안전조치를 취하며 또 상기 사민의 귀향을 완수하기 위하여 필요한 기타 임무를 집행하는 것이다.

(2) 실향사민귀향협조위원회는 그의 임무에 관계되는 어떠한 사항이든지 합의에 도달할 수 없는 때에는 이를 곧 군사정전위원회에 제출하여 결정하게 한다. 실향사민귀향협조위원회는 그의 본부를 군사정전위원회의 본부 부근에 설치한다.

(3) 실향사민귀향협조위원회가 그의 임무를 완수한 때에는 군사정전위원회가 즉시로 이를 해산시킨다.

| 제4조 쌍방 관계 정부들에의 건의 |

60. 한국 문제의 평화적 해결을 보장하기 위하여 쌍방 사령관은 쌍
    방의 관계 각국 정부에 정전협정이 조인되고 효력을 발생한 후
    삼개월 내에 각기 대표를 파견하여 쌍방의 한급 높은 정치회의
    를 소집하고 한국으로부터의 모든 외국군대의 철수 및 한국 문
    제의 평화적 해결 문제들을 협의할 것을 이에 건의한다.

| 제5조 부칙 |

61. 본 정전협정에 대한 수정과 증보는 반드시 적대 쌍방 사령관들
    의 상호합의를 거쳐야 한다.

62. 본 정전협정의 각 조항은 쌍방이 공동으로 접수하는 수정 및 증
    보 또는 쌍방의 정치적 수준에서의 평화적 해결을 위한 적당한
    협정 중의 규정에 의하여 명확히 교체될 때까지는 계속 효력을
    가진다.

63. 제12항을 제외한 본 정전협정의 일체 규정은 1953년 7월 27일
    22시부터 효력을 발생한다.

1953년 7월 27일 10시에 한국 판문섬에서 엉문 한국문 및 중국문으
로써 작성한다. 이 3개 국어에 의한 각 협정의 본문은 동등한 효력을
가진다.

국제연합군총사령관	조선인민군최고사령관	중국
미국 육군대장	조선민주주의인민공화국 원수	인민지원군사령관
마크 W. 클라크	김일성	팽덕회

〈참석자〉

국제연합군대표단 수석대표   조선인민군 및

미국 육군중장   중국인민지원군 대표 조선인민군 대장

윌리암 K. 해리슨   남일

출처: 외교부 홈페이지〉외교정책〉안보〉한반도평화체제

2) 한미상호방위조약(1953.10.1)

해제

한국전쟁 직후인 1953년 10월 1일 워싱턴에서 체결된 「한미상호방위조약」은 1954년 11월 18일 조약 제34호로 발효되었다. 정식 명칭은 「대한민국과 미합중국 간의 상호방위조약」이다. 이 조약은 한미 양국의 안보 유지에 서로 협력할 것을 합의한 외교안보 문서이자 미군의 한반도 주둔을 허용하는 법적 문서다. 한국전쟁 시기 이승만 대통령은 휴전에 앞서 안정적인 국가안보를 구축하기 위해 미국과 상호방위조약 체결을 희망했지만 미국의 반대로 성사되지 못했다. 휴전을 반대하던 이승만 대통령은 휴전에 찬성하는 대가로 휴전 후 방위조약 체결 약속을 미국 측으로부터 받아냈다. 「한미상호방위조약」 체결 외에 휴전의 대가로 한국은 장기 경제원조와 제1차분 2억 달러 제공, 휴전 후 정치회담의 실질적 성과가 90일 이내 없을 경우 정치회담 탈퇴, 한국군 20개 사단 확장을 위한 지원, 정치회담 개최 전 한미 고위급회담 개최 등을 보장받았다.

그러나 이러한 논의가 진행되는 과정에서 이승만 대통령은 미국의 미온적인 태도에 불만을 갖고 1953년 6월 18일 약 2만 5천여 명의 반공포로들을 일방적으로 석방해버렸다. 그 때문에 미국은 휴전 협상을 서두르는 한편 미국의 지원을 약속히였다. 특히 미 합동참모본부는 1953년 6월 30일 국방부장관에게 제출한 의견서에서 한반도 중립화안에 반대하고 한국에 대한 강력한 지원을 주장했다. 한반도는 비공산주의적 통일을 이루어야 하며 한국을 정치·경제적으로 모두 발전시킴으로써 북한 내부의 불만과 불안을 조성하여 통일을 성취해야 한다고 주장했다[6]. 본 조약을 시작으로 11월 17일에는 「경제 및 군사원조에 관

---

6) 김보영, 위 논문, pp. 20-39.

한 한·미 간 합의의사록」을 체결하고 잇달아 「병기창 건설에 관한 한·미협정」과 「한·미 석유협정」을 체결하면서 한국은 미국으로부터 군사·경제적 원조를 이끌어냈다.

「한미상호방위조약」은 현재까지 존속하는 한미 군사협정의 기초가 되고 있고 북한이 지속적으로 철수를 주장하는 주한미군 문제도 이 조약과 관련된다. 북한은 이 조약에 의해 한국이 작전지휘권을 행사하지 못하고 있다고 주장하고 있지만, 이 주장은 법리적 타당성이 없다.[7] 한·미 간의 모든 작전은 한·미 국가통수권자의 지침을 받고 양국 합참의장의 지시에 따라 군사위원회에서 상호 조율을 거쳐 이행되기 때문에 이 문서를 작전지휘권 논쟁의 근거로 제시하는 것은 적절하지 않다. 「한미상호방위조약」 이후 13년이 지난 1966년 7월에 「대한민국에서의 미합중국 군대의 지위에 관한 협정(SOFA: ROK-U.S. Status of Forces Agreement)」이 체결됨으로써 한미 안보협력의 기틀이 마련되었다. 1966년의 SOFA 협정은 한국전쟁 당시 잠정적으로 합의되었던 주한미군의 주둔군 지위 협정과 관련하여 재판관할권 등 보완사항을 구체화함으로써 동맹체제를 강화해 나갔다.

그러나 SOFA는 불평등한 협정으로서 주한미군의 각종 범죄에 대한 한국의 관할권이 빈약하다는 비판을 받아왔다. 또 한국군의 작전지휘권이 미군으로부터 이양되지 않는 이상 북한이 남한의 군사주권을 인정하지 않고 북미 양자 평화협정 체결을 계속할 것으로 예상된다.

---

7) 김동명, 앞의 논문, pp. 73-129.

합의 전문

1953년 10월 1일 워싱턴에서 서명
1954년 11월 18일 발효

대한민국과 미합중국 간의 상호방위조약
Mutual Defense Treaty between the Republic of Korea and
the United States of America

본 조약의 당사국은,

모든 국민과 모든 정부가 평화적으로 생활하고자 하는 희망을 재확인하며 또한 태평양 지역에 있어서의 평화기구를 공고히 할 것을 희망하고,

당사국 중 어느 1국이 태평양 지역에 있어서 고립하여 있다는 환각을 어떠한 잠재적 침략자도 가지지 않도록 외부로부터의 무력공격에 대하여 자신을 방위하고자 하는 공통의 결의를 공공연히 또한 정식으로 선언할 것을 희망하고,

또한 태평양 지역에 있어서 더욱 포괄적이고 효과적인 지역적 안전보장 조직이 발달될 때까지 평화와 안전을 유지하고저 집단적 방위를 위한 노력을 공고히 할 것을 희망하여 다음과 같이 동의한다.

| 제1조 |

당사국은 관련될지도 모르는 어떠한 국제적 분쟁이라도 국제적 평화와 안전과 정의를 위태롭게 하지 않는 방법으로 평화적 수단에 의하여 해결하고 또한 국제관계에 있어서 국제연합의 목적이나 당사국이 국제

연합에 대하여 부담한 의무에 배타되는 방법으로 무력으로 위협하거나 무력을 행사함을 삼가할 것을 약속한다.

| 제2조 |

당사국 중 어느 1국의 정치적 독립 또는 안전이 외부로부터의 무력 공격에 의하여 위협을 받고 있다고 어느 당사국이든지 인정할 때에는 언제든지 당사국은 서로 협의한다.

당사국은 단독적으로나 공동으로나 자조와 상호원조에 의하여 무력 공격을 저지하기 위한 적절한 수단을 지속하며 강화시킬 것이며 본 조약을 이행하고 그 목적을 추진할 적절한 조치를 협의와 합의하에 취할 것이다.

| 제3조 |

각 당사국은 타 당사국의 행정 지배하에 있는 영토와 각 당사국이 타 당사국의 행정 지배하에 합법적으로 들어갔다고 인정하는 금후의 영토에 있어서 타 당사국에 대한 태평양 지역에 있어서의 무력공격을 자국의 평화와 안전을 위태롭게 하는 것이라고 인정하고 공통한 위험에 대처하기 위하여 각자의 헌법상의 수속에 따라 행동할 것을 선언한다.

| 제4조 |

상호적 합의에 의하여 미합중국의 육군해군과 공군을 대한민국의 영토 내와 그 부근에 배치하는 권리를 대한민국은 이를 허여하고 미합중국은 이를 수락한다.

| 제5조 |

본 조약은 대한민국과 미합중국에 의하여 각자의 헌법상의 수속에 따라 비준되어야 하며 그 비준서가 양국에 의하여 「와싱톤」에서 교환되었을 때에 효력을 발생한다.

| 제6조 |

본 조약은 무기한으로 유효하다. 어느 당사국이든지 타 당사국에 통고한 후 1년 후에 본 조약을 종지시킬 수 있다.

이상의 증거로서 하기 전권위원은 본 조약에 서명한다.

본 조약은 1953년 10월 1일에 「와싱톤」에서 한국문과 영문으로 두벌로 작성됨

대한민국을 위해서 변영태

미합중국을 위해서 존 포스터 덜레스

출처: 외교부 홈페이지〉외교정책〉조약·국제법〉조약정보(조약 34)

3) 조소우호원조조약(1961.7.6)

해제

「조선민주주의인민공화국과 소비에트사회주의연방공화국 간의 우호협조 및 호상원조에 관한 조약」(조소우호원조조약)은 1961년 7월 6일 모스크바에서 체결되었다. 1961년 6월 29일부터 7월 10일까지 김일성은 소련을 방문하였고, 이 방문 기간 중 소련 내각 수상 흐루쇼프와 회동하고 조소우원조조약을 체결하였다. 본 조약은 군사, 외교, 경제, 문화뿐 아니라 한반도 통일 문제 등 다양한 분야에 걸쳐 양국의 입장을 반영하여 체결한 조약이다. 총 6개 조항으로 구성되어 있는 이 조약은 제1조에서 유사시 자동 군사개입을 명문화하였다는 점에서 양국 관계에 있어 중요성을 가진다. 이 조약에 의하면, 북한 또는 소련이 다른 국가의 무력침공을 받아 급작스럽게 전쟁 상태에 처하게 될 경우, 체약 상대국은 지체 없이 자신이 보유하고 있는 모든 수단을 동원하여 군사적 지원 및 기타 원조를 제공하도록 약속하고 있다.

북한이 이 시점에 소련 및 중국과 상호방위조약을 맺게 된 배경에는 남한에서 5·16 군사쿠데타가 발생한 데 충격을 받았기 때문이다. 1961년 5월 남한에서 군사쿠데타가 발생하자 북한은 이를 남한 군부를 앞세운 미국의 군사적 공세전략으로 판단하고 소련 및 중국과 상호방위조약 체결을 서둘렀다. 이 조약은 정전협정 이후 남한과 미국, 북한과 소련 및 중국 간의 군사동맹이 체결되어 한반도의 정전체제를 공고히 하는 방향으로 동맹 네트워크를 확장하는 데 기여한 문건이라 할 수 있다.

이 조약의 유효기간은 10년으로 하고 있지만, 시한 만료 1년 전에 양국 중 어느 한쪽이 조약 폐기를 희망하지 않는다면 자동적으로 효력이 5년 연장되고 동일한 절차로 유효기간은 계속 연장된다. 하지만 1991년 소련이 붕괴되고 1994년 김영삼 대통령이 러시아를 방문하여 본 조약의 폐기를 요청하였다. 그리하여 1995년 8월 7일 러시아는 이 조약을 더 이상 연장하지 않는다는 입장을 북한에게 통보함으로써 이듬해인 1996년 9월 10일 조약은 효력을 잃게 되었다. 이에 따라 북한과 러시아는 변화된 국제환경과 북러관계를 고려하여 2000년 2월 9일 새로운 「북러우호협력조약」을 체결하였다.

합의 전문

조선민주주의 인민공화국과 소비에트사회주의 공화국연방 간의

우호협조 및 호상원조에 관한 조약

Treaty of Friendship, Co-operation and Mutual Assistance Between the

Union of Soviet Socialist Republics and the Democratic People's Republic of

Korea

모스크바, 1961년 7월 6일

조선민주주의 인민공화국 최고인민회의 상임 위원회와 쏘베트 사회주의 공화국 련맹 최고 쏘베트 상임위원회는 사회주의적 국제주의 원칙에 기초한 조선민주주의 인민공화국과 쏘베트 련맹 간의 친선 관계를 강화 발전시킬 것을 지향하면서,

유엔의 목적과 원칙에 립각하여 극동과 전 세계에서의 평화와 안전의 유지 공고화를 촉진시킬 것을 희망하면서,

어떠한 국가 또는 국가 련합으로부터 체약 일방에 대한 무력 침공이 감행되는 경우에 원조와 지지를 호상 제공할 결의에 충만되면서,

조선민주주의 인민공화국과 쏘베트 련맹 간의 친선, 선린, 협조의 강화가 량국 인민들의 사활적 리익에 부합되며 그들의 경제, 문화의 금후 발전을 가장 훌륭하게 촉진시키리라는 것을 확신하면서,

이 목적으로 본 조약을 체결하기로 결정하고,

조선민주주의 인민공화국 최고인민회의 상임 위원회는 조선민주주의 인민공화국 내각 수상 김일성을 쏘베트 사회주의 공화국 련맹 최고 쏘베트 상임 위원회는 쏘련 내각 수상 니끼다 쎄르게예비치 흐루쑈브를 각각 자기의 전권 대표로 임명하였다.

량 전권 대표는 소정의 형식과 완전한 절처를 갖춘 자기의 전권위임장을 교환한 후 다음과 같이 합의하였다.

제1조 체약 쌍방은 그들이 앞으로도 극동과 전 세계의 평화와 안전의 보장을 목적으로 하는 모든 국제적 활동에 참가할 것이며 이 고귀한 과업의 수행에 기여할 것을 성명한다. 체약 일방이 어떠한 국가 또는 국 련합으로부터 무력 침공을 당함으로써 전쟁 상태에 처하게 되는 경우에 체약 상대방은 지체없이 자기가 보유하고 있는 온갖 수단으로써 군사적 및 기타 원조를 제공한다.

제2조 체약 각방은 체약 상대방을 반대하는 어떠한 동맹도 체결하지 않으며 체약 상대방을 반대하는 어떠한 련합이나 행동 또는 조치에도 참가하지 않을 데 대한 의무를 진다.

제3조 체약 쌍방은 평화와 전반적 안전의 공고화를 촉진시킬 것을 념원하면서 량국이 리해 관계와 관련되는 모든 중요한 국제 문제들에 대하여 호상 협의한다.

제4조 체약 쌍방은 평등과 국가 주권이 호상 존중, 령도 완정, 호상 내정 불간섭의 원칙들에 립각하여 친선과 협조의 정신에서 조선 민주주의 인민공화국과 쏘베트 사회수의 공화국 련맹 간의 경제적 및 문화적 련계를 강화 발전시키며, 경제 및 문화 분야에서 가능한 모든 원조를 호상 제공하여 필요한 협조를 실현할 데 대한 의무를 진다.

제5조 체약 쌍방은 조선의 통일이 평화적이며 민주주의적인 기초 우에서 실현되어야 하며 그리고 이와 같은 해결이 조선 인민의 민족적 리익과 극동에서의 평화 유지에 부합된다고 인정한다.

제6조 조약은 평양시에서 비준서를 교환한 날부터 효력을 발생한다.

조약은 10년 간 효력을 가진다.

체약 쌍방이 기한 만료 1년 전에 조약을 폐기할 데 대한 희망을 표시하지 않는다면 조약은 다음 5년간 계속하여 효력을 가지며 이와 같은 절차에 의하여 앞으로 유효기간이 연장된다.

본 조약은 1961년 7월 6일 모쓰크바시에서 조선어와 로어로 각각 2부씩 작성 되었으며 이 두 원문은 동등한 효력을 가진다.

조선민주주의인민공화국 내각수상 김일성

쏘베트사회주의공화국련맹 내각수상 엔·에쓰·흐르쑈브

출처: 〈조선중앙년감〉(1962년판)

4) 조중우호원조조약(1961.7.11)

해제

「조선민주주의인민공화국과 중화인민공화국 간의 우호, 협조 및 호상원조에 관한 조약」(조중우호원조조약)은 1961년 7월 11일 베이징에서 체결된 조약으로, 중국의 저우언라이(周恩來) 수상과 북한 김일성 수상이 서명했다. 소련과 맺은 우호조약과 마찬가지로 중국과의 조약에서도 양국이 전시상황이 되면 자동적으로 군사 및 기타 원조를 제공하도록 체결되어 있다. 뿐만 아니라 양국 중 어느 한쪽이 조약 폐기를 희망하지 않는 이상 자동적으로 10년이 갱신되어 존속되도록 약속되어 있다는 조항 또한 유사하다.

「조중우호원조조약」은 「조소우호원조조약」과 함께 1960년대 당시 남한이 미국과 정치·군사적으로 견고한 동맹관계를 형성한 데 대한 대응으로서, 북한이 같은 사회주의 국가인 소련과 중국과의 동맹관계를 견고히 해나가는 데 큰 역할을 했다. 이 두 조약은 분열되어 있던 당시 사회주의 진영을 하나로 묶는 역할을 하였다. 당시 소련과 중국은 중소분쟁으로 인해 같은 공산주의 진영에 속해 있음에도 불구하고 대립하는 상황이었다. 소련은 자본주의 국가들과의 관계 개선을 천명하는 평화공존론을 주장함과 동시에 개인숭배에 대해 끊임없이 비판하였다. 개인숭배에 대한 비판은 당시 모택동 사상과 김일성 사상을 각각 지도사상으로 공고화시키고 있던 중국과 북한을 직접적으로 비판하는 것과 다름없었기 때문에 양국은 소련에 불만을 가지고 있었다.

그럼에도 불구하고 북한이 중국 및 소련과 우호조약을 체결할 수 있었던 것은 두 가지 이유에서였다. 첫 번째는 외교적 목표이다. 국가가 수립되었지만 북한은 정치, 경제, 이데올로기적으로 소련과 중국 양국 모두에게 종속되어 있었기 때문에 김일성은 중소분쟁을 교묘히 이용하여 외교적 자주를 꾀하였다. 중소분쟁 기간 동안 북한은 자신의 이익에 따라 소련과 중국 사이에서 등거리 외교를 전개해 어느 한쪽에 종속되지 않는 소위 '자주외교노선'을 확립해나갔다.

두 번째 목표는 경제적 이유였다. 김일성 개인숭배에 대한 소련의 비판에 불만을 가지고 있던 북한은 이에 대해 소련을 공개적으로 비판하였고, 이는 결국 소련의 대북 원조 축소로 이어졌다. 북한은 그 대안으로 중국에게 원조를 요청했다. 당시 중국은 대약진운동으로 인해 생산력이 매우 떨어져 있었으며, 경제적 능력이 약한 상태였음에도 불구하고 중소분쟁에서 북한을 자신의 편으로 끌어들이기 위해 경제 지원을 아끼지 않았다.

물론 이 지원은 원조 성격이 강하기는 했지만 북한에게 전혀 부담을 주지 않는 협정은 아니었다. 협정 내용은 북한이 중국으로부터 공산품과 건설에 필요한 물자를 제공 받으면 북한은 그 대가로 중국에게 광물과 같은 천연자원을 공급하고, 중국이 투자하여 북한에 공장을 건설하면 이후 북한이 그것을 구매한다는 내용이 포함되어 있었다. 하지만 당시 중국의 낮은 경제력은 원조를 지속시킬 수 있을지 불투명한 상태였고, 그로 인해 북한은 언제 원조가 끊어질지 모르는 불안감을 가지고 있었다.[8]

그러한 현실은 북한으로 하여금 소련의 필요성을 상기시키는 계기가 되었고, 북한은 다시 소련에 손을 내밀었다. 북한은 다시 소련 편으로 돌아서면서 공업 기업소 및 발전소들의 건설과 확장에 기술 제공 등의 경제적 지원을 받는 협정을 체결하였다. 소련이 김일성 정권에 대해 강

---

8) 이종석, 『북한-중국관계 1945~2000』(서울: 중심, 2001) 참조.

한 불만을 가지고 있었음에도 지원을 약속할 수밖에 없었던 이유는 중국과의 대립 구조에서 북한을 자신의 편으로 만들어야 했기 때문이었다. 결국 북한은 중소 갈등을 교묘히 이용해 양국 모두와 경제 우호 조약을 체결하고, 자신의 정치·경제적 실리를 극대화 했던 것이다.

조중 우호협조 및 호상원조에 관한 조약

Treaty of Friendship, Co-operation and Mutual Assistance Between the
People's Republic of China and the Democratic People's Republic of Korea

조선민주주의인민공화국 최고인민회의 상임위원회와 중화인민공화국 주석은 맑스-레닌주의와 프롤레타리아 국제주의의 원칙에 입각하여 또한 국가 주권과 령토 완정에 대한 호상 존중, 호상 불가침, 내정에 대한 호상 불간섭, 평등과 호혜, 호상 원조 및 지지의 기초 우에서 조선민주주의인민공화국과 중화인민공화국 간의 형제적 우호협조 및 호상 원조 관계를 가일층 강화 발전시키며 량국 인민의 안전을 공동으로 보장하며 아세아와 세계 평화를 유지 공고화하기 위하여 모든 노력을 다할 것을 결의한다.

또한 량국 간의 우호협조 및 호상 원조 관계의 강화 발전은 량국 인민의 근본 리익에 부합된다고 확신한다. 이 목적을 위하여 본 조약을 체결하기로 결정하고 조선민주주의인민공화국 최고인민회의 상임위원회는 조선민주주의인민공화국 내각수상 김일성을: 중화인민공화국 주석은 중화인민공화국 국무원 총리 주은래를 각각 자기의 전권대표로 임명하였다.

쌍방 전권대표는 전권 위임장이 정확하다는 것을 호상 확인하고 다음과 같은 조항들에 대하여 합의하였다.

제1조 체약 쌍방은 아세아 및 세계의 평화와 각국 인민의 안전을 수호하기 위하여 계속 모든 노력을 다할 것이다.

제2조 체약 쌍방은 체약 쌍방 중 어느 일방에 대한 어떠한 국가로부터의 침략이라도 이를 방지하기 위하여 모든 조치를 공동으로 취할 의무를 지닌다. 체약 일방이 어떠한 한 개의 국가 또는 몇 개 국가들의 련합으로부터 무력 침공을 당함으로써 전쟁 상태에 처하게 되는 경우에 체약 상대방은 모든 힘을 다하여 지체없이 군사적 및 기타 원조를 제공한다.

제3조 체약 쌍방은 체약 상대방을 반대하는 어떠한 동맹도 체결하지 않으며 체약 상대방을 반대하는 어떠한 집단과 어떠한 행동 또는 조직에도 참가하지 않는다.

제4조 체약 쌍방은 양국의 공동 리익과 관련되는 일체 중요한 국제 문제들에 대하여 계속 협의한다.

제5조 체약 쌍방은 주권에 대한 호상 존중, 내정에 대한 호상 불간섭, 평등과 호혜의 원칙 및 친선 협조의 정신에 계속 립각하여 량국의 사회주의 건설 사업에서 호상 가능한 모든 경제적 및 기술적 원조를 제공하며 량국의 경제, 문화 및 과학기술적 협조를 계속 공고히 하며 발전시킨다.

제6조 체약 쌍방은 조선의 통일이 반드시 평화적이며 민주주의적인 기초 우에서 실현되어야 하며 그리고 이와 같은 해결이 곧 조선인민의 민족적 리익과 극동에서의 평화 유지에 부합된다고 인정한다.

제7조 본 조약은 비준을 받아야 하며 비준서를 교환한 날로부터 효력을 발생한다. 비준서는 평양에서 교환한다. 본 조약은 수정 또는 폐기할 데 대한 쌍방 간의 합의가 없는 이상 계속 효력을 가진다.

본 조약은 1961년 7월 11일 북경에서 조인되었으며 조선문과 중국문으로 각각 2통씩 작성된 이후 이 두 원문은 동등한 효력을 가진다.

조선민주주의인민공화국 중화인민공화국

전권대표 김일성 전권대표 주은래

출처: 〈조선중앙년감〉(1962년판), 161-162쪽.

5) 한일기본조약(1965.6.22)

해제

「대한민국과 일본국 간의 기본관계에 관한 조약」은 「한일기본조약」 또는 「한일협정」이라고도 불리는데, 1965년 6월 22일 대한민국과 일본이 국교정상화를 위해 체결한 조약이다. 본 조약문은 4개의 협정으로 이루어져 있으며, 4개는 ① 어업에 관한 협정, ② 재일교포의 법적 지위 및 대우에 관한 협정, ③ 재산 및 청구권에 관한 문제의 해결과 경제협력에 관한 협정, ④ 문화재 및 문화협력에 관한 협정 등이다.

1961년이 북한-소련-중국으로 이루어지는 공산주의 진영 국가들의 돈독함을 과시한 해라면, 1965년은 한국이 일본과 국교정상화를 맺음으로써 한국-미국-일본의 남방 삼각관계를 완성한 시기로 볼 수 있다. 1952년 2월을 시작으로 14년간 6차례에 걸쳐 한일 국교정상화를 위한 회담이 개최되었고, 1965년 한일 양국은 그 결실을 맺었다. 당시 북한이 소련과 중국으로부터 막대한 경제 원조를 받아 비교적 높은 경제 성장을 보이고 있었던 반면, 한국은 여전히 전후 복구과 정치적 불안정으로 인해 사회가 혼란스러웠다. 그렇기 때문에 한국은 일본과 국교정상화를 맺음으로써 과거 일제 식민지통치에 대한 보상금을 받아 전후 복구와 경제건설에 이용하려 했다.

한일협정 체결은 또한 냉전이 격화되어 가는 상황에서 아시아태평양에서 반공전선을 공고히 하려는 미국의 의도가 크게 반영된 측면도 간과할 수 없다. 한일관계 정상화와 더불어 1966년 7월에 체결된 SOFA 협정으로 한미 간 군사협력을 구체화하였다. 한국은 일본과 국교를 정상화하고 미국과 군사동맹을 강화함으로써 한미일 남방삼각관계가 완성되었다. 그 결과 한국전쟁이 중단된 이후 10여년이 지난 시점에 남북한을 둘러싸고 주변 4개국이 북방삼각관계와 남방삼각관계라는 대립적 냉전체제를 형성하게 되었다. 「한일기본조약」은 그런 맥락에서 북방삼각관계에 대응하는 남방삼각관계를 구축함으로써 한반도 냉전 구조를 확립하는 데 기여한 외교적 합의라 할 수 있다.

합의 전문

1965년 6월 22일 동경에서 서명
1965년 12월 18일 발효

대한민국과 일본국 간의 기본관계에 관한 조약

대한민국과 일본국은

양국 국민 관계의 역사적 배경과, 선린 관계와 주권 상호 존중의 원칙에 입각한 양국 관계를 정상화에 대한 상호 희망을 고려하며,

양국의 상호 복지와 공통 이익을 증진하고 국제 평화와 안전을 유지하는데 있어서 양국이 국제연합헌장의 원칙에 합당하게 긴밀히 협력함이 중요하다는 것을 인정하며, 또한

1951년 9월 8일 샌프런시스코우 시에서 서명된 일본국과의 평화조약의 관계 규정과 1948년 12월 12일 국제연합총회에서 채택된 결의 제195호(Ⅲ)를 상기하며,

본 기본 관계에 관한 조약을 체결하기로 결정하여, 이에 다음과 같이 양국의 전권위원을 임명하였다.

대한민국
대한민국 외무부 장관 이동원
대한민국 특명전권대사 김동조

일본국
일본국 외무대신 시이나 에쓰사부로오
다까스기 싱이찌

이들 전권위원은 그들의 전권 위원장을 상호 제시하고, 그것이 양호 타당하다고 인정한 후, 다음의 제 조항에 합의하였다.

| 제1조 |

양 체약당사국 간에 외교 및 영사 관계를 수립한다. 양 체약당사국 은 대사급 외교사절을 지체없이 교환한다. 양 체약당사국은 또한 양국 정부에 의하여 합의되는 장소에 영사관을 설치한다.

| 제2조 |

1910년 8월 22일 및 그 이전에 대한제국과 대 일본제국 간에 체결된 모든 조약 및 협정이 이미 무효임을 확인한다.

| 제3조 |

대한민국 정부가 국제연합총회의 결의 제195(Ⅲ)호에 명시된 바와 같이, 한반도에 있어서의 유일한 합법 정부임을 확인한다.

| 제4조 |

(가) 양 체약당사국은 양국 상호간의 관계에 있어서 국제연합헌장의 원칙을 지침으로 한다.
(나) 양 체약당사국은 양국의 상호의 복지와 공통의 이익을 증진함에 있어서 국제연합헌장의 원칙에 합당하게 협력한다.

| 제5조 |

양 체약당사국은 양국의 무역, 해운 및 기타 통상상의 관계를 안정되고 우호적인 기초위에 두기 위하여 조약 또는 협정을 체결하기 위한 교섭을 실행가능한 한 조속히 시작한다.

| 제6조 |

양 체약당사국은 민간 항공 운수에 관한 협정을 체결하기 위하여 실행가능한 한 조속히 교섭을 시작한다.

| 제7조 |

본 조약은 비준되어야 한다. 비준서는 가능한 한 조속히 서울에서 교환한다.

본 조약은 비준서가 교환된 날로부터 효력을 발생한다.

이상의 증거로서 각 전권 위원은 본 조약에 서명 날인하였다.

1965년 6월 22일 토오쿄오에서 동등히 정본인 한국어, 일본어 및 영어로 본서 2통을 작성하였다. 해석에 상위가 있을 경우에는 영어본에 따른다.

대한민국을 위하여   일본국을 위하여
(서명) 이동원   (서명) 시이나 에쓰사부로오
김동조   다까스기 싱이찌

출처: 외교부 홈페이지〉외교정책〉조약·국제법〉조약정보(조약 163)

6) 7·4 남북공동성명(1972.7.4)

해제

「7·4 남북공동성명」은 한반도가 분단된 이후 처음으로 남한과 북한이 함께 발표한 평화통일을 위한 공동 선언이다. 한반도 평화 프로세스는 냉전체제의 두 축에 편입되었던 남한과 북한이 상호 체제를 인정하고 이를 국제적으로 교차승인하는 데서 시작한다. 이런 점에서 극단적으로 대립하던 북방삼각관계와 남방삼각관계의 꼭지점에 있던 남한과 북한이 관계개선의 의지를 천명한 것은 한반도 평화 프로세스의 출발이라 할 수 있다. 1972년 7월 4일 발표된 남북공동성명은 한반도 평화체제의 초석으로 간주할 만한 문건이다.

1972년 5월 2일부터 5일까지 남한의 이후락 중앙정보부장이 비밀리에 평양을 방문하여 북한의 김영주 노동당 조직지도부장과 회담을 했고, 얼마 지나지 않은 5월 29일부터 6월 1일까지 북한의 박성철 제2부수상이 극비리에 서울을 다녀간 후 공동성명 발표가 성사되었다. 성명은 자주·평화·민족대단결로 통일을 이룬다는 '통일 3원칙'을 제시했다는 점에서 큰 의미를 갖는다. 7·4 남북공동성명의 핵심 내용은 남북이 무력을 통한 통일을 포기하고, 자주·평화·민족대단결이라는 통일 3원칙에 따라 통일을 지향한다는 것이다. 이로써 통일을 위한 남북의 대화는 물꼬를 트고 통일 방법에 대한 각자의 생각을 공식적으로 교환하기 시작했다. 하지만 공동성명을 발표한 이후 남북은 통일 3원칙을 해석하는 데 차이를 보임으로써 상호 협력을 증진시키는 것이 아니라 갈등을 유발하는 상황을 연출하였다. 그 결과 양측은 이 공동성명을 각기 독재 권력을 강화하는 수단으로 악용하였다. 박정희 정권은 남북통일을 위해서는 유신헌법의 필요성을 역설했고 김일성은 사회주의 헌법을 제정해 자신이 주석이 됨으로써 유일지배체제를 확립하였다.

이 조약이 체결될 수 있었던 배경은 두 가지 차원에서 분석할 수 있다. 첫 번째는 국제정세의 변화였다. 조약은 남북 양측이 궁극적으로 공통된 지향점을 가지고 발표했다기보다, 평화 공존을 지향하는 당시 국제정세를 추종한 결과라 할 수 있다. 철저히 단절되고 자본주의 진영과 공산주의 진영으로 나누어져 적대 관계에 있었던 냉전체제의 긴장이 1970년대로 들어서면서 완화되기 시작하였다. 1960년대 중반에는 소련이 자본주의 진영과의 평화공존론을 선포하고, 70년대 초부터는 미국과 중국이 우호적인 관계로 변화하면서 대립하던 기존 국제질서가 변화되기 시작하였다. 또한 중국이 UN에 가입하고 미국 닉슨 대통령이 중국을 방문한 자리에서 양국 간 「상하이 공동선언」이 발표되자 미중관계는 개선되었다. 이러한 세계적 데탕트의 분위기 속에서 남과 북이 체결한 것인 바로 「7·4 남북공동성명」이다. 기존 국제체제가 갈등만을 내포하고 있었다면 70년대도 대립이 주도하는 시기였을 것이다. 이처럼 우호적인 국제 환경은 남북이 적대적 관계를 고집하고서는 새로운 국제체제에 적응할 수 없기 때문에, 「7·4 남북공동성명」은 생존을 위한 국제 환경으로의 편승에 가까웠다.

두 번째 배경은 남북한의 국내정치상 외교 전략의 변화가 필요했던 측면이다. 1971년 11월 15일부터 23일까지 열린 조선로동당 중앙위원회 제5기 3차 전원회의에서는 '국제정세에서 제기된 몇 가지 문제에 대하여'라는 의제를 첫 번째 문제로 채택하고 토의하였다.[9] 이는 1961년 9월 제4차 당대회에서 북한이 자신과 "좋은 관계를 맺기 희망하는 자본주의 국가들과 외교관계를 수립하겠다"고 한 입장을 구체화 한 것이

---

9) 김계동, 『북한의 외교정책』(서울: 백산서당, 2002) 참조.

었다. 이처럼 남북 공동성명이 체결된 시기 북한은 다변화외교를 추진하고 서방·자본주의 진영과의 외교를 희망했던 시기였다. 또한 새로운 6개년 경제개발계획을 추진하기 위해 서방의 자본과 기술을 도입할 필요가 있었다. 이러한 배경 하에 가장 일차적인 토대로 북한은 남한과 가장 먼저 화해를 해야 했다. 남한의 박정권 정권 역시 미국이 동맹관계인 한국을 소외시키고 북한의 동맹인 중국과 관계개선에 나서는 데 대한 대응에 나서야 했다. 더욱이 한국군은 베트남전쟁에 오랫동안 개입하고 있었던 터라 미중 관계개선은 정치적으로만이 아니라 경제적, 군사적으로 충격으로 다가갔다. 이는 북한도 마찬가지였다. 대결하는 두 강대국의 권력정치에 맞서 남북한이 공통분모를 찾은 것이 일시적인 남북화해, 곧 「7·4 남북공동성명」이었던 것이다.

「7·4 남북공동성명」 채택의 분위기를 조성하기 위해 이산가족 상봉을 위한 적십자회담이 함께 진행되었다. 제1차 남북 적십자회담은 1972년 8월 30일 평양 대동강 문화회관에서 개최되었다. 1971년 8월 12일 대한적십자사 총재인 최두선이 '남북이산가족찾기운동'을 제안하고, 북한 적십자사가 이를 수락함으로써 이루어지게 되었다. 남북적십자 본회담을 개최하기 위한 예비회담은 1971년 9월 20일부터 1972년 8월 11일까지 판문점 중립국감독위원회 회의실에서 양쪽의 대표가 각각 5명씩 참석한 가운데 총 25회 개최되었다. 판문점 내에 상설 연락사무소를 설치하고 '직통전화'를 설치하는 것으로 시작된 남북적십자 예비회담은 '자유 왕래' 문제를 둘러싼 양쪽의 의견 대립으로 장기간 교착 상태에 빠지게 되었다.

이후 비밀 접촉을 통해 남한에서는 이후락 정보부장이 평양을 방문하고, 북한에서는 박성철 부수상이 서울을 방문하여 서로의 이해관계의 폭을 좁혀나갔다. 그 결과 「7·4 남북공동성명」이 발표되어 난항에 빠져있던 적십자회담을 성사시키는 촉매제 역할을 하였다. 이후 약 20차례 추가로 개최된 남북적십자 예비회담에서의 '본회담 의제'와 '대표단 구성', '진행 절차 및 본회담 개최 일자' 등의 문제에 양측이 합의하면서 예비회담은 마무리되고, 1972년 8월 29일부터 9월 2일까지 평양에서 제1차 남북적십자회담이 개최되었다. 적십자회담의 목표는 '이산가족문제 해결'이었지만 북한은 이 회담을 정치적 방향으로 끌고 나가려 함으로써 회담의 목적은 변질되기 시작하였다. 이후 재개된 본회담에서도 양측은 갈등을 좁히지 못하고 서로의 상반된 이해관계만 재확인한 채 결국 1978년 3월 19일 북한이 대화 중단을 선언함으로써, 1977년 12월 9일 개최된 제25차 적십자회담을 마지막으로 회담은 종결되었다.

「7·4 남북공동성명」에 입각하여 1974년 1월 18일 박정희 대통령은 남북간 상호불가침협정안을 제안하였다. 이 협정안의 가장 기본적인 원칙은 서로에 대해 무력침범을 하지 않는다는 것을 약속하고 남북한이 평화적 통일의 기반을 함께 조성해 나갈 것을 북한에게 제안한 것이다. 또한 상호 내정간섭을 하지 말자는 것과 휴전협정의 효력을 존속시켜야 한다는 내용을 담고 있다. 이 협정안은 1962년 북한이 최고인민회의 상임위원장 명의로 제안했던 남북 상호불가침협정에 대한 남쪽의 대응으로 볼 수 있다. 하지만 주한미군의 철수와 무력 증강 중지 등을 전제조건으로 내세우는 북한의 불가침협정안은 정전체제의 붕괴를 초래할 수도 있는 것이었기 때문에 남한은 이를 거절했다. 이후 북한은 남한과의 평화협정 체결에 회의적인 태도를 가지고 북미 평화협정 체결을 주장하기 시작하였다.

7·4 남북공동성명

최근 평양과 서울에서 남북 관계를 개선하며 갈라진 조국을 통일하는 문제를 협의하기 위한 회담이 있었다.

서울의 이후락 중앙정보부장이 1972년 5월 2일부터 5월 5일까지 평양을 방문하여 평양의 김영주 조직지도부장과 회담을 진행하였으며, 김영주 부장을 대신한 박성철 제 2부수상이 1972년 5월 29일부터 6월 1일까지 서울을 방문하여 이후락 부장과 회담을 진행하였다.

이 회담들에서 쌍방은 조국의 평화적 통일을 하루빨리 이룩해야 한다는 공통된 염원을 안고 허심탄회하게 의견을 교환하였으며, 서로의 이해를 증진시키는 데서 큰 성과를 거두었다.

이 과정에서 쌍방은 오랫동안 서로 만나 보지 못한 결과로 생긴 남북 사이의 오해와 불신을 풀고 긴장의 고조를 완화시키며 나아가서 조국 통일을 촉진시키기 위하여 다음과 같은 문제들에 완전한 견해의 일치를 보았다.

1. 쌍방은 다음과 같은 조국 통일 원칙들에 합의를 보았다.

   첫째, 통일은 외세에 의존하거나 외세의 간섭을 받음이 없이 자주적으로 해결되어야 한다.

   둘째, 통일은 서로 상대방을 반대하는 무력 행사에 의하지 않고 평화적 방법으로 실현되어야 한다.

   셋째, 사상과 이념, 제도의 차이를 초월하여 우선 하나의 민족으로서 민족적 대단결을 도모하여야 한다.

2. 쌍방은 남북 사이의 긴장 상태를 완화하고 신뢰의 분위기를 조성하기 위하여 서로 상대방을 중상, 비방하지 않으며, 크고 작은 것을 막론하고 무장도발을 하지 않으며, 불의의 군사적 충돌 사고를 방지하기 위한 적극적인 조치를 취하기로 합의하였다.

3. 쌍방은 끊어졌던 민족적 연계를 회복하며 서로의 이해를 증진시키고 자주적 평화통일을 촉진시키기 위하여 남북 사이에 다방면적인 제반 교류를 실시하기로 합의하였다.

4. 쌍방은 지금 온 민족의 거대한 기대 속에 진행되고 있는 남북 적십자 회담이 하루 빨리 성사되도록 적극 협조하는 데 합의하였다.

5. 쌍방은 돌발적 군사 사고를 방지하고 남북 사이에 제기되는 문제들을 직접, 신속 정확히 처리하기 위하여 서울과 평양 사이에 상설 직통 전화를 놓기로 합의하였다.

6. 쌍방은 이러한 합의 사항을 추진시킴과 함께 남북 사이의 제반 문제를 개선, 해결하며 또 합의된 조국 통일 원칙에 기초하여 나라의 통일 문제를 해결할 목적으로, 이후락 부장과 김영주 부장을 공동 위원장으로 하는 남북조절위원회를 구성·운영하기로 합의하였다.

7. 쌍방은 이상의 합의 사항이 조국 통일을 일일 천추로 갈망하여 온 겨레의 한결같은 염원에 부합된다고 확신하면서 이 합의 사항을 성실히 이행할 것을 온 민족 앞에 엄숙히 약속한다.

서로 상부의 뜻을 받들어

이후락   김영주

1972년 7월 4일

출처: 외교부 홈페이지〉외교정책〉안보〉한반도평화체제

2. 전환기: 교차승인의 시기(1988-1992)

한반도 평화 프로세스의 전환기는 1988년 「7·7 특별선언」과 이후 이를 실질적으로 뒷받침하는 외교적, 정책적 변화가 가시화된 시기다. 노태우 대통령은 7·7선언을 통해 한국의 대공산권 외교와 남북한 교차승인, 그리고 남북한 관계의 개선 의사를 표명하였다. 한국의 대북정책과 공산권외교에 일대 전환을 가져온 역사적 선언이었다. 한국은 이 선언을 통해 공산권까지 참여한 88서울올림픽을 성공적으로 치러냄으로써 동서 이념분쟁을 종식시키고 새로운 화해시대의 문을 열었다.

한국이 추구한 '북방정책'의 가시적인 결실은 1988년 9월 서울올림픽의 성공적인 결과에 이어 10월에는 한국과 헝가리가 서로 상주대표부의 교환 설치를 발표한 것으로 나타나기 시작했다. 당시 북한은 성명을 발표하여 한국의 북방정책은 미국이 한국의 '괴뢰정부'를 유지하고 한반도에 침략적 거점을 마련하기 위하여 한국정부를 사주한 것으로서 이를 통해 한반도 분단을 영구화하고, 사회주의권을 분열시키기 위한 책동이라고 비난하였다. 북한은 북방정책의 "반동적 본질"은 북한을 "국제적으로 고립시켜 보려는 미제의 반공 반사회주의 전략 실현의 도구"라고 주장했던 것이다.

7·7 특별선언과 북방정책에 근거하여 1989년 9월 11일 노태우 대통령은 국정연설에서 '한민족공동체 통일방안'을 제안했다. 한민족공동체 통일방안은 첫째, 남북대화의 추진으로 신뢰 회복을 기해 나가는 가운데 남북 정상회담을 통해 민족공동체 헌장을 채택하고, 둘째, 남북의 공존공영과 민족사회의 동질화, 민족공동생활권의 형성 등을 추구하는 과도적 통일체제인 남북연합을 거쳐 셋째, 통일헌법이 정하는 바에 따라 총선거를 실시하여 통일국회와 통일정부를 구성함으로써 완전한 통

일 민주공화국을 수립할 것을 제시하였다.[10] 이에 대해 북한은 "중간 단계를 줄여 통일헌법을 만들어 총선거를 실시하고 단일 제도에 의한 통일정부를 구성한다는 것은 통일 문제의 해결을 끝없이 연장시키는 영구분열 방안"이라고 비판하였다. 또한 현실에 단일 제도를 기초로 통일한다는 것은 누구도 예측할 수 없으며 그것은 "일방이 타방을 먹어 치우는" 도저히 실현할 수 없는 것이라고 주장하면서 현재는 두 제도를 수용하는 연방제를 실시하는 길밖에 없다고 강조하였다.[11]

'한민족공동체 통일방안'이 발표된 이후 동유럽에서 탈사회주의화 현상이 계속되는 가운데 1989년 11월 베를린 장벽이 무너졌고 1990년 10월에는 동서독이 통일을 이루었다. 북한은 동서독의 통일을 서독이 동독을 '흡수통일'했다고 인식하였다. 이러한 국제환경의 변화기를 맞으며 북한은 1991년 1월 1일 김일성 주석이 '신년사' 연설에서 "북과 남에 서로 다른 두 제도가 존재하고 있는 우리나라의 실정에서 조국통일은 누가 누구를 먹거나 누구에게 먹히지 않는 원칙에서 하나의 민족, 하나의 국가, 두 개 제도, 두 개 정부에 기초한 련방제 방식으로 실현되어야 한다"는 제안을 내놓았다.[12] 남한의 '한민족공동체 통일방안'이 통일의 과도적 단계 '남북연합'을 형성하고 최종 단계에서는 총선거에 의해 '민주국가'를 수립하자는 3단계 통일방안인데 비해, 북한은 남한에 의한 '흡수통일'의 위기감 때문에 남북 양 체제의 공존을 세안한 것이다. 북한의 이 제안은 기존의 연방제를 수정한 이른바 '느슨한 형태의 연방제'로 발전하는 계기가 되었고, 2000년 6월 남북정상회담에서

---

10) 대통령공보비서실 편, 『민주·번영·통일의 큰 길을 열며: 노태우 대통령 재임 5년의 주요연설』(서울: 동화출판사, 1993), pp. 419-428.
11) "'한민족 공동체 통일방안'은 '두개 조선'을 노린 제2분열안," 『로동신문』, 1989. 9.14.
12) 김일성, "신년사," 『로동신문』, 1991.1.1.

김정일 위원장은 이를 '낮은 단계의 연방제'로 제안하였다.

한국의 북방정책이 성공적으로 추진되자 북한은 남북한 협상의 주도권을 빼앗기지 않기 위해 남한에 대화 재개를 제의하였다. 1990년 5월 31일 북한은 그동안 진행되어 오던 팀스피리트 훈련의 중단과 콘크리트 장벽의 철거를 주장하며 남북한 회담을 거부해오다 돌연 대화 재개를 촉구하고 나섰다. 그 배경에는 한국과 소련이 수교를 위한 정상회담 개최를 발표한 것이 배경으로 작용하였다. 북한의 대화 재개 요청은 한국 정부가 한소정상회담 개최를 발표한 지 수 시간 직후에 나왔고 이를 계기로 일련의 남북 고위급회담(총리회담)이 개최되어 「남북기본합의서」가 도출된다. 이때 북한도 미국, 일본과 관계 개선을 시도하였으나 결국 이루어지지 못하고 한반도는 1차 북핵 위기로 진입한다.

전환기에 남한과 북한이 한반도 주변 4개국과 교차승인의 맥락에서 관계 개선을 추진하는 방향으로 한반도 평화 프로세스에 의미 있게 기여한 문건은 다음과 같다.

1) 7·7 특별선언(1988.7.7)

2) 북일관계 3당 공동선언(1990.9.28)

3) 한소관계 일반원칙 선언(1990.12.14)

4) 남북기본합의서(1991.12.13)

5) 한반도 비핵화 공동선언(1992.1.20)

6) 한중수교 공동성명(1992.8.24)

1) 7·7 특별선언(1988.7.7)

해제

「7·7 특별선언」으로 줄여 불리는 「민족자존과 통일번영을 위한 대통령 특별선언」은 1988년 7월 7일 남북관계와 대공산권 외교의 전환을 천명하는 노태우 대통령의 선언이다. 남북 간 교류협력과 교차승인의 추진을 골자로 하는 이 선언은 '북방정책'의 출발을 알리는 신호탄이었다.[13] 무엇보다 남한으로서는 공산권과 외교관계가 없는 상황에서 세계의 모든 국가들이 참여하는 88서울올림픽을 성공적으로 치러야 하는 과제에 직면해 있었다. 1980년 모스크바와 1984년 로스앤젤레스에서 개최된 올림픽이 이데올로기 대립으로 자본주의 진영과 공산주의 진영 각각 불참하는 파행으로 점철되었기 때문에 88서울올림픽에 대한 세계적 관심이 그만큼 컸다. 설상가상으로 남한은 공산국가들과 외교관계가 맺어져 있지 않아 공산권 국가들의 참여가 불투명하였다. 이러한 상황에서 공산권 국가들을 모두 참여시키고 올림픽을 성공적으로 개최하기 위해서는 특단의 조치가 필요했다. 바로 공산권에 문호를 개방한다는 전격적인 선언을 하기에 이른 것이다.

본 선언문은 다음과 같은 6가지 협력 방안을 제시하였다. ① 남북 동포 간의 상호 교류와 해외동포들의 자유로운 남북 왕래를 위한 문호 개방, ② 이산가족 문제 해결, ③ 남북간 교역의 문호 개방과 남북간 교역을 민족내부 교역으로 간주, ④ 민족경제의 균형적 발전을 희망하고 비군사적 물자에 대해 우리 우방들이 북한과 교역하는 데 반대하지 않음, ⑤ 남북간 경쟁과 대결 외교를 종결하고 민족의 공동이익을 위하여 상호 협력, ⑥ 북한이 미국, 일본 등과 관계를 개선하는 데 협조하며

---

13) 장달중·이정철·임수호, 『북미 대립: 탈냉전 속의 냉전 대립』 (서울: 서울대학교 출판문화원, 2011) 참조.

우리는 소련, 중국을 비롯한 사회주의 국가들과의 관계 개선을 추구한다는 것이다.[14]

「7·7선언」은 당시 남한의 국내외적 상황에 의해 발표되었다고 볼 수 있다. 1970년대 전반기까지 북한이 정치적으로나 경제적으로나 남한에 비해 우세하였지만 80년을 전후로 하여 남한은 다양한 측면에서 북한을 추월하기 시작했다. 이에 자신감을 갖게 된 한국 정부는 북한을 포용함으로써 대내적으로는 북한과 국내 급진 세력의 통일 공세를 차단하고, 곧 개최될 올림픽의 성공적 개최를 위한 유리한 환경을 조성할 필요가 컸다. 뿐만 아니라 대외적으로는 변화를 모색하는 개혁노선을 걷기 시작한 공산국가들과의 관계 개선을 도모하고 조심스럽게 남북관계를 주도하기 위한 포석이 필요했던 것이다.[15] 당시 한국은 세계 최대 스포츠 축제였던 88서울올림픽대회 개최를 앞두고 있었기 때문에, 북한과의 관계 개선을 천명함으로써 소련, 중국 등 사회주의 국가들을 올림픽에 참가시키고자 했다. 한마디로 한국은 국내 정치·경제적 도약에 더해 세계 주역 국가의 구성원으로서 대한민국의 지위를 향상시키고자 했다. 「7·7 특별선언」은 남북한 관계와 공산권 외교에 새로운 전환을 이룩함으로써 남북 간의 화해와 협력을 통해 민족통합과 번영을 실현시키려는 정부의 적극적 의지를 표명한 것이다.

---

14) 통일원, 『통일백서 1990』(서울: 통일원, 1990), p. 48.
15) 박찬봉, "7·7선언체제의 평가와 대안체제의 모색: 기능주의에서 제도주의로," 『한국정치학회보』, 제42집 제4호 (2008), pp. 339-553.

민족자존과 통일번영을 위한 대통령 특별선언

친애하는 6천만 동포 여러분!

나는 오늘 온 겨레의 염원인 조국의 평화적 통일을 실현해 나가기 위한 새 공화국의 정책을 밝히려 합니다. 우리 민족이 남북분단의 고통을 겪어온 지 반세기가 가까와 옵니다. 분단의 역사는 우리 민족에게 숱한 시련과 고난을 주었으며, 민족의 정상적인 발전을 가로막아 왔습니다. 남북분단의 장벽을 허물어 번영된 통일조국을 여는 길을 개척하는 것이야말로 오늘을 사는 우리 겨레 모두에게 맡겨진 민족사의 소명이 아닐 수 없습니다. 상이한 이념과 체제로 분단된 남북은 동족상잔의 전쟁을 치루었으며, 남북으로 갈라진 겨레는 분단 그날부터 오늘까지 서로가 서로를 불신.비방하며 서로를 적대시하는 고통스런 분단상황에서 벗어나지 못하고 있습니다. 남북분단은 우리 민족의 의사에 의한 것이 아니었으나 민족통합은 우리의 책임 아래 우리의 자주적 역량으로 이루어야 합니다.

우리는 남북간에 화해와 협력의 밝은 시대를 함께 열어가야 합니다. 이제는 민족 전체의 복지와 번영을 위해 함께 노력할 때입니다. 오늘날 세계는 이념과 체제를 초월하여 화해와 협력의 시대로 나아가고 있습니다. 나는 지금이야말로 전쟁의 위험과 대결의 긴장이 상존하고 있는 한반도에 평화를 정착하고 통일의 새로운 전기를 마련하여야 할 역사적인 시점이라고 확신합니다.

동포 여러분,

우리가 아직 비극적인 분단현실을 극복하지 못하고 있는 근본적인 이유는 남과 북이 민족공동체라는 의식을 등진 채 서로를 대결의 상대로 여겨 적대관계를 격화시켜 온 데 있습니다. 우리 민족은 하나의 공동체로서 그 속에서 삶을 영위하며 겨레의 힘과 슬기를 모아 시련과 도전을 극복하면서 빛나는 역사와 문화전통을 창조해 왔습니다. 따라서 남과 북이 함께 번영을 이룩하는 민족공동체로서 관계를 발전시켜 나가는 것이야말로 번영된 통일조국을 실현하는 지름길일 것입니다.

이 길이 곧 민족자존의 길이며 민족통합의 길입니다. 이제 남과 북은 분단의 벽을 헐고 모든 부문에 걸쳐 교류를 실현해 나가야 합니다. 상호 신뢰를 회복하고 민족적 유대를 강화해 나갈 적극적 조처를 취해 나가야 합니다. 또한 대외적으로도 하나의 공동체라는 인식을 바탕으로 대결의 관계를 지양해야 합니다. 북한이 책임있는 성원으로 국제사회에 기여하고, 그것이 북한사회의 개방과 발전을 촉진하게 되기를 희망합니다. 국제사회에서 남북은 상호간에 서로의 위치를 인정하고 민족전체의 이익을 위해 협력해야 합니다.

친애하는 6천만 동포 여러분,

나는 오늘 자주, 평화, 민주, 복지의 원칙에 입각하여 민족구성원 전체가 참여하는 사회, 문화, 경제, 정치공동체를 이룩함으로써 민족자존과 통일번영의 새 시대를 열어나갈 것임을 약속하면서 다음과 같은 정책을 추진해 나갈 것을 내외에 선언합니다.

1. 정치인, 경제인, 언론인, 종교인, 문화.예술인, 체육인, 학자 및 학생 등 남북 동포 간의 상호 교류를 적극 추진하며 해외동포들이

자유로이 남북을 왕래하도록 문호를 개방한다.

2. 남북적십자회담이 타결되기 이전이라도 인도주의적 견지에서 가능한 모든 방법을 통해 이산가족들 간에 생사·주소 확인, 서신왕래, 상호 방문 등이 이루어질 수 있도록 적극 주선, 지원한다.

3. 남북간 교역의 문호를 개방하고 남북간 교역을 민족내부 교역으로 간주한다.

4. 남북 모든 동포의 삶의 질을 향상시킬 수 있도록 민족경제의 균형적 발전이 이루어지기를 희망하며 비군사적 물자에 대해 우리 우방들이 북한과 교역을 하는 데 반대하지 않는다.

5. 남북간의 소모적인 경쟁·대결외교를 종결하고 북한이 국제사회에 발전적 기여를 할 수 있도록 협력하며, 또한 남북 대표가 국제무대에서 자유롭게 만나 민족의 공동이익을 위하여 서로 협력할 것을 희망한다.

6. 한반도의 평화를 정착시킬 여건을 조성하기 위하여 북한이 미국.일본 등 우리 우방과의 관계를 개선하는 데 협조할 용의가 있으며 또한 우리는 소련.중국을 비롯한 사회주의 국가들과의 관계개선을 추구한다.

나는 이상과 같은 우리의 조치에 대해 북한 측도 적극 호응해 줄 것을 기대합니다. 북한 측이 이에 대해 긍정적인 자세를 보여 온다면 보다 전진적인 조치를 취해 나갈 것임을 아울러 밝혀 둡니다.

나는 오늘의 이 선언이 통일을 향한 남북간의 관계 발전에 새로운 장을 여는 계기가 되기를 바랍니다. 6천만 우리 겨레 모두가 슬기와 힘을 모은다면, 이 세기가 가기 전에 남과 북은 하나의 사회적·문화적·경제적 공동체로 통합될 수 있을 것입니다.

이러한 바탕 위에서 우리는 머지 않아 하나의 나라로 통일하는 위업을 달성할 수 있을 것으로 확신합니다.

출처: 〈중앙일보〉 1988.7.7.

2) 북일관계 3당 공동선언(1990.9.28)

해제

한국의 북방외교가 성공적으로 전개되어가는 상황에서 북한이 자유진영 국가들과의 관계 개선을 이루지 못하면 외교적 고립을 면치 못할 것이라는 위기가 조성되었다. 그러자 북한은 국제사회의 남북 교차승인을 "분단 영구화 책동"이라고 비난해오던 태도를 바꾸어 일본, 미국과 관계개선을 향한 접촉에 나섰다. 북미 접촉은 1988년부터 베이징에서 양국 외교 실무 담당자 수준에서, 북일 접촉은 주로 평양에서 정당 접촉의 방식으로 전개되었다.

이 문건은 1990년 9월 28일 평양에서 조선노동당, 일본의 자유민주당과 사회당 3당의 공동선언문으로 발표되었다. 한반도 평화체제를 구축하기 위해서는 북한이 일본 및 미국과 관계정상화를 실현해야 했다. 한국과 소련의 국교정상화 논의가 추진되는 냉전 해체의 격동기에 일본과 북한은 관계 개선을 위한 접촉을 시작하였다. 사실 1972년 9월 데탕트 시기에 북한이 먼저 한일기본조약의 파기를 요구하지 않은 상황에서 일본과 국교정상화를 제안하는 자세를 취한 적도 있었다. 그러나 남한의 「평화통일외교선언」(1973.6.23)이 발표된 이후 북한은 일본 정부의 '두 개의 조선'정책을 비판하며 그와 연관되는 북일 관계정상화는 맺지 않겠다는 뜻을 분명히 함으로써 일본 정부의 한반도 정책에 강하게 반발하였다.[16]

그로부터 10여 년이 흐른 후 남한에서 「7·7선언」이 나오자 일본은 한국이 '북방정책'의 일환으로 "북한이 미국이나 일본 등 우리나라의 우호적 나라들과 관계를 개선하는 데 협력할 용의가 있다"는 점을 강조

---

16) 신정화, 『일본의 대북정책 1945–1992년: 국내정치 역학의 관점에서』 (서울: 오름, 2004), p. 205.

하며 북한을 설득했으나, 북한은 "교차승인을 노린 간교한 술책"이라는 비판을 하는 등 민감한 반응을 보였다. 그러나 위기 국면에 놓인 북한이 일본의 적극적 제안을 수용하여 비록 정당 차원의 공동선언이지만 한반도 평화 프로세스에는 중요한 전환점을 형성하는 합의가 이루어졌다.

1990년 9월 28일 평양에서 발표된 이 조약의 정식 명칭은 「조일관계에 관한 조선로동당·일본의 자유민주당·사회당 공동선언」이다. 1990년 9월 24일부터 28일까지 일본의 가네마루 신(金丸信) 전 부총리와 다나베 마코토(田邊誠) 간사장을 단장으로 하는 자민당과 사회당 공동 대표단이 북한을 방문하였다. 가네마루가 대표인 자민당 의원단은 정부와 직결된 집권당에서 정식으로 파견한 최초의 방북단이었다. 자민당과 사회당의 당면 목표는 북한에 억류되어 있는 제18후지산마루 선원 두 명의 석방 및 북일관계 개선을 위한 정부 간 협상의 실마리를 찾는 것이었다. 방북단의 출발에 앞서 가이후 도시키(海部俊樹) 총리는 자민당 총재 명의의 친서를 가네마루에게 맡기는 한편, 통신위성의 이용 문제 등에 관한 북한 측의 요청에 응한다는 방침을 밝히는 등 북한과의 관계 개선에 전향적인 자세를 나타냈다.[17]

이 북일 3당 선언은 8개 항목으로 구성되었다. 제1항은 36년 간의 일본 식민지 지배에 대한 공식적인 사죄와 보상은 북일 정부 간 협상에서 일본 측이 전개할 청구권 논리에 대해, 북한은 보상 논리로 대항할 수 있음을 의미했다. 이를 통해 일본은 「한일기본조약」의 수준에서 북한에 대해 경제적 보상을 생각하는 일본 정부를 설득하는 데 있어서의 유효한 카드일 수 있고, 북한 입장에서는 청구권에 입각한 「한일기본조

---

17) 신정화, 위의 책, p. 224.

약」을 공격할 수 있음을 의미했다.[18] 더욱이 제5장은 북한이 주장해온 통일정책의 정통성을 자민당이 인정했음을 의미했다. '조선은 하나'이며 조선의 통일, 특히 평화통일이 조선인민의 민족적 이익에 합치하는지 아닌지를 판단할 수 있는 것은 북한의 '수령' 김일성 이외에는 없기 때문이다. 따라서 일본 측이 이 항목을 인정했다는 사실은 남북한 관계에서 북한의 정통성이 강화됨을 의미할 수도 있다.[19]

이에 대한 한국과 미국 정부의 반응은 부정적이었다. 한국은 3당 공동선언과 관련하여 '전후 45년에 대한 보상' 및 '조선은 하나다'라는 북한의 주장이 포함된 결과라고 지적하였고, 이에 대해 10월 8일 서울을 방문한 가네마루는 「3당 공동선언」이 "몇 가지 점에서 비판과 오해를 불러일으키고 있는 것에 대하여 한국 정부와 국민에게 사과한다"고 하였다. 노태우 대통령은 북한과 일본의 관계 개선은 궁극적으로 「7·7선언」에 기초하고 있고 기본적으로는 반대하지 않는다고 전제하면서 북일협상에 대한 한국의 기본 입장, 이른바 '북일국교협상의 5원칙'을 제시하였다.[20]

한편 미국은 9월 28일 미 국무부의 공식논평을 통해 북일 관계 개선이 남북대화의 진전이나 북한의 핵사찰 문제와 연결되어 진행되어야

---

18) 鐸木昌之, "北朝鮮の對日政策: '恨'を解かんとする首領の領導外交," 小此木政夫 編, 『ホスト冷戦の朝鮮半島』(東京: 日本国際問題研究所, 1994); 스즈키 마사유키, "북한의 대일정책: '恨'을 풀려는 수령의 령도외교," 오코노기 마사오편, 『포스트냉전의 조선반도』(도쿄: 일본국제문제연구소, 1994), p. 52.

19) 스즈키 마사유키, 위 논문, p. 52.

20) 이 5원칙은 첫째, 한일 양국 정부 간의 충분한 사전협의가 필요하고, 둘째, 남북 간의 대화와 교류의 의미있는 전진, 셋째, 북한에 대해 국제원자력기구(IAEA)와 보장조치(사찰) 협정의 체결을 요구할 것, 넷째, 일본의 경제협력과 배상이 북한의 군사력 강화에 이용되거나 그것이 국교 수립 이전에 제공되는 것에 우려를 표명하고, 다섯째, 북한을 개방으로 이끌고 국제사회에 협력하도록 촉구할 것을 요망했다. 〈読売新聞〉, 1990.10.9.

한다고 주장했다. 미국은 특히 핵문제에 민감했으며 10월 9일에는 아마코스트(Michael Armacost) 주일대사가 가네마루와 회담하고, 북한의 핵사찰 수용을 국교정상화의 전제조건으로 삼을 것을 강력히 요구했다.[21] 남북대화에 구체적인 진전이 없고 북한의 핵개발 의혹이 해소되지 않은 채 북일 국교정상화가 이루어지는 것은 한미 양국이 받아들이기 어려운 사태였던 것이다.[22]

그럼에도 「3당 공동선언」의 합의에 따라 1990년 11월 처음으로 북일 양국 정부 간 예비회담이 베이징에서 개최되었다. 북한과 일본 간의 국교정상화 교섭은 시작부터 3회의 예비회담을 거쳐 12월 중순에 본회담 의제가 다음 네 가지로 결정되었다. 제1의제는 국교정상화에 관한 기본 문제(관할권, 합병조약의 합법성 등), 제2의제는 국교정상화에 따른 경제적 문제(재산청구권, 전후보상 등), 제3의제는 국교정상화에 따른 국제 문제(핵사찰, 남북대화 등), 제4의제는 그밖에 쌍방이 관심을 가지는 국제 문제(재일조선인의 법적 지위, 인본인 처의 고국 방문 등)였다. 본회담 의제 중에서 마지막까지 대립한 것이 일본 식민통치기 보상 문제를 포함한 국교정상화에 따른 경제 문제와 북한의 국제원자력기구(IAEA) 사찰 수용을 내용으로 하는 국교정상화에 따른 국제 문제, 이 두 가지였다.[23]

북일 양국은 예비회담 단계에서 이 두 가지 의제가 본회담의 성사여부를 좌우하는 주요 문제가 될 것임을 명확히 의식하고 있었다. 북한은 제3차 회담에서 제1의제인 '국교정상화에 관한 기본 문제'를 우선적으

---

21) 〈朝日新聞〉, 1991.10.10.

22) 小此木政夫『日本と北朝鮮、これから5年』ＰＨＰ研究所、1991年 (오코노기 마사오 "일본과 북한, 지금부터 5년" PHP연구소, 1991년).

23) 신정화, 앞의 책, p. 236.

로 다루어 국교정상화를 하고 그 다음에 경제 문제, 국제 문제를 토의
하자고 제안하였다. 북한은 한국과 미국이 북일 교섭을 뒤에서 지켜보
고 있다고 판단한 가운데 목적 달성을 조속히 실현하려고 했다. 물론
그 목표는 북핵 문제와 북한의 일본인 납치 문제로 조기에 좌절되었다.

조일관계에 관한 조선로동당, 일본의 자유민주당, 일본사회당의 공동선언(3당 공동선언)

자유민주당 대표단과 일본사회당 대표단이 1990년 9월 24일부터 28일까지 조선 민주주의인민공화국을 방문하였다.

조선로동당 중앙위원회 총비서이신 김일성 주석께서는 자유민주당 대표단과 일본사회당 대표단을 접견하시었다.

접견석상에서 가네마루 신 단장과 다나베 마코토 단장은 조선로동당 중앙위원회 총비서이신 김일성 주석께 자유민주당 가이후 도시끼 총재의 친서와 일본사회당 도이 다까꼬 중앙집행위원장의 친서를 전하였다.

방문 기간 당중앙위원회 비서 김용순을 단장으로 하는 조선로동당 대표단과 중의원 의원 가네마루 신을 단장으로 하는 자유민주당 대표단, 중앙집행부 위원장 다나베 마코토를 단장으로 하는 일본사회당 대표단사이의 3당 공동회담들이 진행되었다.

3당 대표단은 자주, 평화, 친선의 리념에 기초하여 조일 두 나라 사이의 관계를 정상화하고 발전시키는 것이 두 나라 인민들의 리익에 부합되며 새로운 아세아와 세계의 평화와 번영에 기여로 된다고 인정하면서 다음과 같이 선언한다.

1. 3당은 과거에 일본이 36년간 조선인민에게 커다란 불행과 재난을 끼친 사실과 전후 45년간 조선인민에게 입힌 손실에 대하여 조선 민주주의인민공화국에 공식적으로 사죄를 하고 충분히 보상해야 한다고 인정한다.

자유민주당 가이후 도시끼 총재는 김일성 주석께 전한 친서에서 지난 기간 조선에 대하여 일본이 끼친 불행한 과거가 존재하였다는 것을 언급하고 "이러한 불행한 과거에 대해서는 다께시다 이전 수상이 지난해 3월 국회에서 깊은 반성과 유감의 뜻을 표명하였는데 저도 내각 수상으로서 그와 같은 생각입니다"라는 것을 밝히고 조일 두 나라 사이의 관계를 개선해 나갈 희망을 표명하였다.

자유민주당 대표단 단장인 중의원 의원 가네마루 신도 조선인민에 대한 일본의 과거 식민지 통치에 대하여 깊이 반성하는 사죄의 뜻을 표명하였다.

3당은 일본 정부가 국교관계를 수립하게 되는 것과 관련하여 과거 36년 간의 식민지 지배와 그이후 45년 동안 조선민주주의인민공화국 인민에게 끼친 손해에 대하여 충분히 보상하여야 한다고 인정한다.

2. 3당은 조일 두 나라 사이에 존재하고 있는 비정상적인 상태를 해소하고 가능한 빠른 시일안에 국교를 수립하여야 한다고 인정한다.

3. 3당은 조일 두 나라 사이의 관계를 개선하기 위하여 정치, 경제, 문화 등 여러 분야에서 교류를 발전시키며 당면하여 위성통신 리용과 두 나라 사이의 직행항로를 개설하는 것이 필요하다는 데 대하여 인정한다.

4. 3당은 재일 조선인들이 차별을 받지 않고 인권과 민족적 제권리와 법적 지위가 존중되어야 하며 일본 정부는 이것을 법적으로 담보하여야 한다고 인정한다.

3당은 또한 일본 당국이 조선민주주의인민공화국과 관련하여 일본 려권에 기재한 사항을 제거하는 것이 필요하다고 간주한다.

5. 3당은 조선은 하나이며 북과 남이 대화를 통하여 평화적으로 통

일을 이룩하는 것이 조선인민의 민족적 리익에 부합된다고 인정한다.

6. 3당은 평화롭고 자유로운 아세아를 건설하기 위하여 공동으로 노력하며 지구상의 모든 지역에서 핵 위협을 없애는 것이 필요하다고 인정한다.

7. 3당은 조일 두 나라 사이의 국교 수립의 실현과 현안 의제 문제들을 해결하기 위한 정부 간의 교섭을 1990년 11월 중에 시작하도록 강력히 권고하기로 합의하였다.

8. 3당은 두 나라 인민들의 념원과 아세아와 세계 평화의 리익에 맞게 조선로동당과 자유민주당, 조선로동당과 일본사회당 사이의 당적 관계를 강화하고 호상 협조를 더욱 발전시키기로 합의하였다.

1990년 9월 28일
조선로동당을 대표하여 김용순
자유민주당을 대표하여 가네마루 신
일본사회당을 대표하여 다나베 마코토

출처: 〈조선중앙통신〉 1990.9.28.

3) 한소관계 일반원칙 선언(1990.12.14)

해제

1990년 9월 30일 한국과 소련 간 국교정상화가 실현되었고 이로써 한반도는 일대 전환기를 맞이하게 된다. 1990년 10월에는 또 다른 분단국가였던 동·서독이 동독 주민들의 선택에 의해 극적으로 재통일을 달성하였다. 사회주의 붕괴와 독일 통일은 북한의 대외환경에 근본적인 위협을 가져왔다. 북한은 이에 대응하여 남북대화에서 활로를 찾고자 하면서 남한의 대공산권 외교를 견제하는 전략을 추진하였고 남한은 더 적극적인 '북방정책' 실현을 위해 소련 및 중국과의 관계정상화를 모색하였다.

국교정상화 이후 1990년 12월 노태우 대통령이 모스크바를 방문하여 고르바초프(Mikhail Gorbachev) 소련 대통령과 「모스크바 선언」으로 불리는 「대한민국과 소비에트 사회주의공화국 연방간 관계의 일반원칙에 관한 선언」을 채택한다. 고르바초프의 선택은 전 세계가 대한민국을 한반도의 합법적인 정부로 인정하는 것이었는데, 이는 한국을 공산권 국가들로부터 격리하기 위한 북한의 오랜 노력들이 좌절됐음을 의미했다. 결국 북방삼각관계는 무너지기 시작했고 남북한은 국내적 발전뿐만 아니라 대외관계에서도 비대칭성이 부각되었다. 한소 수교에 대응하여 북한은 일본을 상대로 대외적 고립으로부터 출로를 찾으려는 접근을 시작한 것은 이런 외교적 위기를 배경으로 하고 있다.

세계적 차원의 냉전이 종식된 전환기적 상황에서 남북한은 서로에 대한 화해보다는 기존의 적대국가들과의 관계 개선을 우선 추진하였다. 남한 정부는 '북방외교'란 이름으로 동유럽을 거쳐 중국 및 소련과의 관계정상화를 추진하였고, 북한은 미국 및 일본과의 관계 개선을 모색하였다. 남북한이 주변 4강에 대한 교차승인 외교를 시작한 것이다. 남북한의 교차승인 외교는 형식상으로는 균형적인 모습을 보였으나, 동기 및 추진방향에 있어서는 비대칭성이 나타났다. 남한의 대공산권 외교는 공산국가들의 체제 붕괴 또는 약화의 와중에서 자신감을 바탕으로 외교 다변화의 측면에서 추진된 반면, 북한의 대서방 외교는 외교적 고립 타개와 함께 1980년대 중반부터 심각해진 경제난 해결책으로 서방의 외자 및 투자 필요성에서 비롯되었다. 북한은 그 주요 대상으로 미국 및 일본에 대한 접근부터 시작하였다.[24]

한국의 입장에서 소련과의 관계를 정상화하는 이 문건은 대단히 중요한 의미를 갖는다. 북한이 자신의 가장 중요한 경제 및 군사적 지원국이자 안전보장국이었던 소련으로부터 더 이상 전폭적인 지지를 받을 수 없게 되기 때문이다.[25] 한국과 소련은 서울 올림픽 개최 이후인 1989년 12월 8일 영사 관계의 수립을 공식화했고, 이듬해 3월 대표부 설치 방안에 대한 합의를 보았다. 이어 1990년 6월 5일 샌프란시스코에서 역사적인 한소 정상회담이 개최되었고 미국은 한소 정상회담 진행을 위해 지원을 아끼지 않았다. 1990년 6월 5일 개최된 한소 정상회담은 실제적인 내용에서는 특이할 만할 것이 별로 없었지만 훗날 고르바초프 대통령이 크렘린 내부 보고서에서 인정한 소련의 대북한 외교정책에 '일대 전환'을 가져온 역사적인 사건이었다. 명시적인 약속은 없었지만 외교관계 수립은 당연한 귀결이었다.[26] 이어 1990년 12월 양국 정상은 모스크바에서 「모스크바 선언」을 발표하고 이듬해인 1991년

---

24) 김계동, "남북한 외교정책 비료: 의존적 동맹외교와 교차적 평화외교," 체제통합연구회 편, 『남북한 비교론』(서울: 명인문화사, 2006), p. 114.

25) Don Oberdorfer, *The Two Koreas: A Contemporary History* (New York: Basic Books, 1997), p. 320.

26) Oberdorfer, 위의 책, p. 322.

6월 제주도에서 3차 한소 정상회담을 가진다.

 한소 수교가 타결될 수 있었던 배경에는 1989년 12월, 지중해의 몰타에서 개최된 미소 정상회담에서 동서 냉전 종식을 공식 선포하는 등 국제정세의 급격한 변화가 있었다. 1989년 10월, 냉전의 상징이었던 베를린 장벽이 무너지면서 시작된 동독 난민의 서독 유입은 냉전의 실질적 붕괴를 보여주었다. 이는 소련을 위시한 사회주의권 붕괴로 파급되었고 한반도의 남북한 역학관계에도 심대한 영향을 미쳤다. 남북한의 경쟁구조는 21세기를 목전에 두고 변화를 가져오게 되었다. 1990년 9월 30일 북한의 최대의 지원자였던 소련이, 1992년 8월 24일에는 중국이 한국과 국교 정상화를 실현하였다. 이로써 한반도 냉전 구조는 북방삼각관계의 해체와 한국의 국력 신장에 따라 전환기를 맞게 되었다.

대한민국과 소비에트 사회주의 공화국연방 간 관계의 일반원칙에 관한 선언

대한민국의 노태우 대통령과 소비에트 사회주의 공화국 연방의 미하일 고르바초프 대통령은 1990년 12월 14일 모스크바에서 가진 정상회담에서 양국 관계의 현황과 전망, 그리고 광범위한 국제 문제에 대하여 의견을 교환하고 양국간 전반적인 협력의 발전에 대하여 공동 관심을 표명하면서, 한반도의 평화가 동북아시아와 세계의 평화를 위하여 중요하다는 데 인식을 같이하고, 한반도의 통일이 한국민의 염원임을 확인하면서, 최근 남·북한 간의 총리회담을 포함한 남북 접촉의 확대를 환영하고, 보다 공정하고 인본적이며 평화적이고 민주적인 새로운 국제질서의 수립을 굳게 다짐하면서, 다음의 원칙을 양국 관계의 기조로 삼을 것으로 선언한다.

- 주권 평등, 영토 보전, 정치적 독립을 상호 존중하고, 양국의 국내 문제에 상호 간섭치 않으며, 세계 모든 국가는 자국의 정치 및 사회·경제적 발전의 방법을 스스로 선택할 자유가 있음을 인정한다.
- 국제법의 규범을 준수하고, UN 헌장의 제반 목적과 원칙을 존중한다.
- 무력에 의한 위협이나 무력의 사용, 타국의 희생하에 자국의 안보 확보, 또는 모든 관계 당사국 간의 합리적 동의에 입각한 정치적 합의 이외의 방법에 의한 국제적, 지역적 분쟁의 해결을 인정치 아니한다.

- 화해와 상호 이해의 심화를 위하여 여러 국가와 국민들 간의 폭넓고 호혜적인 협력을 발전시킨다.
- 핵 및 재래식 군비경쟁의 완화와 인류가 직면한 환경재난의 방지, 빈곤, 기아·문맹의 극복, 그리고 여러 국가와 국민들 간의 현저한 개발 격차의 해소 등과 같은 범세계적인 문제들을 우선적으로 해결하려는 국제사회의 노력에 동참한다.
- 다가오는 2000년대에는 인류의 발전과 모든 국가 국민들의 인간다운 생활을 보장하는 안정되고 공평한 세계를 수립한다.

상기의 제원칙에 입각하여 양국 관계 역사의 새로운 장을 열면서 대한민국과 소비에트 사회주의 공화국 연방은 상호 이익을 위하여 선린, 신뢰, 협력의 정신으로 제반 관계를 구축할 것을 다짐한다. 이러한 목적에서 양국은 정치, 경제, 통상, 문화, 과학과 인도적인 분야 및 여타 분야에서 유대와 접촉을 강화하기 위하여 관련 협정의 체결을 추진한다.

대한민국과 소비에트 사회주의 공화국 연방은 자국의 국내외 정책에 있어 국제적으로 인정된 국제규범의 우선권을 인정하고 조약 의무를 성실히 이행한다.

양 대통령은 경제, 통상, 산업, 수송 분야에서 효율적이고 호혜적인 협력을 심화시키고 선진 과학기술을 교환하며 합작기업과 새로운 형태의 협력을 발전시키고자 하는 양국 기업인을 각기 지원하고 호혜적인 사업의 개발과 투자를 환영한다.

양국은 아이디어와 정보 및 정신적, 문화적 가치를 교환하고 문화, 예술, 과학, 교육, 체육, 언론, 관광 분야에서의 인적교류를 확대하며, 양국 국민의 상호 여행을 권장한다.

양국은 환경보호와 국제테러, 조직범죄 및 불법 마약거래의 통제를 위하여 공동으로 노력하며 이를 위하여 국제 및 지역기구에서 협력한다.

대한민국과 소비에트 사회주의 공화국 연방은 아시아·태평양 지역에서 이익의 균형과 자결에 입각한 동등하고 호혜적인 관계를 수립하고 양자 및 다자간 협의의 과정을 통해 아시아·태평양을 평화와 건설적인 협력의 지역으로 만들기 위하여 노력한다.

양 대통령은 한·소 관계의 발전이 아시아·태평양 지역에서 평화와 안보의 강화에 기여하고, 이 지역에서 진행중인 변화에 부응하는 것이며, 아시아에서 대결적 사고방식과 냉전의 종식을 가속화하고, 지역 협력에 기여하며, 남북한의 통일을 위한 긴장 완화와 신뢰 구축을 촉진시킬 것임을 확신한다.

소비에트 사회주의 공화국 연방은 남·북한 간에 정치적·군사적 대결의 종식과 전 한국민의 의사에 따라, 평화적이고 민주적인 방법으로 한국문제의 공정하고 공평한 해결을 위한 생산적인 남북대화의 지속을 지지한다.

대한민국은 전 세계가 보편적인 가치, 자유, 민주, 정의에 입각하여 대결의 시대에서 화해와 협력의 시대로 전환하고 있음을 환영하고, 소련의 개혁정책의 성공이 금후의 국제 관계와 동북아시아 정세 발전 및 양국 관계의 증진에 중요한 요인임을 확신한다.

양 대통령은 대한민국과 소비에트 사회주의 공화국 연방 간에 교류와 접촉의 확대가 각자의 제3국과의 관계에 영향을 주거나 각자의 다자 또는 양자 조약이나 협정상의 의무 수행에 장애가 되지 않아야 한다는데 인식을 같이한다.

대한민국과 소비에트 사회주의 공화국 연방은 정상간의 정치적 대화를 추진하고 양국관계 심화와 관련 있는 국제 문제에 대한 협의를 위하여 여타 수준에서도 정기적으로 협의를 갖기로 합의하였다.

노태우   미하일 고르바초프

1990년 12월 14일
모스크바

출처: 〈연합뉴스〉 1990.12.14.

4) 남북기본합의서(1991.12.13)

해제

1991년 12월 13일에 타결된 「남북 사이의 화해와 불가침 및 교류·협력에 관한 합의서」(「남북기본합의서」)는 한반도 평화 프로세스에서 매우 중요한 의미를 지닌다. 그것은 무엇보다도 사회주의권이 붕괴하던 시기에 북한이 체제를 유지하기 위해 기존에 갖고 있던 입장들을 상당 부분 수정하거나 양보하는 양상을 보였기 때문이다. 즉 북한이 남한을 평화체제의 실질적 당사자로 인정하는 계기가 되었다는 점에서 의의가 있다. 「남북기본합의서」는 통일을 한민족의 공동번영을 위한 과정으로 전제하고 남북관계 개선과 평화통일을 향한 기본틀을 제시하였다. 합의서는 남북관계를 국가 간의 관계가 아니라 민족 내부의 특수관계로 규정함으로써 남북이 서로를 한반도 평화 프로세스의 실질적 당사자로 받아들인 것이다. 즉 남북관계를 "나라와 나라 사이의 관계가 아닌 통일을 지향하는 과정에서 잠정적으로 형성되는 특수관계"라고 명시한 것이다. 김일성 주석은 1991년 '신년사'에서 '느슨한 형태의 연방제' 제안과 '두 개 정부'의 존재를 인정하였다. 또 1991년 9월에는 '남북한 유엔 동시가입'도 실현되었기 때문에 「남북기본합의서」는 '평화공존'으로 변화된 남북관계를 문서로 합의한 것이라 할 수 있다. 물론 국제사회에서 통일의 당위성을 인정받기 위해 기본합의서의 성격이 일반 국가 간의 '조약'이 아니라 분단국을 구성하고 있는 두 정치 실체 사이에 적용되는 특수한 합의 문서임을 밝히고 있다.[27]

이러한 북한의 변화 이면에는 사회주의권 붕괴 시기에 직면한 체제 위기를 타개하기 위한 북한의 전략적 목적이 작용하고 있었다. '두 개

---

27) 통일원, 『통일백서 1992』 (서울: 통일원, 1992), pp. 115-116.

정부' 공존 제안이나 '남북한 유엔 동시가입' 태도에서 나타나듯이, 북한은 급변하는 국제정세에 수세적으로 대처하면서도 체제 안정을 도모하는 데 의미 있는 남북대화의 결과가 합의서였다고 볼 수 있다. 당시 북한에게 가장 시급한 과제는 외부의 군사적 위협으로부터 체제를 유지하는 것이었다. 그것은 단순한 수사적 차원이 아니라 걸프전쟁에 이어 그 다음 공격의 대상이 될 수도 있다는 심각한 위기의식이 반영된 것이었다. 이런 상황에서 북한은 주변국과 재빨리 화해협력의 방어벽을 쳐놓지 않으면 안 되었고, 그러한 다급함 때문에 미국, 일본과의 대화, 유엔 동시가입, 「남북기본합의서」 체결에 이른 것이다. 북한이 기본합의서를 통해 얻고자 했던 것은 '남북간 불가침합의서'였다. 즉 북한은 1970년대부터 줄곧 한반도 평화협정은 미국과 체결하는 것이고 남한과는 불가침협정을 체결하면 된다고 주장해 왔다. 따라서 「남북기본합의서」에서 남한이 한반도 평화체제의 실질적 당사자로 편입된 것은 사실이나, 북한의 입장에서는 평화협정 체결의 당사자가 아니라 불가침협정 체결의 대상이라는 기존의 인식을 여전히 갖고 있는 문건이라 할 수 있다. 북한은 남한과 '불가침에 관한 합의서'를 별도로 체결하는 것이 불가능하다고 판단하고 남한이 필요로 하는 교류협력과 맞바꾸는 형태로 합의서를 타결한 것이다. 그 결과 제1장 '남북화해'에 이어 제2장의 '불가침'에 관한 합의와 제3장 '교류협력'에 관한 합의를 동시에 받아들이는 방식을 채택하였다.

북한은 남한의 「7·7선언」 발표 후 1988년 7월 21일에 최고인민회의 상설회의에서 "대한민국 국회에 보내는 편지"를 통해 남북 당국 간에 불가침선언을 채택해야 할 필요성과 절박성을 강조하면서 불가침선언 체결을 제안하였다. 이미 1974년 1월 18일에 박정희 정권이 "남북한 간의 불가침협정"을 체결하자고 제안하였고 북한은 그동안 남북한 당국 간의 불가침 협정은 '두 개 조선'을 조작하는 반통일 책동이라고 비난해 왔던 것을 상기해보면 북한의 입장이 정반대로 역전된 제안이었다. 물론 남한이 불가침협정 체결을 제안했던 시기는 북한이 미국에 정전협정을 평화협정으로 전환할 것을 제안했고 '평화'의 상대를 남한에서 미국으로 바꾸었던 것에 대한 대응책이었다. 분명한 것은 남북한과 주변 4강의 대 한반도 정책은 평화라는 궁극적 목적을 실현해야 한다는 공동의 인식을 가지고 있었다는 데 있다. 물론 남과 북의 엇갈리는 제안 및 대응을 살펴봤을 때 남북한이 추구하는 평화라는 의미는 달랐다.

북한의 이러한 의도는 「남북기본합의서」가 타결된 과정을 보면 잘 나타난다. 「남북기본합의서」가 체결되기까지는 1989년 2월 8일 제1차 예비회담을 시작으로 1990년 7월 26일 제8차 예비회담을 거쳐 5차례의 남북고위급회담이 거듭되었다. 제1차(1990.9.5-6)와 제2차(1990.10. 17-18) 회담에서 상호 탐색전을 거친 후 제3차 회담에서 '남북불가침 선언'의 내용 문제가 쌍방 간의 커다란 쟁점으로 부각되었다.[28] 1991년 2월 평양에서 개최 예정이던 제4차 회담은 '한미합동군사훈련' 재개로 중단되었다. 1991년 7월 30일 북한이 제안한 「한반도비핵화 공동선언」에 대해 남한이 8월 2일에 핵확산금지조약을 포함한 군사문제는 남북 당사자 간 논의가 가능하다는 성명을 발표하자, 제4차(1991.10.23-24) '남북고위급회담'이 개최되었다. 제4차 회담에서 북한은 한반도의 비핵지대화 선언을 제안했지만 노태우 대통령은 11월 8일, '한반도의 비핵화와 평화구축을 위한 선언'이라는 연설에서 '한반도 비핵화 선언'을 선포했다. 이 연설에서 노태우 대통령은 한국이 "핵무기를 제조, 보

---

28) 노중선, 『남북대화 백서: 남북교류의 갈등과 성과』 (서울: 한울아카데미, 2000), pp. 52-65.

유, 저장, 배비, 사용하지 않음은 물론 경제적 필요성이 인정되는 핵
재처리 시설의 보유까지 포기한다."고 선언했다.[29] 그런 사태 진전 속
에서 열린 제5차 남북고위급회담(1991.12.11-13)에서 「남북기본합의
서」를 타결한 것이다.

---

29) 〈경향신문〉, 1991.12.19.

합의 전문

남북 사이의 화해와 불가침 및 교류·협력에 관한 합의서

1992년 2월 19일 발표

　남과 북은 분단된 조국의 평화적 통일을 염원하는 온 겨레의 뜻에 따라, 7·4남북 공동성명에서 천명된 조국통일 3대원칙을 재확인하고, 정치 군사적 대결 상태를 해소하여 민족적 화해를 이룩하고, 무력에 의한 침략과 충돌을 막고 긴장완화와 평화를 보장하며, 다각적인 교류·협력을 실현하여 민족공동의 이익과 번영을 도모하며, 쌍방 사이의 관계가 나라와 나라 사이의 관계가 아닌 통일을 지향하는 과정에서 잠정적으로 형성되는 특수관계라는 것을 인정하고, 평화통일을 성취하기 위한 공동의 노력을 경주할 것을 다짐하면서, 다음과 같이 합의하였다.

| 제1장 남북화해 |

제1조 남과 북은 서로 상대방의 체제를 인정하고 존중한다.

제2조 남과 북은 상대방의 내부 문제에 간섭하지 아니한다.

제3조 남과 북은 상대방에 대한 비방 중상을 하지 아니한다.

제4조 남과 북은 상대방을 파괴 전복하려는 일체 행위를 하지 아니한다.

제5조 남과 북은 현 정전 상태를 남북사이의 공고한 평화 상태로 전환시키기 위하여 공동으로 노력하며 이러한 평화 상태가 이룩될 때까지 현 군사정전협정을 준수한다.

제6조 남과 북은 국제무대에서 대결과 경쟁을 중지하고 서로 협력하며 민족의 존엄과 이익을 위하여 공동으로 노력한다.

제7조 남과 북은 서로의 긴밀한 연락과 협의를 위하여 이 합의서 발효 후 3개월 안에 판문점에 남북연락사무소를 설치 운영한다.

제8조 남과 북은 이 합의서 발효 후 1개월 안에 본회담 테두리 안에서 남북정치분과위원회를 구성하여 남북화해에 관한 합의의 이행과 준수를 위한 구체적 대책을 협의한다.

| 제2장 남북불가침 |

제9조 남과 북은 상대방에 대하여 무력을 사용하지 않으며 상대방을 무력으로 침략하지 아니한다.

제10조 남과 북은 의견 대립과 분쟁 문제들을 대화와 협상을 통하여 평화적으로 해결한다.

제11조 남과 북의 불가침 경계선과 구역은 1953년 7월 27일자 군사정전에 관한 협정에 규정된 군사분계선과 지금까지 쌍방이 관할하여 온 구역으로 한다.

제12조 남과 북은 불가침의 이행과 보장을 위하여 이 합의서 발효 후 3개월 안에 남북군사공동위원회를 구성 운영한다. 남북군사공동위원회에서는 대규모 부대 이동과 군사연습의 통보 및 통제 문제, 비무장지대의 평화적 이용 문제, 군인사교류 및 정보교환 문제, 대량살상무기와 공격능력의 제거를 비롯한 단계적 군축실현 문제, 검증 문제 등 군사적 신뢰 조성과 군축을 실현하기 위한 문제를 협의 추진한다.

제13조 남과 북은 우발적인 무력충돌과 그 확대를 방지하기 위하여 쌍방 군사당국자 사이에 직통전화를 설치 운영한다.

제14조 남과 북은 이 합의서 발효 후 1개월 안에 본회담 테두리 안에

서 남북군사분과위원회를 구성하여 불가침에 관한 합의의 이행과 준수 및 군사적 대결 상태를 해소하기 위한 구체적 대책을 협의한다.

| 제3장 남북교류협력 |

제15조 남과 북은 민족경제의 통일적이며 균형적인 발전과 민족 전체의 복리 향상을 도모하기 위하여 자원의 공동개발, 민족내부교류로서의 물자교류, 합작투자 등 경제교류와 협력을 실시한다.

제16조 남과 북은 과학 기술, 교육, 문학 예술, 보건, 체육, 환경과 신문, 라디오, 텔레비전 및 출판물을 비롯한 출판 보도 등 여러 분야에서 교류와 협력을 실시한다.

제17조 남과 북은 민족 구성원들의 자유로운 왕래와 접촉을 실현한다.

제18조 남과 북은 흩어진 가족 친척들의 자유로운 서신 거래와 왕래와 상봉 및 방문을 실시하고 자유의사에 의한 재결합을 실현하며, 기타 인도적으로 해결할 문제에 대한 대책을 강구한다.

제19조 남과 북은 끊어진 철도와 도로를 연결하고 해로, 항로를 개설한다.

제20조 남과 북은 우편과 전기통신 교류에 필요한 시설을 설치 연결하며, 우편 전기통신 교류의 비밀을 보장한다.

제21조 남과 북은 국제무대에서 경제와 문화 등 여러 분야에서 서로 협력하며 대외에 공동으로 진출한다.

제22조 남과 북은 경제와 문화 등 각 분야의 교류와 협력을 실현하기 위한 합의의 이행을 위하여 이 합의서 발효 후 3개월 안

에 남북경제교류 협력공동위원회를 비롯한 부문별 공동위원회들을 구성 운영한다.

제23조 남과 북은 이 합의서 발효 후 1개월 안에 본회담 테두리 안에서 남북교류 협력분과위원회를 구성하여 남북교류 협력에 관한 합의의 이행과 준수를 위한 구체적 대책을 협의한다.

| 제4장 수정 및 발효 |

제24조 이 합의서는 쌍방의 합의에 의하여 수정 보충할 수 있다.

제25조 이 합의서는 남과 북이 각기 발효에 필요한 절차를 거쳐 그 문본을 서로 교환한 날부터 효력을 발생한다.

1991년 12월 13일

남북 고위급 회담	북남 고위급 회담
남측 대표단 수석 대표	북측 대표단 단장
대한민국	조선민주주의인민공화국
국무총리 정원식	정무원 총리 연형묵

출처: 외교부 홈페이지>외교정책>안보>한반도평화체제

5) 한반도 비핵화 공동선언(1992.1.20)

해제

1988-89년 프랑스와 미국의 인공위성에 의해 촬영된 북한 핵개발 의혹 시설이 공개됨에 따라 북한 핵문제는 국제적 관심사로 급부상하였다. 이후 북한 핵문제는 북한의 대외관계를 질적으로 변화시켰다. 북한은 1985년 12월 12일에 핵확산금지조약(NPT: Nonproliferation Treaty)에 가입하였다. NPT에 가입한 국가는 18개월 이내에 IAEA와 핵안전 협정에 가입해야 하는데, IAEA 측의 서류상 실수로 18개월의 협상 시한을 추가로 인정받았다. 그러나 북한은 1988년 12월, 두 번의 기한이 지나갈 때까지도 IAEA와의 협상을 위한 어떠한 조치도 취하지 않았다.[30] 그럼에도 남북 간에 비핵화 선언 논의가 가능했던 것은 미국의 한반도 배치 핵무기 철거 결정과 남북관계 개선이 있었기 때문이다.

「남북기본합의서」에는 당시 부상한 핵문제는 포함되지 않았다. 대신 남북은 1991년 12월 31일 판문점에서 가진 남북대표 접촉에서 「한반도의 비핵화에 관한 선언」 초안을 가조인하였다. 양측은 「남북기본합의서」와 「한반도 비핵화 공동선언」을 제6차 남북고위급회담이 열리는 1992년 2월 19일부터 발효하기로 했다. 1991년 11월 8일 노태우 대통령이 '한반도 비핵화 선언'을 발표한 직후였다. 남북 간에 「한반도 비핵화 공동선언」이 발표되자 북한은 1992년 1월 30일에 국제원자력기구(IAEA)와 '핵안전 협정'을 체결하였다. 다시 말하면 핵시설 사찰을 수용한 것이다. 북한은 이 내용을 같은 해 4월 9일에 개최된 최고인민회의 제9기 제3차 회의에서 비준하고 IAEA에 통보하면서 사찰이 시작되었다.

---

30) Oberdorfer, 앞의 책, p. 381.

한반도의 비핵화에 관한 공동선언

남과 북은 한반도를 비핵화함으로써 핵전쟁 위험을 제거하고 우리나라의 평화와 평화통일에 유리한 조건과 환경을 조성하며 아시아와 세계의 평화와 안전에 이바지하기 위하여 다음과 같이 선언한다.

1. 남과 북은 핵무기의 시험, 제조, 생산, 접수, 보유, 저장, 배비, 사용을 하지 아니한다.
2. 남과 북은 핵에너지를 오직 평화적 목적에만 이용한다.
3. 남과 북은 핵재처리시설과 우라늄 농축시설을 보유하지 아니한다.
4. 남과 북은 한반도의 비핵화를 검증하기 위하여 상대 측이 선정하고 쌍방이 합의하는 대상들에 대하여 남북핵통제공동위원회가 규정하는 절차와 방법으로 사찰을 실시한다.
5. 남과 북은 이 공동선언의 이행을 위하여 공동선언이 발효된 후 1개월 안에 남북핵통제공동위원회를 구성·운영한다.
6. 이 공동선언은 남과 북이 각기 발효에 필요한 절차를 거쳐 그 문본을 교환한 날부터 효력을 발생한다.

1992년 1월 20일

남북고위급회담	북남고위급회담
남측대표단 수석대표	북측대표단 단장
대한민국	조선민주주의인민공화국
국무총리 정원식	정무원 총리 연형묵

출처: 외교부 홈페이지〉외교정책〉안보〉한반도평화체제

6) 한중수교 공동성명(1992.8.24)

해제

1992년 8월 24일 공식 발표된 한국과 중국의 수교는 한국 외교는 물론 한반도와 동북아 국제질서에 매우 큰 의미를 갖는다. 이날 양국 대표에 의해 발표된 「대한민국과 중화인민공화국 간의 외교관계 수립에 관한 공동성명」은 1980년대 후반부터 전개된 한국의 '북방외교'의 대미를 장식하는 의미가 있고, 중국에게는 남북한 이중외교를 공식화함으로써 한반도에 대한 영향력을 확대하는 의미가 있다.

한국의 대공산권 수교는 1989년 2월 1일 헝가리를 시작으로, 1990년 9월 30일 소련과의 관계 정상화를 분수령으로 해 이후 소련 해체로 분리 독립한 국가들과의 관계 정상화를 전개한 후, 중국과의 수교로 대공산권 수교가 마침표를 찍은 것이다. 한국은 중국과 국교를 수교한 동시에 중화민국과는 단교하기에 이른다.

1992년 한국은 중국을 비롯해 카자흐스탄(1.28), 우크라이나(2.10), 벨라루스(2.10), 탄자니아(4.30) 등 13개 국가들과 수교했다. 1991년에는 알바니아(8.22), 리투아니아(10.15), 에스토니아(10.17), 라트비아(10.22) 등 8개 국들과 수교했는데, 이들 나라들은 대부분 (구)공산국가들이다. 한중 수교 직후인 1992년 8월 31일 현재, 한국의 수교국은 165개 국, 북한의 수교국은 124개 국, 남북한 동시 수교국은 113개 국이 되어 경제적 측면은 물론 외교적 측면에서도 한국의 우위가 더욱 뚜렷해졌다.[31] 이로써 한국은 보다 자신감을 갖고 남북대화에 임하고 한반도 긴장완화를 위해 주변국들과 협력해 나갈 수 있게 되었다. 한중수교는 한소 수교와 함께 냉전으로 막혀있던 한국 외교의 지평을 확대

---

31) 외교부, 『1992년 외교백서』 (서울: 외교부, 1992), p. 275.

한 쾌거라 할 수 있다.

한중 수교의 또 다른 의미는 한국 외교의 공간적 지평만이 아니라 내용적 범위도 확장시켰다는 점이다. 그동안 한국경제는 수출주도형 산업에 기반하고 있었지만 사실은 수출 대상이 자유진영 국가들에게 한정되어 있었다. 그러나 중국은 1970년대 후반부터 개혁개방을 꾸준히 전개해 자본주의 국가들과의 교역을 확대한 것은 물론 국내 저축과 투자로 내수가 크게 진작되어 서방 기업들로부터 새로운 수출시장으로 각광받기 시작했다. 그런 점에서 한중 수교는 정치·이념적 측면에서 한국의 전방위 외교를 가능하게 한 것만이 아니라, 한국 외교가 경제 외교, 문화 외교 등 그 내용에서도 지평을 확장시킨 결정적인 계기로 작용하였다.

중국은 이미 1991년 한국의 10대 수입국 중 4위를 차지하면서 전체 수입 규모의 4.2%인 34억 4천만 달러를 기록했다.[32] 당시 한국의 수출 규모에서는 중국이 10대 교역국의 대열이 들지 않았지만 그런 상태는 곧바로 바뀌었다. 1990년대를 거쳐 한국과 중국의 관계는 북한과의 관계로 인해 정치적 관계는 부침을 거듭하고 있지만 경제, 문화, 예술, 학술 등 나머지 분야에서는 활발한 교류와 협력이 전개되어 왔다.

사실 한국과 중국은 1980년대 중반부터 경제교역이 늘어나기 시작해 후반에 들어서는 무역대표부 설치에 이어 수교는 시간문제라는 관측이 높아갔다. 단지 중국과 북한의 관계로 인해 수교 시점을 조정하고 있었던 것이다. 한국과 중국 간에 교역이 늘어가고 수교 가능성이 높아지는 가운데 북한은 중국에 대해 불신을 넘어 배신감까지 드러냈다. 이윽고 한중 수교가 이루어지자 북한은 중국을 "제국주의에 굴복한 변절

---

32) 외교부, 위의 책, p. 284.

자, 배신자"[33]라고 맹비난하였다. 이로써 북중 관계는 급격히 냉각됐고 그런 상태는 2000년 5월 김정일 국방위원장이 베이징을 방문해 장쩌민 국가주석과 정상회담을 갖기까지 계속되었다.

아래의 「한중 수교 공동성명」은 대체로 일반적인 관계정상화 선언과 큰 차이가 없다. 다만, 양국의 특수한 이해관계가 제3항과 제5항에 담겨 있다. '하나의 중국' 원칙과 한반도 평화통일 지지가 그것이다. 한중 관계가 수교 이후 꾸준히 발전해온 것은 양국이 이 두 원칙을 상호 존중해왔기 때문이다. 다만, 2016년 한국과 미국의 사드 한반도 배치 결정과 이후 관련 움직임으로 인해 한중 관계가 경색되고 있는데, 이점은 공동성명 제4항과 관련이 있다.

---

33) "논설: 반제투쟁을 강화하는 것은 사회주의 위업 완성을 위한 근본요구," 〈중앙 방송〉, 1992.9.7.; 김계동, 『북한의 외교정책과 대외관계』(서울: 명인문화사, 2012), p. 246에서 재인용.

대한민국과 중화인민공화국 외교관계 수립에 관한 공동성명

1. 대한민국 정부와 중화인민공화국 정부는 양국 국민의 이익과 염원에 부응하여 1992년 8월 24일자로 상호 승인하고 대사급 외교관계를 수립하기로 결정하였다.

2. 대한민국 정부와 중화인민공화국 정부는 유엔헌장의 원칙들과 주권 등 영토 보전의 상호 존중, 상호 불가침, 상호 내정불간섭, 평등과 호혜, 그리고 평화공존의 원칙에 입각하여 항구적인 선린우호협력 관계를 발전시켜 나갈 것에 합의한다.

3. 대한민국 정부는 중화인민공화국 정부를 중국의 유일 합법정부로 승인하며, 오직 하나의 중국만이 있고 대만은 중국의 일부분이라는 중국의 입장을 존중한다.

4. 대한민국 정부와 중화인민공화국 정부는 양국 간의 수교가 한반도 정세의 완화와 안정, 그리고 아시아의 평화와 안정에 기여할 것으로 확신한다.

5. 중화인민공화국 정부는 한반도가 조기에 평화적으로 통일되는 것이 한민족의 염원임을 존중하고, 한반도가 한민족에 의해 평화적으로 통일되는 것을 지지한다.

6. 대한민국 정부와 중화인민공화국 정부는 1961년의 외교관계에 관한 비엔나 협약에 따라 각자의 수도에 상대방의 대사관 개설과 공무 수행에 필요한 모든 지원을 제공하고 빠른 시일 내에 대사를 상호 교환하기로 합의한다.

1992년 8월 24일

북경

대한민국 정부를 대표하여   중화인민공화국 정부를 대표하여

이상옥   전기침(錢基琛)

출처: 〈중앙일보〉 1992.8.24.

3. 탈냉전기: 대화와 협력의 시기(1993-2007)

1992년 말부터 국제원자력기구가 북한에 특별사찰을 요구하기 시작하자 1993년 3월 12일 북한은 핵확산금조약을 탈퇴하였다. '북핵위기'가 조성된 것이다. 1980년대 말부터 전개된 남북대화도 1991-92년 「남북기본합의서」와 「한반도 비핵화 공동선언」 채택으로 정점에 이른 후 북핵문제로 냉각되기 시작하였다. 이러한 위기 끝에 가까스로 대화의 계기가 마련되었다. 뉴욕 유엔대표부를 통해 북한과 미국과의 접촉이 시작되고 고위급회담으로 진전되어 1993년 6월과 7월 두 차례의 합의문이 발표된 것이다. 6월의 1차단계 회담에서는 북한의 NPT 탈퇴 유보와 미국의 핵불사용 및 무력 불위협을 보장하는 공동성명이, 7월의 2단계 회담에서는 북한의 IAEA 사찰 협의 수용과 북한 흑연감속로의 경수로 전환을 위한 미국의 지원 합의가 발표되었다. 북미 간의 대화는 또 한번의 북한 IAEA 탈퇴 선언과 김일성 사망이라는 복병을 만나 회담이 중단되었으나, 1994년 10월 21일 제네바합의로 결실을 맺었다.

1993년은 새로운 대화가 모색된 시기로 기록될 만하다. 여기서 '새로운 대화'란 바로 북핵문제 해결과 한반도 냉전구조 해체를 목표로 한 북한과 미국 간의 고위급 양자 대화를 말한다. 북미 대화는 한국의 입장에서는 불편한 대화 형식이다. 장래 한반도 통일과 평화 문제에서 직접 당사자인 한국이 관련 회담에서 배제될 수도 있기 때문이다. 그에 비해 북한은 공산화 통일전략을 포기하지 않은 채 한반도 안정과 평화 문제는 자신과 (한국군의 작전지휘권을 행사하고 있고 군대를 한반도에 주둔시키고 있는) 미국이 당사자라고 주장해왔다. 남북한의 상반된 입장 속에서 한국과 동맹관계에 있는 미국이 북한과 양자 회담에 응하는 접근을 어떻게 보아야 하는가는 시기와 상황에 따라 다르게 해석할 수 있을 것이다.

탈냉전기 한반도 안보질서는 북한의 핵개발 의혹과 미국의 동아시아·태평양전략의 재조정, 중국의 부상, 그리고 한국의 위상 증대 등과 같은 현상이 어우러져 불확실성에 놓여 있었다. 장쩌민(江澤民)이 이끄는 중국은 지속적인 경제발전을 위해 역내 안정과 자본주의 국가들과의 관계 개선을 추구하였다. 그 속에서 북중 관계의 경색은 불가피해 보였다. 미국 클린턴(Bill Clinton) 행정부는 '개입과 확산정책'으로 전략적 비중이 높아진 동아태 지역에 대한 영향력 확대를 추구해나갔지만, 한국, 일본과의 동맹관계 재조정과 북핵문제 대응으로 인해 그 행보가 순탄하지 않았다. 1993년 6월 북미 고위급회담은 북한의 벼랑끝 외교에 대한 미국의 임시변통적 대응으로 보였다. 그러나 한국의 김영삼 정부가 보기에 북미회담은 걱정스러웠을 뿐만 아니라 앞으로 반복될 개연성을 떨쳐 버릴 수 없었다. 그런 상황에서 한국이 내놓은 대안이 바로 4자회담이었다.

1990년대 북핵문제는 일련의 북미 양자 회담으로 양국의 이해관계가 봉합되면서 북핵 동결 이행 프로그램이 가동되어 간 반면, 한반도 평화정착을 목표로 하는 4자회담은 변죽만 울렸다. 1990년대 말 들어 북한은 러시아와의 관계 회복을 넘어 미국과의 관계정상화를 추구하면서 경제적 난관과 외교적 고립을 타개해나가려고 하였다. 북한과 일본과의 대화도 다시 시작되었다. 그러나 김영삼 정부 말기까지 남북대화는 중단된 상태여서 한반도 주변 정세의 변화에 남북관계만 소외되는 양상이었다.

한편, 1990년대 말부터 2000년대에 들어 두드러진 특징은 남북관계가 활성화 되었다는 점이다. 김대중 정부의 출범(1998년 2월) 이후 남한은 대북 포용정책을 전개해 남북 간 오랜 적대관계를 화해협력의 관계로 전환시켜 나갔다. 김대중 정부의 '햇볕정책'을 승계한 노무현 정부도 '평화번영정책'을 전개해 남북관계 발전의 제도화를 닦아가기 시작했다. 1990년대 후반 들어 미국과 북한 사이에는 북한의 핵·미사일 문제는 물론 대북 경제 지원, 한반도 평화체제 수립 등 묵직한 사안들을 논의했고, 이어 양국 관계의 정상화까지 검토할 정도였다. 1998-2000년, 이 3년 동안 남북관계, 북미관계, 한미관계 등 한반도 안보질서의 주요 세 축이 선순환 하면서 냉전구조가 해체되고 통일의 기운이 높아지는 듯 했다.

그러나 2001년 부시(George W. Bush) 행정부가 출범하고 곧이어 9·11 테러가 발생하면서 한반도 냉전구조의 해빙 움직임도 중단되었다. 미국은 대테러전쟁에 전념하면서 북핵문제를 중국 등 관련국들에게 아웃소싱(outsourcing)하는 태도를 취했다. 6자회담은 그런 배경에서 등장한 것이다. 부시 정부의 대북 압박이 높아지는 가운데 노무현 정부의 '북핵문제의 평화적 해결'을 위한 노력은 필사적이었다. 미국의 요청으로 이라크 전쟁에 파병하고 주한미군의 전략적 유연성에 따른 주한미군 기지 재배치에 응한 것도 한반도 평화와 남북관계 발전의 틀에서 이해할 수 있다. 어렵게 출발한 6자회담에서 2005년 「9·19 공동성명」 채택과 이후 비핵화 이행 프로세스를 연출하자 평화 정착에 대한 기대가 높아졌다.

아래에서 보는 13건의 문서들은 탈냉전기 한반도에서 일어난 대화와 협력의 증표들이다. 그런 문서들과 그 이행 과정이 지속되었다면 한반도 비핵화, 남북관계의 발전, 그리고 평화체제 구축이 다함께 실행되어, 결국 한반도 냉전구조가 청산되었을지도 모른다. 이 시기 대화와 협력의 문서들을 다시 들춰보아야 할 이유가 여기에 있다.

1) 북미 공동성명(1993.6.11)

2) 북미 제네바 합의(1994.10.21)

3) 한미 정상회담 공동발표문(1996.4.16)

4) 4자회담 제2차 본회담, 의장성명(1998.3.21)

5) 북러 우호협력조약(2000.2.9)

6) 6·15 남북공동선언(2000.6.15)

7) 북미 공동코뮤니케(2000.10.12)

8) 북일 평양선언(2002.9.17)

9) 9·19 공동성명(2005.9.19)

10) 북한의 1차 핵실험 성명(2006.10.9)과 유엔 안보리 결의 제1718호(2006.
    10.14)

11) 9·19 공동성명 이행을 위한 초기 조치(2007.2.13)

12) 9·19 공동성명 이행을 위한 제2단계 조치(2007.10.3)

13) 10·4 남북정상선언(2007.10.4)

1) 북미 공동성명(1993.6.11)

해제

북한 핵문제는 한반도 위기를 조성했다. 이라크에서 체면을 구긴 국제원자력기구가 전례 없이 북한 핵시설에 특별사찰을 요구하자 북한이 핵확산금지조약 탈퇴로 맞섰기 때문이다. 서울, 평양, 워싱턴에서는 전쟁을 운운하는 주장까지 흘러나왔다. 그런 와중에서 북한과 미국은 조심스럽게, 그러나 예전에 없던 고위급회담을 가졌다.[34]

미국과 북한은 1993년 6월 2일부터 11일까지 뉴욕의 주유엔 미국대표부에서 고위급 접촉(미국 측 대표: 로버트 갈루치(Robert Gallucci) 국무부 차관보, 북한 측 대표: 강석주 외교부 제1부부장)을 갖고 북한의 핵확산금지조약 탈퇴 효력의 임시정지와 북미대화 계속을 골자로 하는 공동성명을 발표하였다. 6월 11일은 북한의 NPT 탈퇴 효력이 발생하기 하루 전이었다. 이 성명은 1994년 10월 제네바 「북미 제네바 합의」가 타결되기까지 북미 협상의 징검다리 역할을 한 문건이다.

북한은 1992년 5월 25일부터 IAEA에 의한 핵사찰을 받게 되어 1993년 2월까지 6차례의 임시사찰을 받은 결과 북한이 보고한 내용과 임시사찰 결과 간에 '중대한 불일치'가 존재한다는 결론이 내려졌다. 국제원자력기구는 1993년 1월 26일부터 시작된 제6차 임시사찰에서 북한 측에 대해 핵폐기물을 저장하는 시설로 추정되는 2개의 미신고 시설에 대한 혐의사항을 설명하고 이들 시설에 대한 특별사찰을 요구하였다. 그러나 북한은 이 시설이 핵시설과 관련없는 군사시설이라는 이유를 들어 사찰을 거부하였다. IAEA는 1993년 2월 25일 북한에 핵사찰 수용을 촉구하는 결의안을 채택하면서 북한에게 재차 해명의 기

---

34) 북미 간의 첫 고위급 접촉은 1991년 1월 미 국무부의 캔터(Arnold Kanter) 부장관과 북한의 김용순 노동당 비서와의 만남이었다.

회를 주기 위해 미신고 시설에 대한 특별사찰 실시를 1개월 동안 유예하였다. IAEA는 북한에 2개 미신고시설에 대한 특별사찰 수용을 촉구하는 한편, 결의안 채택 1개월 이내에 소집되는 특별이사회에서 그 결과를 보고하도록 하였다. 그러나 북한은 1개월 이내에 미신고시설 두 곳에 대한 특별사찰 수용 요구를 거부함으로써 핵개발 의혹이 증폭되었다.[35]

국제원자력기구는 채취한 샘플을 정밀 분석한 결과 북한이 신고한 플루토늄 재처리 횟수(1회)와 달리 최소한 세 차례로 평가됐다.[36] IAEA는 북한이 핵안전 협정을 위반했다고 판단내렸다. 이때부터 마찰이 시작되어 사찰은 중단되었고 북미 관계는 일촉즉발의 상황으로 악화되었다. 북한 핵문제는 본격적인 위기국면으로 접어들었다. 국제사회의 협조 요구에 대해 북한이 완강히 거부하자, 한국과 미국은 이에 대한 대응으로 1993년 팀스피리트(Team Spirit) 훈련을 재개하였고,[37] 북한은 팀스피리트 훈련이 자국을 겨냥한 공격훈련이라고 맹렬히 비난하였다. 이에 북한은 국제사회의 사찰 요구를 단호히 거절하고 1993년 3월 12일 NPT 탈퇴를 선언했다.

이에 대해 미국 국무부 대변인은 북한이 NPT 탈퇴를 선언했더라도 조약에 의거, 향후 90일간 IAEA 가맹국으로서의 의무가 있음을 강조하였다. 일본도 같은 날 외무장관 성명에서 북한의 핵확산금지조약 탈퇴는 핵무기 확산을 방지하려는 국제사회에 대한 도전이라고 언급하고 북한의 조약 탈퇴 결정이 핵무기 개발 의혹을 더욱 짙게 하고 있다고

---

35) 통일원, 『통일백서 1993』 (서울: 통일원, 1993), p. 106.
36) 다만 플루토늄 추출량은 북한의 90g, IAEA의 50~100g으로 큰 차이가 없었다. 서보혁, 『탈냉전기 북미관계사』 (서울: 선인, 2004), p. 174.
37) 한국과 미국은 1992년 남북 간에 「한반도 비핵화 공동선언」이 채택되고 북한이 IAEA의 핵사찰에 협조하자 팀스피리트 훈련을 잠정 중단하였다.

밝혔다. 러시아 외무부도 북한의 결정을 납득하기 어려우며 이는 그들의 핵무기 보유에 대한 의혹을 증폭시키는 결과를 가져올 것이라며, 북한 당국이 하루 빨리 핵확산금지조약에 복귀할 것을 촉구했다. 중국은 3월 13일 한반도 비핵화를 지지하는 입장에는 변함이 없으나 현 단계에서 북한에게 과도한 압력을 가하는 것은 사태를 악화시킬 수 있다는 입장을 표명하면서, 북한의 핵확산금지조약 탈퇴 문제가 협상을 통해 적절히 해결되기를 바란다고 밝혔다.[38]

북한의 NPT 탈퇴 선언은 한국 정부에게 큰 충격이었다. 한국 정부는 3월 12일 즉시 NPT 탈퇴 철회, IAEA 특별사찰과 남북한 상호사찰 수용을 촉구하는 성명서를 발표하였다. 또한 유엔 안보리에서의 토의 결과와 추후 예상되는 조치 방향에 대한 검토를 시작하고 평양 주재 외교관 철수설 등 NPT 탈퇴 이후 북한 정세를 파악하기 시작했다. 핵확산금지조약 제10조 1항에 따르면, 가입국의 탈퇴는 그를 통보한 시기부터 3개월 후에 효력을 발생하는 것이라고 되어 있다. 1993년 5월 11일 유엔 안보리가 결의안 825호를 채택하고, 북한에 조약 탈퇴 철회와 국제원자력기구의 핵사찰 협정 엄수를 촉구했다. 이를 바탕으로 미국은 북한과의 교섭에 나서게 되었다.[39] 드디어 6월 11일 「조선민주주의인민공화국과 미합중국 공동성명」(북미 공동성명)이 발표되었다.

---

38) 통일원, 『통일백서 1993』, p. 107.
39) 이즈미하지메, '미조관계의 기적과 전망,' 이즈미하지메 외, 『북조선: 그 실상과 기적』(도쿄: 고문연출판사, 1998), p. 196.

합의 전문

조선민주주의인민공화국 – 미합중국 공동성명

Joint Statement of the Democratic People's Republic of Korea
and the United States of America

조선민주주의인민공화국과 미합중국 사이의 정부급 회담이 1993년 6월 2일부터 11일 사이에 뉴욕에서 진행되었다.

회담에는 조선민주주의인민공화국 정부를 대표하여 강석주 외교부 제1부부장을 단장으로 하는 대표단과 미합중국 정부를 대표하여 로버트 엘갈루치 국무성 차관보를 단장으로 하는 대표단이 참가하였다.

쌍방은 회담에서 조선반도의 핵문제를 근원적으로 해결하는 데서 나서는 정책적 문제 들을 토의하고 핵전파를 방지하기 위한 목적에 부합되게 북남비핵화공동선언에 대한 지지를 표명하였다.

조선민주주의인민공화국과 미합중국은 다음과 같은 원칙들에 합의하였다.

- 핵무기를 포함한 무력을 사용하지 않으며 이러한 무력으로 위협도 하지 않는다는 것을 담보한다.
- 전면적인 담보 적용의 공정성 보장을 포함하여 조선반도의 비핵화, 평화와 안전을 보장하며 상대방의 자주권을 호상 존중하고 내정에 간섭하지 않는다.
- 조선의 평화적 통일을 지지한다.

이러한 원칙들에 준하여 조미 쌍방 정부들은 평등하고 공정한 기초

우에서 대화를 계속하기로 합의하였다.

　이와 관련하여 조선민주주의인민공화국정부는 핵무기전파방지조약
으로부터의 탈퇴 효력을 필요하다고 인정하는 만큼 일방적으로 림시
정지시키기로 하였다.

1993년 6월 11일

뉴욕

출처: 외교부 홈페이지〉외교정책〉안보〉북한핵문제

2) 북미 제네바 합의(1994.10.21)

해제

1993년 6월 「북미 공동성명」 발표 이후 북핵문제가 순탄하게 해결된 것은 아니었다. 대화와 위기가 교차하였다. 1993년 7월 14일부터 19일까지 핵문제 해결을 위한 제2단계 고위급 접촉이 제네바에서 시작되었다. 북미 양측은 이 고위급회담에서 ① 북한과 국제원자력기구간 핵안전 협정조치 이행과 관련된 현안 문제들에 대한 협상을 조속히 시작하고, ② 「한반도 비핵화 공동선언」 이행의 중요성을 확인하고, 북한이 핵문제를 포함한 쌍방 사이의 문제들에 대해 남북회담을 가능한 빠른 시일 내에 시작할 것임을 재확인하며, ③ 북핵문제 해결과 관련된 현안 문제들(경수로 원자로 도입과 관련한 기술적 문제 등)과 함께 북미관계 개선을 위한 기초를 마련하기 위해 2개월 안에 3단계 접촉을 진행하기로 합의하였다. 그러나 국제원자력기구의 '특별사찰'에 대한 이견을 좁히지 못하고 1993년 말과 1994년 초에 국제적 긴장이 다시 고조되었다. 미국도 작전계획 5027(Operations Plan 50-27)을 준비하며 전쟁 발발을 가정한 삼엄한 대비 태세에 돌입했다.[40] 이러한 긴박한 시점에서 카터(Jimmy Carter) 전 미대통령의 방북으로 북미 간 대화의 물꼬가 트이기 시작했다. 미국의 카터 전 대통령과 김일성 주석의 회담이 개최된 후 북한은 핵개발 프로그램의 전면 중단을 선언하였다. 양국은 한반도의 비핵화, 평화와 안전을 이룩하기 위하여 1994년 8월 12일 제네바에서 제3단계 1차회담에서 북미 성명에 명기된 일괄타결 사항에 합의하고 1993년 6월 11일 타결한 「북미 공동성명」 원칙들의 중요성을 재확인하였다.

---

40) Oberdorfer, 앞의 책, p. 459.

제네바에서는 북미 제3단계 2차회담이 진행되어 북핵문제와 북미 관계, 한반도 평화 문제가 심도 있게 논의되었다. 그 결과가 10월 21일 타결 발표된 「조선민주주의인민공화국과 미합중국 간의 기본합의서」(북미 제네바 합의)다. 북미 제네바 합의는 제1차 북핵 위기를 북한의 핵개발 동결과 미국이 보증하는 보상을 골자로 한다. 북한이 핵시설을 동결하고 1994년 5월에 빼낸 8,000여 개의 핵연료봉을 제3국으로 반출시키고, 핵시설을 전부 해체한다는 전제 하에 미국이 대표하는 한반도에너지개발기구(KEDO)가 경수로 두 기와 대체에너지로 중유를 공급하기로 합의한 것이다. 구체적인 합의 내용은 아래 합의 전문에 제시되어 있다.

「북미 제네바 합의」 발표 이후 서울과 워싱턴에서는 긍·부정적 반응이 동시에 일어났다. 협상 타결 2시간 뒤 미국 협상단장 로버트 갈루치(Robert Gallucci) 박사는 기자들 앞에서 향후 5년 간 미국의 최우선순위는 수십 개의 핵무기를 제조할 북한의 플루토늄 생산 능력을 저지하는 것이라고 설명했다. 그는 합의문에 북핵 프로그램에 대한 특별사찰이 빠진 점을 의식하며 그것은 중요하지만 긴급하지는 않다고 말했다. 합의 직후 미 협상단은 합의가 1993년 6월 북미대화를 시작했을 때의 기대 이상의 성공이라고 생각했지만, 앞으로 합의 이행을 위한 국내외 지지를 얻는 일이 더 힘들 것이라고 내다보았다.[41] 「북미 제네바 합의」는 한반도의 안정을 가져올 수 있는 여건을 마련하였다. 제네바합의는 냉전의 종결과 함께 북한의 대외 관계의 질적 변화의 결과이고 남북한을 둘러싼 주변 4강의 대 한반도 정책이 낳은 결실이기도 하다. 그

---

41) Joel S. Wit, Daniel B. Poneman, and Robert L. Gallucci, *Going Critical: The First North Korean Nuclear Crisis* (Washington D.C.: Brookings Institution Press, 2005), p. 330.

렇지만 제네바합의 이후에도 미국에서는 경수로 완공 이전에 북한이 붕괴할 것으로 보는 견해가 적지 않았고, 북한이 완전한 핵폐기 의지가 있었는지도 의문이다.

북·미 제네바 기본합의문

Agreed Framework between the United States of America and the

Democratic People's Republic of Korea

October 21, 1994

조선민주주의인민공화국 정부 대표단과 미합중국 정부 대표단은 1994년 9월 23일부터 10월 21일까지 제네바에서 조선반도 핵문제의 전면적 해결에 관한 회담을 진행하였다.

쌍방은 조선반도의 비핵화, 평화와 안전을 이룩하기 위하여 1994년 8월 12일부 조미 합의성명에 명기된 목표들을 달성하며 1993년 6월 11일부 조미공동성명의 원칙들을 견지하는 것이 가지는 중요성을 재확인하였다.

조선민주주의인민공화국과 미합중국은 핵문제의 해결을 위하여 다음과 같은 행동 조치들을 취하기로 결정하였다.

1. 쌍방은 조선민주주의인민공화국의 흑연감속로와 련관시설들을 경수로발전소들로 교체하기 위하여 협조한다.

   1) 미합중국은 1994년 10월 20일부 미합중국 대통령의 담보서한에 따라 2003년까지 총 200만키로와트 발전능력의 경수로발전소들을 조선민주주의인민공화국에 제공하기 위한 조치들을 책임지고 취한다.

      - 미합중국은 자기의 주도하에 조선민주주의인민공화국에 제공할 경수로발전소 자금과 설비들을 보장하기 위한 국제련합체를 조직한다. 이 국제련합체를 대표하는 미합중국은 경

수로 제공사업에서 조선민주주의인민공화국의 기본 상대자
로 된다.

- 미합중국은 련합체를 대표하여 이 합의문이 서명된 날부터
  6개월 안에 조선민주주의 인민공화국과 경수로 제공 계약을
  체결하기 위하여 최선을 다한다. 계약을 체결하기 위한 협상
  은 이 합의문이 서명된후 될수록 빠른 시일 안에 시작된다.
- 조선민주주의인민공화국과 미합중국은 필요에 따라 핵에네
  르기의 평화적 리용 분야에서의 쌍무적 협조를 위한 협정을
  체결한다.

2) 미합중국은 1994년 10월 20일부 미합중국 대통령의 담보서한
   에 따라 련합체를 대표하여 1호경수로발전소가 완공될 때까지
   조선민주주의인민공화국의 흑연감속로와 련관시설들의 동결
   에 따르는 에네르기 손실을 보상하기 위한 조치들을 취한다.

- 대용에네르기는 열 및 전기 생산용 중유로 제공한다.
- 중유 납입은 이 합의문이 서명된 날부터 3개월 안에 시작하
  며 납입량은 합의된 계획에 따라 매해 50만 톤 수준에 이르
  게 된다.

3) 경수로 제공과 대용에네르기 보장에 대한 미합중국의 담보들
   을 받은 데 따라 조선 민주주의 인민공화국은 흑연감속로와 련
   관시설들을 동결하며 궁극적으로 해체한다.

- 조선민주주의인민공화국의 흑연감속로와 련관시설들에 대
  한 동결은 이 합의문이 서명된 날부터 1개월 안에 완전히 실
  시된다. 이 1개월 간과 그 이후의 동결기간에 조선민주주의
  인민공화국은 국제원자력기구가 동결 상태를 감시하도록 허
  용하며 기구에 이를 위한 협조를 충분히 제공한다.

- 경수로 대상이 완전히 실현되는 때에 조선민주주의인민공화국의 흑연감속로와 련관 시설들은 완전히 해체된다.
- 경수로 대상 건설기간 조선민주주의인민공화국과 미합중국은 5메가와트 시험원자로에서 나온 폐연료의 안전한 보관방도와 조선민주주의인민공화국에서 재처리를 하지 않고 다른 안전한 방법으로 폐연료를 처분하기 위한 방도를 탐구하기 위하여 협조한다.

4) 조선민주주의인민공화국과 미합중국은 이 합의문이 서명된후 될수록 빠른 시일 안에 두 갈래의 전문가 협상을 진행한다.
- 한 전문가 협상에서는 대용에네르기와 관련한 련관 문제들과 그리고 흑연감속로 계획을 경수로 대상으로 교체하는 데서 제기되는 련관 문제들을 토의한다.
- 다른 전문가협상에서는 폐연료의 보관 및 최종 처분을 위한 구체적인 조치들을 토의 한다.

2. 쌍방은 정치 및 경제 관계를 완전히 정상화하는 데로 나아간다.
   1) 쌍방은 이 합의문이 서명된 후 3개월 안에 통신봉사와 금융결제에 대한 제한 조치들의 해소를 포함하여 무역과 투자의 장벽을 완화한다.
   2) 쌍방은 전문가 협상에서 령사 및 기타 실무적 문제들이 해결되는데 따라 서로 상대방의 수도에 련락사무소들을 개설한다.
   3) 조선민주주의 인민공화국과 미합중국은 호상 관심사로 되는 문제들의 해결에서 진전이 이루어지는 데 따라 쌍무관계를 대사급으로 승격시킨다.

3. 쌍방은 조선반도의 비핵화, 평화와 안전을 위하여 공동으로 노력한다.
   1) 미합중국은 핵무기를 사용하지 않으며 핵무기로 위협하지도

않는다는 공식 담보를 조선민주주의인민공화국에 제공한다.

2) 조선민주주의인민공화국은 시종일관하게 조선반도의 비핵화에 관한 북남공동 선언을 리행하기 위한 조치들을 취한다.

3) 조선민주주의인민공화국은 이 기본합의문에 의하여 대화를 도모하는 분위기가 조성되는 데 따라 북남대화를 진행할 것이다.

4. 쌍방은 국제적인 핵전파 방지체계를 강화하기 위하여 공동으로 노력한다.

1) 조선민주주의인민공화국은 핵무기전파방지조약의 성원국으로 남아 조약에 따르는 담보 협정의 리행을 허용할 것이다.

2) 경수로 제공 계약이 체결되면 동결되지 않는 시설들에 대한 조선민주주의인민공화국과 국제원자력기구 사이의 담보 협정에 따르는 정기 및 비정기사찰이 재개된다.

계약이 체결될 때까지는 동결되지 않는 시설들에 대한 담보의 련속성을 보장하기 위한 국제원자력기구의 사찰이 계속된다.

3) 경수로 대상의 상당한 부분이 실현된 다음 그리고 주요 핵관련 부분품들이 납입되기 전에 조선민주주의인민공화국은 국제원자력기구와 자기의 핵물질 초기보고서의 정확성 및 완전성 검증과 관련한 협상을 진행하고 그에 따라 기구가 필요하다고 간주할 수 있는 모든 조치들을 취하는 것을 포함하여 기구와의 담보협정(회람통보/403)을 완전히 리행한다.

조선민주주의인민공화국 대표단 단장 조선민주주의인민공화국 외교부 제1부부장 강석주
미합중국 대표단 단장 미합중국 순회대사 로버트 엘 갈루치

출처: 외교부 홈페이지〉외교정책〉안보〉북한핵문제

3) 한미 정상회담 공동발표문(1996.4.16)

해제

이 문건은 1996년 4월 16일 제주도에서 김영삼 한국 대통령과 클린턴 미국 대통령이 한미정상회담을 가진 후, 한반도 정세 및 평화 증진 방안에 관해 양측이 나눈 의견을 요약한 발표문이다. 발표문을 통해 양국 대통령은 한반도에서 남북한 주도의 항구적인 평화체제가 확립되어야 한다는 희망을 밝히고, 항구적 평화체제 협정이 체결되기 전까지는 현 정전협정이 유지되어야 한다는 데 동의하였다. 또한 양국 대통령은 발표문에서 한국, 북한, 중국 및 미국 대표가 한반도의 평화 정착 및 긴장완화 조치를 논의하는 자리인 4자회담을 개최할 것을 제의하였다.

발표문을 통해 클린턴 대통령은 한반도의 항구적인 평화를 확립하는 일은 한국 국민이 이룩해야 할 과제라는 기본 원칙을 밝힘으로써, 북한에게 남북한이 한반도 평화협정의 직접 당사자이고, 미국과 중국은 관련국이라는 입장을 피력하였다.

이 정상회담 발표 내용을 의식하면서 북한은 1995년 2월 25일 외교부 대변인을 통해, 남한은 정전협정에 서명하지 않았으므로 한반도 "평화보장체계" 수립의 당사자가 아니며, 따라서 한반도 평화 문제는 북한과 미국 사이에서 해결할 문제라는 내용이 담긴 담화문을 발표했다. 곧이어 1996년 2월 22일에는 대미 "잠정협정" 제의를 통해 미국이 한반도 평화보장체계 수립의 당사자로서 책임을 인식할 것과 정전체제의 재편을 요구하는 등, 북한은 지속적으로 북미 간 평화협정 체결을 자신의 대외정책의 주된 목표로 삼았다.

위 「한미 정상회담 공동발표문」에서, 클린턴 대통령이 "한반도 평화와 관련하여 미국과 북한 간의 별도 협상은 고려될 수 없다"고 밝힌 것과, 김영삼 대통령이 "한국이 아무런 전제조건 없이 북한 대표와 정부 차원에서 만날 용의가 있다"고 밝힌 것은, 한국을 제외시킨 채 북미 양자 간의 접근을 주장하는 북한의 주장에 명백한 반대 입장을 표명한 것이다.

또 공동발표문에서 제의된 4자회담은 탈냉전 시기 한반도 평화체제 수립 및 군사적 긴장 완화를 위한 다자적인 접근의 시작을 알렸다. 4자회담은 북한에 비교적 영향력이 높은 중국을 포함시킴으로써 회담의 실효성을 높이고자 노력하였고, 한반도 문제에 있어서 중국의 영향력을 한층 더 상승시켰다. 「한미정상회담 공동발표문」에서 4자회담이 제안된 이후 회담을 위한 여러 차례의 실무 접촉과 예비회담이 있었으며, 1997년 12월 10일 4자회담 제1차 본회담이 제네바에서 열리게 된다.

한미 정상회담 공동발표문

1. 김영삼 한국 대통령과 클린턴 미국 대통령은 1996년 4월 16일 제 주도에서 정상회담을 갖고 한반도 정세 및 한반도에서의 대화와 평화 증진을 위한 방안에 관하여 심도 있는 의견 교환을 하였다.

2. 클린턴 대통령은 한국에 대한 미국의 확고한 안보공약을 다짐하고 한미 안보동맹관계가 굳건함을 재확인하였다. 양국 대통령은 항구적인 평화협정에 의해 대체될 때까지 현 정전협정이 유지되어야 한다는 데 의견을 같이 하였다.

3. 양국 대통령은 긴장이 고조된 한반도에서 안정되고 항구적인 평화를 촉진해야 한다는 공동의 희망을 피력하였다. 양국 대통령은 한반도에서의 화해와 평화를 위해 적극적이며 열린 마음으로 협력하기로 합의하였다.

4. 양국 대통령은 한반도에서의 안정되고 항구적인 평화를 확립하는 일은 한국민이 이룩해야 할 과제라는 기본원칙을 확인하였다. 양국대통령은 새로운 항구적 평화체제를 추구하는 것은 남북한이 주도해야 하며 한반도 평화와 관련하여 미국과 북한 간의 별도 협상은 고려될 수 없다는 입장을 재차 확인하였다.

5. 김 대통령은 한국이 아무런 전제조건 없이 북한 대표와 정부 차원에서 만날 용의가 있음을 확인하였다. 클린턴 대통령은 미국이 이러한 노력을 지원하는 데 적극적이고 협조적인 역할을 할 준비가 되어있음을 밝혔다. 양국 대통령은 중국의 협력이 크게 도움이 될 것이라는 점에 의견을 같이하였다.

6. 이에 따라 양국 대통령은 한국, 북한, 중국 및 미국 대표 간의 4자
   회담을 아무런 전제조건 없이 조속히 개최할 것을 제의하였다. 이
   회담은 항구적 평화협정을 이룩하는 과정을 개시하기 위한 것이다.
7. 양국 대통령은 4자회담에서 광범위한 긴장완화 조치도 토의될 수
   있다는 데 의견을 같이 하였다.
8. 클린턴 대통령은 한국의 이와 같은 주도적 제의가 한반도의 긴장
   을 완화하는 데 중요하고 적극적인 조치라고 평가하였으며 김 대
   통령은 미국의 계속적인 지지가 중요하다고 하였다.

출처: 〈중앙일보〉 1996.4.17.

4) 4자회담 제2차 본회담 의장성명(1998.3.21)

해제

4자회담 제2차 본회담이 1998년 3월 16일부터 제네바에서 개최되었다. 회담 마지막 날인 21일, 의장성명이 발표되었다. 성명을 통해 남한, 북한, 미국과 중국의 4자는 "한반도의 공고한 평화 달성을 위한 평화체제 수립"이 공동의 목표임을 재확인하였다. 또한 의장성명은 제2차 본회담을 "4자회담의 본격적인 단계에 진입한 첫 회의"라고 인정하며, 이에 따른 4자회담의 분과위원회 설치가 필요하다는 데에 합의하였다. 하지만 4자는 각국 사이에 좁히기 힘든 견해차가 있다는 점도 시인하며, "중요한 것은 이러한 과정을 시작했으며, 이를 계속할 의지를 가지고 있다는 사실"을 강조하면서 제3차 본회담 또한 조속히 개최할 것을 다짐하였다.

의장성명에서도 시인하였듯이, 4자회담은 시작부터 한반도 평화체제 구축에 관한 북한과 한·미 간의 현격한 입장 차이로 인해 시작부터 난항을 겪었다. 한국과 미국은 한반도 평화체제를 위해서는 먼저 다자협력을 통해 한반도 내에서의 군사적 긴장 완화와 신뢰 조치가 이루어지고, 이후 남·북한이 주당사자이며 미국과 중국이 증인 자격으로 서명하는 남북 평화합의서가 체결되어야 한다는 점을 명시하였다. 반면 북한은 지속적으로 주한미군 철수와 북미 양국 간의 평화협정 체결을 회담의 주요 의제로 요구했다.

한반도 평화체제 수립을 위한 4자회담이 진행되고 있던 중에도, 북미 양국 간의 불신은 깊어지고 관계 또한 악화되었다. 4차회담 제2차 본회담이 진행되었던 1998년만 하더라도, 「북미 제네바 합의」에서 약속되었던 미국의 대북 중유 제공 과정에 혼선이 있었고, 북한이 테러지원국으로 재지정되었다. 특히 8월에는 미국 유명 언론인 〈타임〉과 〈뉴욕 타임즈〉가 북한의 금창리 지하시설 공사 문제를 합의의 파기와 연관지어 보도하였고, 8월 31일에는 북한이 광명성 1호의 발사 실험을 단행함으로써 한반도와 주변국에서 북한의 미사일 위협이 이슈화 되었다. 악화된 상황 속에서 4자회담은 결국 이렇다 할 만한 해법이나 성과를 도출해 내지 못한 채 결렬되었다.

제2차 4자회담 본회담 의장 성명

4자회담 제2차 본 회담이 1998년 3월 16일부터 21일까지 제네바에서 개최됐다.

금번 회담에서 4자는 4자회담의 중요성과 한반도의 공고한 평화 달성을 위해 평화체제를 수립해야 한다는 목표를 재확인했다.

금번 회담은 4자회담이 본격적인 단계에 진입한 첫 회의였으며, 4자는 솔직하고 진지하며 조용한 분위기 속에서 한반도의 공고한 평화와 관련된 실질적 문제에 관하여 심도 있는 의견을 교환하였다.

4자는 일부 중요한 차이점이 있음을 확인하였다. 그러나 현시점에서는 우리의 과제를 진전시키기에 충분할 정도로 견해차를 좁히지는 못했다.

동시에 4자는 회담을 진전시키기 위하여 분과위원회를 우선적으로 구성해야 할 것인지에 대해 장시간 토의하였다. 4자는 분과위원회 설치가 필요하다는 데에 합의하였다.

4자회담은 본질적으로 길고 어려운 과정이다. 중요한 것은 이러한 과정을 시작했으며, 이를 계속할 의지를 갖고 있다는 사실이다. 오늘 여기에 모였다는 사실은 모든 당사자들이 공고한 평화를 공동으로 모색하기로 약속한 것을 말해주는 것이다. 4자는 적절한 경로를 통해 제3차 본회담 개최 시기를 협의할 것이다.

4자회담 대표단은 금번 회의를 위해 친절하고 사려 깊은 지원을 해준 스위스 정부에 사의를 표명하였다.

출처: 외교부 홈페이지〉외교정책〉안보〉북한핵문제

5) 북러 우호협력조약(2000.2.9)

해제

2000년 2월 9일, 북한과 러시아 사이에 체결된 「조선민주주의인민공화국과 러시아 연방 간의 우호친선협조조약」(북러 우호협력조약)은 1961년 7월 북한과 소련이 맺었던 「조소 우호협조 및 호상원조에 관한 조약」이 1996년 자동 시효 만료된 이후 이를 대체한 것이다. 1990년 한소 수교와 이후 러시아의 친(親)한국 외교 노선으로 북소·북러 관계는 사실상 중단되어 있었다.

그런데 이 조약으로 북러 관계는 회복되어 과거 군사동맹 관계 수준은 아니더라도 일반적인 우호협력 관계보다는 높은 관계를 확립하였다. 총 12개 조항으로 이루어진 새 「북러 우호협력조약」은 예전 1961년의 조약에서 약속하였던 친선 및 협력 관계에 관한 내용을 재정립하였을 뿐만 아니라, 경제, 과학 기술, 문화, 환경 등의 새로운 분야까지 협력을 확대하였다.

새로운 조약의 제1조부터 4조까지는 1961년 조약 내용과 거의 동일하며, 상호 존중과 내정 불간섭 및 영토성의 인정, 전 세계적인 군비축소 및 평화와 안보 강화를 위한 노력, 동북아시아에서의 평화 유지를 위한 평화통일의 추구, 양측의 상대방을 반대하는 협정 및 조치 불참 등을 약속하고 있다. 단, 1961년의 조약에서 "체약 일방이 어떠한 국가 또는 국가 연합으로부터 무력 침공을 당함으로써 전쟁 상태에 처하게 되는 경우에 체약 상대방은 지체 없이 자기가 보유하고 있는 온갖 수단으로써 군사적 및 기타 원조를 제공한다."는 상호방위 조항은 새 조약의 제2조항에서 "쌍방 중 한곳에 침략당할 위기가 발행할 경우 또는 평화와 안정을 위협하는 상황이 발생할 경우, … 쌍방은 즉각 접촉한다."

는 수준, 즉 결속력이 약화된 내용으로 대체되었다.

또 「북러 우호협력조약」 조약의 제5조항부터 9조항에서는 1961년의 조약에서 단순히 "경제적 및 문화적 연계"라고 표현한 비군사적 분야의 협력 관계를 세분화하고 있다. 양국은 제5조에서 통상, 경제, 과학기술 분야의 협력, 6조에서 양국의 정부기관, 사회단체간의 관계 및 국방, 안보, 과학, 교육, 문화, 보건, 사회보장, 권리(인권), 환경보호, 관광, 체육 등의 분야의 협력, 7조에서 양국 도시, 기업 및 단체 간의 접촉 활성화, 8조에서는 양국에서 체류 중인 상대국 국민들의 권리 보장, 그리고 9조에서는 조직범죄, 테러, 마약 또는 무기의 불법유통의 방지를 위한 협력 등을 각각 공약하고 있다.

제10조 또한 1961년의 조약에는 포함되어 있지 않는 내용이다. 새 조약은 제10조를 통해 "상대국이 가입하고 있는 국제조약에 따른 책임과 권리를 침범하지 않는 것은 물론, 어떠한 제3자의 이해관계에도 반하지 않는다."는 사실을 분명히 하였다. 냉전 해체 후 새롭게 형성된 복잡하고 민감한 외교관계를 반영한 내용이다. 새 조약의 승인을 통해 발생할 수 있는 주변국과의 입장 차이를 미연에 방지하고자 하는 의도로 해석된다.

「북러 우호협력조약」을 체결함으로써 북한과 러시아는 새로운 관계로 전환하는 계기를 갖게 되었다. 이 조약 체결로 한소 수교 이후 소원했던 양국 관계를 복원하는 한편, 냉전 시기 북한과 소련 사이에 존재하던 군사적, 이데올로기적 관계에서 정상적인 정치·경제적 관계로 전환시켰다. 이후로도 북한과 러시아는 2000년 7월 19일 푸틴(Vladimir Putin) 대통령의 평양 방문과 2001년 8월 4일 김정일 국방위원장의 모스크바 방문 등을 통해 양국의 우호 관계를 과시하였다.

조선민주주의인민공화국과 러시아연방 사이의 친선, 선린 및 협조에 관한 조약

러시아 연방과 조선민주주의인민공화국(이하 '쌍방'으로 명시함)은 전통적인 친선, 선린, 상호신뢰, 그리고 양국 국민간 다양한 협력 관계의 발전을 추구하며 UN헌장의 복적과 원칙을 존중하고, 동북아시아 및 전 세계의 평화와 안전을 보장하는 한편 동등하고 호혜적인 협력 관계를 추구하면서 다음과 같이 합의했다.

제1조 쌍방은 주권국가로서의 상호존중과 내정불간섭, 동등성, 호혜성, 영토성 그리고 다른 국제법들의 원칙 아래 우호 관계를 지지, 발전시켜 나아간다.

제2조 쌍방은 모든 정치적 침략과 전쟁 행위를 반대하면서 전 세계의 군비 축소와 견고한 평화 및 안보 강화를 위해 적극적으로 노력한다. 쌍방 중 한 곳에 침략당할 위기가 발생할 경우 또는 평화와 안정을 위협하는 상황이 발생할 경우, 그리고 협의와 협력이 불가피할 경우 쌍방은 즉각 접촉한다.

제3조 쌍방은 상호이해가 관계되는 모든 중요한 문제에 대해 정기적으로 협의해 나간다. 쌍방은 쌍방 중 한 곳의 주권과 독립성, 그리고 영토성에 반대되는 협정이나 조약을 제3국과 체결하지 않으며 이 같은 행위나 조치에도 참여하지 않는다.

제4조 쌍방은 지속적인 국제 긴장요인이 되고 있는 한반도 분단 상황의 조속한 종식, 그리고 독자성, 평화통일, 민족결속 원칙

에 따른 한반도의 통일이 전체 한반도 국민들의 국민적 이해
관계에 완전히 부합하는 것은 물론 아시아 및 전 세계 평화와
안정에도 기여하게 될 것이라는 점을 확인한다.

제5조 쌍방은 통상·경제, 과학·기술 분야 협력 발전을 위해 적극적
으로 노력하며 이를 위해 법, 재정, 경제적으로 우호적인 여건
을 조성해 나간다. 이 목적들을 위해 쌍방은 경제 분야에서의
양국 간 협력을 위해 모든 노력을 다하는 것은 물론, 자국 내
입법과 통상적인 관례, 그리고 국제법 기준에 근거한 투자 촉
진 등을 위해 별도의 조약들을 체결해 나간다.

제6조 쌍방은 양국 의회와 다른 정부 기관, 그리고 사회단체 간 관계
를 심화하는 것은 물론 국방, 안보, 과학, 교육, 문화, 보건,
사회보장, 권리(인권), 환경보호, 관광, 체육 및 다른 분야들
에서 상호 이해관계에 부합하는 협력 관계를 실현해 나간다.

제7조 쌍방은 양국 도시 간 형제 관계 구축, 기업 및 단체 간 직접
접촉, 양측 인사 간 접촉을 포함, 다양한 수준에서 다방면의
접촉을 활성화한다.

제8조 쌍방은 양국에 체류하고 있는 상대국 국민들이 독자적인 문화
와 언어를 사용할 수 있는 권리를 지니고 있음을 확인한다.

제9조 쌍방은 조직범죄, 민항기와 선박의 안전에 위협을 가하는 불
법행위를 포함한 테러, 마약, 무기, 문화 및 역사적 유물의 불
법유통에 대한 전쟁에 협력한다.

제10조 이번 조약은 상대국이 가입하고 있는 국제조약에 따른 (상대
국의) 책임과 권리를 침범하지 않는 것은 물론, 어떠한 제3자
의 이해관계에도 반하지 않는다.

제11조 이번 조약은 비준 절차를 거친 뒤 비준서를 교환하는 시점부

터 효력을 발생한다.

제12조 이번 조약은 10년 동안 유효하며 이후에는 만일 쌍방 중 한 곳이 12개월 내에 조약 연장 불가 의사를 서면 통보하지 않을 경우, 5년 단위로 자동 연장된다.

2000년 2월 9일 평양에서 러시아어와 한국어로 완성된 두 개의 조약전문은 똑같은 효력을 갖는다.

이고르 이바노프 러시아 연방 외부장관
백남순 북한 외상

출처: 〈조선중앙통신〉 2000.2.9.; 히라사와 유이의 블로그〉통일/북한 관련 자료(2019.1.20)

6) 6·15 남북공동선언(2000.6.15)

해제

2000년 6월 13일부터 15일까지 평양에서 분단 이후 최초의 남북정상회담이 열렸다. 정상회담은 회담의 마지막 날인 6월 15일, 상호 체제를 인정하고 한반도 문제를 대화와 협력을 통해 자주적으로 해결하겠다는 의지를 나타내는 「6·15 남북공동선언」을 발표하였다. 남북공동선언을 통해 남북은 통일 문제의 자주적인 해결 의지를 나타내었으며, 이를 위해서 남한의 연합 제안과 북한의 낮은 단계의 연방 제안이라는 공통된 방향에서 통일을 지향하자는 데 동의하였다. 또한 남북은 이산가족방문단 교환과 비전향 장기수 문제 해결, 경제와 사회, 문화, 체육, 보건, 환경 등의 제반 분야의 협력 및 교류 활성화를 약속하였다. 이렇게 「6·15 남북공동선언」은 그 내용과 협의 및 발표 주체의 면에서 분단 이후 적대적 남북관계를 화해협력의 방향으로 전환하고, 7·4 공동성명을 구체화 시키고, 남북관계 개선에 정부는 물론 다양한 민간의 참여를 연 역사적인 문건이다.

「6·15 남북공동선언」은 1992년 「남북기본합의서」 체결 이후 지연되었던 남북관계 개선의 의지를 표명하였다. 공동선언문에서 "합의사항의 조속한 실천을 위한 당국 사이의 대화"가 약속되었던 만큼, 이후 곧바로 실무회담을 통한 이산가족 방문단 교환, 남북 장관급회담, 남북경제협력 추진위원회 구성 등의 후속 조치가 이루어졌다. 그 결과 경의선과 동해선의 연결을 위한 복원 공사와 개성공단 특구 설립, 남북관광교류 사업 등이 추진되었다. 이처럼 「6·15 남북공동선언」은 단절되었던 남북 교류와 협력의 기반을 마련하는 데 있어 크게 기여 하였다.

그러나 공동선언에서 안보 문제는 경제, 사회 및 문화협력 분야에 비해 매우 제한적으로 거론되었으며, 화해와 불가침, 군축에 관한 구체적 실천 방안은 언급되지 않았다. 이는 김대중 대통령이 한반도의 안보 문제가 남북 양자의 합의만을 통해 이루어질 수 있는 것이 아니며, 미국과 동북아 주변국들의 의사 및 이해관계와 밀접히 관련되어 있다는 것을 고려하여, 남북한 양자가 자발적이고 주동적으로 협력할 수 있는 부분에 주력하겠다는 의지를 반영한 것이다. 따라서 이 선언은 정체되어 있는 안보 문제보다는 통일 방안에 대한 남북 공통의 인식을 확인하고 다방면의 협력을 통한 상호 신뢰를 쌓아가겠다는 접근을 택했다고 할 수 있다. 이른바 기능주의 접근을 전개한 것이다.

남북공동선언

조국의 평화적 통일을 염원하는 온 겨레의 숭고한 뜻에 따라 대한민국 김대중 대통령과 조선민주주의인민공화국 김정일 국방위원장은 2000년 6월 13일부터 6월 15일까지 평양에서 역사적인 상봉을 하였으며 정상회담을 가졌다.

남북 정상들은 분단 역사상 처음으로 열린 이번 상봉과 회담이 서로 이해를 증진시키고 남북관계를 발전시키며 평화통일을 실현하는 데 중대한 의의를 가진다고 평가하고 다음과 같이 선언한다.

1. 남과 북은 나라의 통일 문제를 그 주인인 우리 민족끼리 서로 힘을 합쳐 자주적으로 해결해 나가기로 하였다.
2. 남과 북은 나라의 통일을 위한 남한의 연합 제안과 북한의 낮은 단계의 연방제안이 서로 공통성이 있다고 인정하고 앞으로 이 방향에서 통일을 지향시켜 나가기로 하였다.
3. 남과 북은 올해 8·15에 즈음하여 흩어진 가족, 친척 방문단을 교환하며 비전향 장기수 문제를 해결하는 등 인도적 문제를 조속히 풀어 나가기로 하였다.
4. 남과 북은 경제협력을 통하여 민족경제를 균형적으로 발전시키고 사회, 문화, 체육, 보건, 환경 등 제반 분야의 협력과 교류를 활성화하여 서로의 신뢰를 다져 나가기로 하였다.
5. 남과 북은 이상과 같은 합의사항을 조속히 실천에 옮기기 위하여 빠른 시일 안에 당국 사이의 대화를 개최하기로 하였다.

김대중 대통령은 김정일 국방위원장이 서울을 방문하도록 정중히 초청하였으며 김정일 국방위원장은 앞으로 적절한 시기에 서울을 방문하기로 하였다.

2000년 6월 15일

대한민국	조선민주주의인민공화국
대통령	국방위원장
김대중	김정일

출처: 외교부 홈페이지〉외교정책〉안보〉한반도평화체제

7) 북미 공동코뮤니케(2000.10.12)

해제

1994년 10월 21일, 「북미 제네바 합의」로 북핵문제는 동결 하에서 폐기를 향한 상호주의 프로그램을 가동해나갔다. 소위 제네바 합의 이행 프로세스가 전개되자 북한과 미국의 주 관심사는 북한의 장거리미사일 개발 문제로 옮겨갔다. 북미 간 미사일 회담은 1996년부터 2000년까지 6차례 전개되었다.

북한은 협상 과정에서 장거리미사일 문제를 개발, 발사, 수출 등으로 분할하여 접근하는 반면, 미국은 일괄 협상을 추구하였다. 1999년 8월 18일 북한이 마침내 미사일 수출 문제만이 아니라 시험발사 문제까지 미국과 협상할 수 있음을 공식적으로 표명하자, 미국과 북한은 9월 12일 베를린에서 개최된 고위급 회담을 통해 대북 경제제재 해제와 북한의 장거리 미사일의 추가 시험발사 중단에 합의하였다. 5차 회담에서 북한은 먼저 미사일 수출 중단 대신 3년 동안 매년 10억 달러씩의 보상 요구를 하였으나 협상은 결렬되었다.

다섯 차례 진행된 미사일 협상이 성과를 거두지 못하자 양국 간 관계 진전과 제반 현안을 포괄적으로 다룰 고위급회담의 필요성이 높아져 갔다. 5차 미사일 회담 이후 양국은 외무장관회담(2000.7.27), 김정일 특사의 워싱턴 방문(2000.10.9-12)과 올브라이트 국무장관의 평양 방문(2000.10.23-25)이 이어지면서 미사일 문제는 한단계 높은 정치적 타결의 장으로 이전되었다. 올브라이트 장관의 평양 방문 이후 열린 6차 미사일 회담에서도 최종 타결을 보지 못하자 미사일 문제도 클린턴 대통령의 방북에 기대를 걸 수밖에 없었다.

본격적인 미사일 협상이 늦게 시작된 것과 마찬가지로, 대미관계 개선을 향한 북한의 본격적인 행동은 그에 대한 북한의 기대와 클린턴 정부의 임기를 고려할 때 늦게 나타났다. 북한이 미 행정부 고위인사의 북한 방문을 수용하기로 한 때가 2000년 1월 22-28일 열린 베를린 고위급회담이었다는 점이 이를 말해주고 있다. 대북 관계 개선 논의를 위한 미 고위 인사의 방북 제의는 1999년 5월 페리(William Perry) 대북정책 조정관의 평양 방문에서 있었지만 당시 북한은 적극적인 반응을 보이지 않았다.

실제 북미 관계 정상화를 향한 본격적인 출발은 2000년 9월 27일에서 10월 2일 뉴욕에서 열린 고위급회담이었다. 회담에서 양국은 사안별로 개최하던 과거 협상 방식과 달리 북한의 미사일 개발 및 수출 중단, 테러지원국 지정 해제, 「북미 제네바 합의」의 이행 등 양국 간 현안을 포괄적으로 논의하였다. 양측은 또 「국제테러에 관한 북·미 공동성명」에 합의하고, 김정일 국방위원장 특사의 미국 방문 일정을 논의하였다.

그에 따라 2000년 10월 9-12일 북한 인민군 총정치국장 조명록이 김정일 국방위원장의 특사 자격으로 군복을 입고 미국 백악관을 방문하였다. 이 사건은 북·미 관계 사상초유의 일로서, 양국 관계 정상화를 위한 김정일 국방위원장의 적극적인 의지를 보여준 것이다. 10월 12일 발표된 「북미 공동코뮤니케」에서 양국은 ① 북한의 장거리 미사일 개발 포기, ② 양국 간 적대관계 청산, 미국의 대북 체제보장 및 경제지원, ③ 한반도 평화체제 구축을 위해 4자회담 등 여러 방안 활용, ④ 클린턴 대통령의 평양 방문 준비를 위한 올브라이트 국무장관의 방북 등 관계 개선의 발판을 마련하는 듯 하였다.

조명록 특사의 방미에 이어 올브라이트 미 국무장관이 10월 23-25일 평양을 방문하여 클린턴 대통령의 방북을 논의하였다. 그가 방북할 경우 김정일 위원장과 상호 국가승인 협정을 맺을 것으로 알려졌다. 그러나 클린턴의 방북은 국내적 제약에 직면하였다. 올브라이트 국무장관은 11월 2일, 29명의 한반도 전문가들을 국무부에 초청하여 대통령의 방북에 관한 의견을 수렴하였는데 이때 27명이 반대하였다. 찬성은 2명뿐이었다. 더욱이 11월 7일 실시된 대통령 선거가 혼전을 거듭하면서, 그의 임기 내 북한 미사일 협상 타결에 시간적 여유가 불충분하다는 판단과 퇴임 직전의 방북에 대한 비판적인 여론 등으로 인해 결국 그의 방북은 무산되었다.

합의 전문

조선민주주의인민공화국과 미합중국 사이의 공동콤뮤니케

Joint communique between DPRK and USA

조선민주주의인민공화국 국방위원회 김정일 위원장의 특사인 국방위원회 제1부위원장 조명록 차수가 2000년 10월 9일부터 12일까지 미합중국을 방문하였다.

방문 기간 국방위원회 김정일 위원장께서 보내시는 친서와 조-미 관계에 대한 그이의 의사를 조명록 특사가 미합중국 빌 클린턴 대통령에게 직접 전달하였다. 조명록 특사와 일행은 매들린 올브라이트 국무장관과 윌리엄 코언 국방장관을 비롯한 미 행정부의 고위관리들을 만나 공동의 관심사로 되는 문제들에 대하여 폭넓은 의견 교환을 진행하였다. 쌍방은 조선민주주의인민공화국과 미합중국 사이의 관계를 전면적으로 개선시킬 수 있는 새로운 기회들이 조성된 데 대하여 심도 있게 검토하였다. 회담들은 진지하고 건설적이며 실무적인 분위기 속에서 진행되었으며 이 과정을 통하여 서로의 관심사들에 대하여 더 잘 이해할 수 있게 되었다.

조선민주주의인민공화국과 미합중국은 역사적인 북남 최고위급 상봉에 의하여 한반도의 환경이 변화되었다는 것을 인정하면서 아시아-태평양 지역의 평화와 안정을 강화하는 데 이롭게 두 나라 사이의 쌍무관계를 근본적으로 개선하는 조치들을 취하기로 결정하였다. 이와 관련하여 쌍방은 한반도에서 긴장 상태를 완화하고 1953년의 정전협정을 공고한 평화보장 체계로 바꾸어 한국전쟁을 공식 종식시키는 데서 4자회담 등 여러 가지 방도들이 있다는 데 대하여 견해를 같이하였다.

조선민주주의인민공화국 측과 미합중국 측은 관계를 개선하는 것이 국가들 사이의 관계에서 자연스러운 목표로 되며 관계 개선이 21세기에 두 나라 인민들에게 다같이 이익으로 되는 동시에 한반도와 아시아-태평양 지역의 평화와 안전도 보장하게 될 것이라고 인정하면서 쌍무관계에서 새로운 방약을 취할 용의가 있다고 선언하였다. 첫 중대조치로서 쌍방은 그 어느 정부도 타방에 대하여 적대적 의사를 가지지 않을 것이라고 선언하고 앞으로 과거의 적대감에서 벗어난 새로운 관계를 수립하기 위하여 모든 노력을 다할 것이라는 공약을 확언하였다.

쌍방은 1993년 6월 11일부 조-미 공동성명에 지적되고 1994년 10월 21일부 기본합의문에서 재확인된 원칙들에 기초하여 불신을 해소하고 호상 신뢰를 이룩하며 주의 관심사들을 건설적으로 다루어 나갈 수 있는 분위기를 유지하기 위하여 노력하기로 합의하였다.

이와 관련하여 쌍방은 두 나라 사이의 관계가 자주권에 대한 호상 존중과 내정불간섭의 원칙에 기초하여야 한다는 것을 재확인하면서 쌍무적 및 다무적 공간을 통한 외교적 접촉을 정상적으로 유지하는 것이 유익하다는 데 대하여 유의하였다.

쌍방은 호혜적인 경제협조와 교류를 발전시키기 위하여 협력하기로 합의하였다. 쌍방은 두 나라 인민들에게 유익하고 동북아시아 전반에서의 경제적 협조를 확대하는 데 유리한 환경을 마련하는 데 기여하게 될 무역 및 상업 가능성들을 담보하기 위하여 가까운 시일 안에 경제무역 전문가들의 호상 방문을 실현하는 문제를 토의하였다.

쌍방은 미사일 문제의 해결이 조-미 관계에 근본적인 개선과 아시아-태평양 지역에서의 평화와 안정에 중요한 기여를 할 것이라는 데 대하여 견해를 같이하였다. 조선민주주의인민공화국 측은 새로운 관계 구축을 위한 또 하나의 노력으로 미사일 문제와 관련한 회담이 계속되는 동안에는 모든 장거리 미사일을 발사하지 않을 것이라는 데 대하여 미국 측에 통보하였다.

조선민주주의인민공화국과 미합중국은 기본합의문에 따르는 자기들의 의무를 완전히 이행하기 위한 공약과 노력을 배가할 것을 확약하면서 이렇게 하는 것이 한반도의 비핵평화와 안정을 이룩하는 데 중요하다는 것을 굳게 확언하였다. 이를 위하여 쌍방은 기본합의문에 따르는 의무 이행을 보다 명백히 하는 데 관하여 견해를 같이하였다. 이와 관련하여 쌍방은 금창리 지하시설에 대한 접근이 미국의 우려를 해소하는 데 유익하였다는 데 대하여 유의하였다.

쌍방은 최근년간 공동의 관심사로 되는 인도주의 분야에서 협조사업이 시작되었다는 데 대하여 유의하였다. 조선민주주의인민공화국 측은 미합중국이 식량 및 의약품 지원 분야에서 조선민주주의인민공화국에 인도주의적 수요를 충족시키는 데 의의 있는 기여를 한 데 대하여 사의를 표하였다. 미합중국 측은 조선민주주의인민공화국이 한국전쟁 시기 실종된 미군 병사들의 유골을 발굴하는 데 협조하여 준 데 대하여 사의를 표하였으며 쌍방은 실종자들의 행처를 가능한 최대로 조사 확인하는 사업을 신속히 전진시키기 위하여 노력하기로 합의하였다. 쌍방은 이상 문제들과 기타 인도주의 문제들을 토의하기 위한 접촉을 계속하기로 합의하였다.

쌍방은 2000년 10월 6일 공동성명에 지적된 바와 같이 테러를 반대하는 국제적 노력을 고무하기로 합의하였다.

조명록 특사는 역사적인 북남 최고급 상봉 결과를 비롯하여 최근 몇 개월 사이에 북남 대화 상황에 대하여 미국측에 통보하였다. 미합중국 측은 현행 북남 대화의 계속적인 전진과 성과 그리고 안보 대화의 강화를 포함한 북남 사이의 화해와 협조를 강화하기 위한 발기들의 실현을 위하여 모든 적절한 방법으로 협조할 자기의 확고한 공약을 표명하였다.

조명록 특사는 클린턴 대통령과 미국 인민이 방문 기간 따뜻한 환대를 베풀어 준 데 대하여 사의를 표하였다.

조선민주주의인민공화국 국방위원회 김정일 위원장께 윌리엄 클린턴 대통령의 의사를 직접 전달하며 미합중국 대통령의 방문을 준비하기 위하여 매들린 올브라이트 국무장관이 가까운 시일에 조선민주주의인민공화국을 방문하기로 합의하였다.

2000년 10월 12일

워싱턴

출처: 외교부 홈페이지〉외교정책〉안보〉북한핵문제

8) 북일 평양선언(2002.9.17)

해제

2002년 9월 17일, 북한의 김정일 국방위원장과 일본의 고이즈미(小泉純一郎) 총리가 평양에서 회담을 가진 후 「북일 평양선언」을 발표하였다. 선언문에서 양국은 북일 간 국교정상화 교섭 재개, 일본의 식민지배 사과 및 경제협력 자금의 지원, 북한의 일본인 피랍 문제 사과 및 재발 방지 다짐, 동북아시아 평화 유지를 위한 협력 등 4개항에 합의하였다. 특히 양국은 국교정상화를 위해서 1991년 제1차 교섭으로 시작해 2000년 제11차 교섭 이후 중단되었던 북일 수교 회담을 2002년 10월 중 재개할 것이라고 밝혔다. 또한 일본의 경제협력 자금에 관해서는 무상자금협력, 저이자 장기차관 및 국제기구를 통한 인도주의적 지원, 융자 및 신용대부 등과 같은 방안들이 제시되었다. 동북아시아 지역의 평화와 안정의 유지를 위해서는 양측 모두가 국제 합의를 준수할 것을 확인하였으며, 이에 따라 북한은 미사일 발사의 보류를 2003년 이후 더 연장할 의향을 표명하였다.

선언문이 발표된 2002년, 북한은 외교적으로 상당한 어려움에 처했다. 북한은 2000년 「북미 공동 코뮤니케」를 통해 미국과의 관계 정상화를 위해 노력하고, 러시아와의 외교에도 매우 성공적인 모습을 보였다. 그러나 2001년 부시 행정부 집권 이후 강경해진 대북 정책으로 인하여 북한의 외교 상황은 단시간에 악화되었다. 부시 대통령은 2002년 1월 29일의 「연두교서」에서 북한을 이란, 이라크와 함께 '악의 축'으로 지칭하고, 같은 해 3월 9일 「핵태세 검토보고서(Nuclear Posture Review)」에 북한을 핵선제공격 대상 국가로 언급하는 등 북한에 매우 호전적인 입장을 나타내었다. 북한 또한 이에 "핵에는 핵으로 대응할 것"이라며 강경하게 대응하였다. 미국과의 관계 악화는 북한 대외관계의 전반적인 침체를 불러일으켰고, 외부로부터의 경제 지원 또한 크게 감소하였다. 이러한 긴장 상황에서 북한은 악화된 북미 관계를 일본과의 관계개선을 통해 완화시키고자 하였다.

고이즈미 총리 또한 2002년 야스쿠니 신사 참배를 단행함으로써 악화된 중국과의 외교관계를 인식하며, 북한과의 관계 개선을 내각 지지율 상승의 기회로 삼았다. 양국은 먼저 2002년 4월 18일 평양에서 적십자회담을 열어 양측이 요구한 행방불명자들에 대한 조사 결과를 교환함으로써 대화의 계기를 마련하였다. 특히 30일에 발표된 북일 적십자회담 공동 보도문에서 북한은 일본인 납치 의혹과 관련해 "행방불명자 안부 조사의 재개"에 합의하고 나아가 "결과를 일본 측에 신속히 통보하고 필요한 조취를 취한다"고 약속함으로써 매우 유연한 태도를 보였다. 피랍자 문제는 북일 수교협상의 최대의 난제로 꼽혀왔던 만큼 북한의 유연한 태도는 9월 북일 정상회담의 합의 사항을 실천하는 긍정적인 신호탄이 되었다.

북일 정상회담을 통해 북한은 일본의 경제적 지원을 약속 받았을 뿐만 아니라, 자신의 대외정책 중심으로 삼는 대미 협상을 새롭게 전개할 수 있는 기반을 마련하고자 하였다. 일본 또한 북한이 지금까지 일본인 납치에 대한 의혹을 전면 부정해왔던 것에 반해, 김정일 위원장이 납치 문제에 분명한 시인과 사과를 함으로써 만족할 만한 결과를 이끌어냈다. 일본의 대북 관계 개선은 향후 일본이 동북아 안보협력체제 개편에 적극적으로 참여함으로써, 한반도 문제에 있어 일정한 영향력을 마련하는 계기가 되었다.

하지만 2002년 10월 미 부시 행정부의 켈리(James Kelly) 특사가 북한을 방문한 것을 계기로 미국이 북한의 고농축 우라늄을 이용한 핵

개발 추진 의혹을 제기함으로써 제2차 북핵 위기가 발생하였고, 북한과 일본 사이에 납치자 문제 또한 원활히 해결되지 않음에 따라 「북일 평양선언」은 성공적으로 실행되지 못했다.

조일평양선언

조선민주주의인민공화국 김정일 국방위원장과 일본국 고이즈미 즁이찌로 총리 대신은 2002년 9월 17일 평양에서 상봉하고 회담을 진행하였다.

두 수뇌들은 조일 사이의 불미스러운 과거를 청산하고 현안 사항을 해결하며 결실 있는 정치, 경제, 문화적 관계를 수립하는 것이 쌍방의 기본리익에 부합되며 지역의 평화와 안정에 큰 기여로 된다는 공통된 인식을 확인하였다.

1. 쌍방은 이 선언에서 제시된 정신과 기본원칙에 따라 국교정상화를 빠른 시일 안에 실현시키기 위하여 모든 노력을 기울이기로 하였으며 이를 위하여 2002년 10월중에 조일 국교정상화 회담을 재개하기로 하였다.
   쌍방은 호상 신뢰관계에 기초하여 국교정상화를 실현하는 과정에도 조일 사이에 존재하는 제반 문제들에 성의 있게 림하려는 강한 결의를 표명하였다.

2. 일본 측은 과거 식민지 지배로 인하여 조선인민에게 다대한 손해와 고통을 준 력사적 사실을 겸허하게 받아 들이며 통절한 반성과 마음속으로부터의 사죄의 뜻을 표명하였다.
   쌍방은 일본 측이 조선민주주의인민공화국 측에 대하여 국교정상화 후 쌍방이 적절하다고 간주하는 기간에 걸쳐 무상 자금협력, 저리자 장기차관 제공 및 국제기구를 통한 인도주의적 지원 등의 경제협력을 실시하며 또한 민간 경제활동을 지원하는 견지에서 일본국제협력은행 등에 의한 융자, 신용대부 등이 실시되는 것이 이 선언의 정신에 부합된다는 기본인식 밑에 국교정상화 회담에서 경제협력의 구체적인 규모와 내용을 성실히 협의하기로 하였다.

쌍방은 국교정상화를 실현하는 데 있어서 1945년 8월 15일 이전에 발생한 리유에 기초한 두 나라 및 두 나라 인민의 모든 재산 및 청구권을 호상 포기하는 기본원칙에 따라 국교정상화 회담에서 이에 대하여 구체적으로 협의하기로 하였다.

쌍방은 재일 조선인들의 지위 문제와 문화재 문제에 대하여 국교정상화 회담에서 성실히 협의하기로 하였다.

3. 쌍방은 국제법을 준수하며 서로의 안전을 위협하는 행동을 하지 않는다는 것을 확인하였다. 또한 일본 국민의 생명 및 안전과 관련된 현안 문제에 대하여 조선민주주의인민공화국 측은 조일 두 나라의 비정상적인 관계 속에서 발생한 이러한 유감스러운 문제가 앞으로 다시 발생하지 않도록 적절한 조치를 취할 것을 확인하였다.

4. 쌍방은 동북아시아 지역의 평화와 안정을 유지 강화하기 위하여 호상 협력해 나갈 것을 확인하였다.

쌍방은 이 지역의 유관국들 사이에 호상 신뢰에 기초하는 협력관계 구축의 중요성을 확인하며 이 지역의 유관국들 사이의 관계가 정상화되는 데 따라 지역의 신뢰 조성을 도모하기 위한 틀거리를 정비해 나가는 것이 중요하다는 데 대하여 인식을 같이 하였다.

쌍방은 조선반도 핵문제의 포괄적인 해결을 위하여 해당한 모든 국제적 합의들을 준수할 것을 확인하였다. 또한 쌍방은 핵 및 미싸일 문제를 포함한 안전보장상의 제반 문제와 관련하여 유관국들 사이의 대화를 촉진하여 문제 해결을 도모해야 할 필요성을 확인하였다.

조선민주주의인민공화국 측은 이 선언의 정신에 따라 미싸일 발사의 보류를 2003년 이후 더 연장할 의향을 표명하였다.

쌍방은 안전보장과 관련한 문제에 대하여 협의해 나가기로 하였다.

2002년 9월 17일
평양

조선민주주의인민공화국　　　　　　일본국
국방위원회 위원장　　　　　　　　총리대신
김정일　　　　　　　　　고이즈미 즁이찌로

출처: 외교부 홈페이지〉외교정책〉안보〉북한핵문제

9) 9·19 공동성명(2005.9.19)

해제

2005년 9월 14일 제4차 6자회담 2단계 회의가 시작되었고, 회의의 마지막 날인 19일, 6자회담의 첫 공식 문서인 「제4차 6자회담 공동성명」(9·19 공동성명)이 채택되었다. 9·19 공동성명에서 6개국이 합의한 내용은 다음과 같다. 첫째, "6자회담의 목표가 한반도의 검증 가능한 비핵화"이고, "북한은 모든 핵무기와 현존 핵 프로그램을 포기하고, 조속한 NPT 및 IAEA 안전 조치에 복귀"하며, 미국 역시 "한반도 내 핵무기 부재 및 북한에 대한 공격 또는 침공 의사가 없음"을 확인하고, 여타국은 적절한 시기 북에 경수로 제공 문제를 논의한다. 둘째, 6자는 경제협력을 증진시키고 대북 에너지 지원 제공의 용의가 있으며, 한국은 200만kW의 전력 공급 제안을 재확인한다. 셋째, 6자는 동북아의 항구적 평화와 안정을 위해 노력할 뿐만 아니라 직접 관련 당사국들은 별도 포럼에서 한반도 항구적 평화체제에 관한 협상을 개시한다. 넷째, 6자는 단계적 방식의 합의 이행 및 상호 조율된 조치를 취한다.

9·19 공동성명이 이루어진 제4차 6자회담의 시작은 여러 난항을 겪었고, 공동성명의 채택은 매우 극적인 상황 전환의 결과라고 할 수 있다. 2004년 11월, 미국에서는 부시 대통령이 재선되었고, 파월(Colin Powell) 국무장관이 사임하는 대신 라이스(Condoleezza Rice) 백악관 국가안보보좌관이 국무장관으로 취임하였다. 2005년 1월 18일, 라이스 장관은 국무장관 지명자 청문회에서 "북한은 폭정의 전초기지"라는 발언으로 대북 강경 자세를 나타냈다. 그 직후 1월 20일, 부시 대통령은 2기 행정부 출범을 알리는 국정 연설에서 6자회담을 통해 북핵 문제를 해결하겠다고 밝혔지만, 동시에 "자유의 확산과 폭정의 종식"을

강조하였다. 북한은 2월 10일, 외무성 대변을 통해 "2기 부시 행정부는 대통령 취임연설과 연두교서, 라이스 국무장관의 국회인준 청문회 발언 등을 통해 북한과는 절대 공존하지 않겠다는 것을 정책화했다."고 비난하며, 자신들이 "미국의 압살 정책에 맞서 자위 차원에서 핵무기를 만들었다"며 핵무기 제조 및 보유를 처음으로 시인하였다. 또 북한은 "핵무기고를 늘이기 위한 대책을 취할 것"이라며 경고하고, 나아가 "6자회담 참가 명분이 마련되고 회담 결과를 기대할 수 있는 충분한 조건과 분위기가 조성됐다고 인정될 때까지 불가피하게 6자회담 참가를 무기한 중단할 것"이라고 밝혔다. 이어서 북한은 3월 31일, "북한이 이미 핵 보유국이 된 이상 6자회담은 이제 군축회담이 되어야 한다"고 주장하며, 6자회담을 통한 북핵 문제 해결을 더욱 어려운 국면으로 몰아갔다.

북한의 핵 보유 시인은 주변 5개국뿐만 아니라 국제사회에까지 큰 파장을 일으켰으나, 6자회담 참가국들은 6자회담이 북핵 해결을 위한 유일한 틀이라는 입장을 바꾸지 않았다. 5월 6일부터 9일까지 한일, 한중, 한러, 미러 정상회담이 잇달아 개최되어 모두 6자회담을 위한 외교적 노력이 계속될 것이라는 데 의견을 모았다. 결국 2004년 7월 26일 제4차 6자회담이 재개되었지만, 북한은 미국이 자국에 대한 핵 위협을 제거해야 한다고 주장하면서 자신에게는 평화적 핵 이용 권리가 있다고 주장했다. 13일 간 진행된 4차 1단계 6자회담은 네 차례의 공동문건 수정에도 불구하고 결국 북한의 평화적 핵 이용권에 대한 합의에 실패한 채, 3주 후 2단계 회담을 약속하며 마무리 되었다. 하지만 9월 14일 시작된 2단계 회의에서는 상황이 극적으로 전환되어, 9월 19일에는 북한이 모든 핵무기와 현존하는 핵 계획을 포기하고, 그에 따른 전력공급 보상 및 경수로 제공 검토를 약속하는 공동성명이 채택되었다.

9·19 공동성명은 "한반도 비핵화" 목표뿐만 아니라, "한반도의 항구적 평화체제"와 "동북아시아에서의 안보협력 증진"을 다짐했다는 부분에서 그 의미가 크다. 또한 지금까지의 의장성명과 비교해 보았을 때 내용뿐 아니라, 관련 당사국 전체의 보증을 통해 더욱 심화된 정치적 구속력을 갖춘 6개국 공동성명이라는 형식을 갖춤으로써 그 중요성이 심화되었다. 따라서 9·19 공동성명은 북한 핵문제 해결뿐만 아니라, 한반도 평화체제 및 동북아 안보협력 등 적극적 평화를 달성할 수 있는 포괄 원칙에 합의한 역내 주요 다자 합의서로 기록될 것이다.

제4차 6자회담 공동성명

Joint Statement of the Fourth Round of the Six-Party Talks

Beijing 19 September 2005

제4차 6자회담이 베이징에서 중화인민공화국, 조선민주주의인민공화국, 일본, 대한민국, 러시아연방, 미합중국이 참석한 가운데 2005년 7월 26일부터 8월 7일까지 그리고 9월 13일부터 19일까지 개최되었다.

우다웨이 중화인민공화국 외교부 부부장, 김계관 조선민주주의인민공화국 외무성 부상, 사사에 켄이치로 일본 외무성 아시아대양주 국장, 송민순 대한민국 외교통상부 차관보, 알렉세예프 러시아 외무부 차관, 그리고 크리스토퍼 힐 미합중국 국무부 동아태 차관보가 각 대표단의 수석대표로 동 회담에 참석하였다.

우다웨이 부부장은 동 회담의 의장을 맡았다.

한반도와 동북아시아 전반의 평화와 안정이라는 대의를 위해, 6자는 상호 존중과 평등의 정신하에, 지난 3회에 걸친 회담에서 이루어진 공동의 이해를 기반으로, 한반도의 비핵화에 대해 진지하면서도 실질적인 회담을 가졌으며, 이러한 맥락에서 다음과 같이 합의하였다.

1. 6자는 6자회담의 목표가 한반도의 검증가능한 비핵화를 평화적인 방법으로 달성하는 것임을 만장일치로 재확인하였다.

   조선민주주의인민공화국은 모든 핵무기와 현존하는 핵계획을 포기할 것과, 조속한 시일 내에 핵확산금지조약(NPT)과 국제원자력기구(IAEA)의 안전조치에 복귀할 것을 공약하였다.

미합중국은 한반도에 핵무기를 갖고 있지 않으며, 핵무기 또는 재래식 무기로 조선민주주의인민공화국을 공격 또는 침공할 의사가 없다는 것을 확인하였다.

대한민국은 자국 영토 내에 핵무기가 존재하지 않는다는 것을 확인하면서, 1992년도 「한반도의 비핵화에 관한 남북 공동선언」에 따라, 핵무기를 접수 또는 배비하지 않겠다는 공약을 재확인하였다.

1992년도 「한반도의 비핵화에 관한 남북 공동선언」은 준수, 이행되어야 한다.

조선민주주의인민공화국은 핵에너지의 평화적 이용에 관한 권리를 가지고 있다고 밝혔다. 여타 당사국들은 이에 대한 존중을 표명하였고, 적절한 시기에 조선민주주의인민공화국에 대한 경수로 제공 문제에 대해 논의하는 데 동의하였다.

2. 6자는 상호 관계에 있어 국제연합헌장의 목적과 원칙 및 국제 관계에서 인정된 규범을 준수할 것을 약속하였다.

조선민주주의인민공화국과 미합중국은 상호 주권을 존중하고, 평화적으로 공존하며, 각자의 정책에 따라 관계 정상화를 위한 조치를 취할 것을 약속하였다.

조선민주주의인민공화국과 일본은 평양선언에 따라, 불행했던 과거와 현안 사항의 해결을 기초로 하여 관계 정상화를 위한 조치를 취할 것을 약속하였다.

3. 6자는 에너지, 교역 및 투자 분야에서의 경제협력을 양자 및 다자적으로 증진시킬 것을 약속하였다.

중화인민공화국, 일본, 대한민국, 러시아연방 및 미합중국은 조선민주주의인민공화국에 대해 에너지 지원을 제공할 용의를 표명하였다.

대한민국은 조선민주주의인민공화국에 대한 2백만 킬로와트의 전력 공급에 관한 2005.7.12자 제안을 재확인하였다.

4. 6자는 동북아시아의 항구적인 평화와 안정을 위해 공동 노력할 것을 공약하였다.

직접 관련 당사국들은 적절한 별도 포럼에서 한반도의 항구적 평화체제에 관한 협상을 가질 것이다.

6자는 동북아시아에서의 안보협력 증진을 위한 방안과 수단을 모색하기로 합의하였다.

5. 6자는 '공약 대 공약', '행동 대 행동' 원칙에 입각하여 단계적 방식으로 상기 합의의 이행을 위해 상호조율된 조치를 취할 것을 합의하였다.

6. 6자는 제5차 6자회담을 11월초 북경에서 협의를 통해 결정되는 일자에 개최하기로 합의하였다.

출처: 외교부 홈페이지〉외교정책〉안보〉북한핵문제

10) 북한의 1차 핵실험 성명(2006.10.3; 10.9)과 유엔 안보리 결의 제1718호(2006.10.14)

해제

2005년 9월 6자회담 참가국들이 어렵게 도출한 「9·19 공동성명」은 북한의 핵 포기를 궁극적인 목표로 삼고 참가국들 간 상호 이해관계를 묶어놓은 포괄적 접근의 틀을 마련한 것이었다. 그러나 같은 시각, 워싱턴에서는 북한의 불법 위조지폐 거래 의혹이 일어났다. 미 재무부는 북한의 불법 금융거래가 있었다고 판단한 마카오 소재 방코델타아시아(BDA)은행에 대한 제재를 단행하고 관련국들에게 대북 제재에 동참할 것을 요구하였다. 북한은 미국이 「9·19 공동성명」 이행 의지가 없다고 보고 다시 핵 개발 쪽으로 나아갔다.

2006년 들어서도 상황이 호전되지 않자 북한은 7월 5일 복수의 중장거리 미사일을 시험 발사를 하면서 핵실험 준비에 나섰다. 유엔 안보리를 비롯해 국제사회는 경고에 나섰지만 미국의 금융제재에 맞서 북한은 자위력 증강이란 명분하에 위기 고조를 정당화했다. 10월 3일 북한 외무성은 "자위적 전쟁 억제력을 강화하는 새로운 조치"란 표현으로 1차 핵실험을 강력히 시사하였다. 외무성 성명은 안전성이 담보된 핵실험 계획을 밝히면서도 핵무기 선제 불사용, 핵 위협 및 확산 반대 의사를 표명했다. 북한은 대화와 협상을 통한 한반도 비핵화 공약을 상기하면서도 "우리 식대로 조선반도 비핵화"를 언급해 눈길을 끌었다. 드디어 10월 9일 북한이 1차 핵실험을 감행하면서 북핵문제는 새로운 국면에 들어선다. 북한 관영언론이 핵실험이 "조선반도와 주변 지역의 평화와 안정을 수호하는 데 이바지하게 될 것이다."고 주장한 것도 북한의 비핵화 공약에 대한 신뢰를 의심케 하는 대목이었다.

북한의 핵실험은 핵비확산체제에 강력한 도전이 되었고 미국을 위시한 기성 핵보유 국가들을 긴장하게 만들었다. 유엔 안보리가 다시 한번 바빠졌다. 북한은 2006년 7월 5일 단행한 탄도미사일 발사를 규탄하는 유엔 안보리 결의 1695호에 불복하고, 10월 9일 함경북도 길주군 풍계리 일대에서 1차 지하 핵실험을 감행하였다. 그러자 5일만에 유엔 안보리는 만장일치로 안보리 결의 제1718호를 채택하였다. 제1718호 결의는 북한의 핵실험 비난과 함께 추가 핵실험 및 탄도 미사일 발사 중지를 요구하는 포괄적 제재 방안을 담고 있다. 주요 내용은 회원국과 북한 간의 핵무기 또는 미사일 관련 물자의 교역 금지, 북한의 자산 동결 및 금융 중단, 무기 제조 관련자의 여행 금지, 북한의 화물 검색 협력, 이행 조치의 보고, 제재위원회의 설치 등이다.

유엔이 2006년 7월 15일에 채택한 결의 1695호가 북한의 6자회담 및 국제적 핵비확산체제의 복귀를 촉구하는 권고의 성격이 컸다면, 1718호는 유엔헌장 제7장을 적용한 제재 결의이다. 1695호에서는 "요구한다 (demand)" 또는 "촉구한다" (call upon)등의 용어가 주로 사용되었다면, 1718호에서는 "결정한다" (decide) 또는 "취해야 할 것이다" (shall take)등의 좀 더 강도 높은 외교 용어가 사용되었다. 특히 유엔이 평화에 대한 위협, 파괴, 침략 행위에 대한 대응 조치를 규정하는 유엔 헌장 제7장 41조를 북핵문제에 적용한 것은 처음이다. 군사적 강제조치인 제7장 42조가 제외되긴 했으나 북핵문제 발발 이후 국제사회의 가장 강력한 대응 조치였다. 또한 1718호는 1695호에서 언급한 북한의 미사일, 핵무기, 대량살상무기(WMD) 등 기존 거래 금지 목록에 전차, 장갑차, 전투기, 전함 등의 재래식 무기, 나아가 사치품목을 추가시켰다. 따라서 1718호는 군사적 조치를 제외한 전방위적이고 강도 높은 대북 제재를 본격화 한 의미가 있는 결의다.

자위적 전쟁억제력 새 조치, 앞으로 핵시험을 하게 된다

오늘 조선반도에서는 미국의 날로 가중되는 핵전쟁 위협과 극악한 제재압력 책동으로 말미암아 우리 국가의 최고 리익과 안전이 엄중히 침해당하고 우리 민족의 생사존망을 판가리하는 준엄한 정세가 조성되고있다.

미국은 최근 강도적인 유엔안전보장리사회 〈결의〉채택으로 우리에게 사실상의 〈선전포고〉를 한 데 이어 조선반도와 그 주변에서 제2의 조선전쟁 도발을 위한 군사연습과 무력증강 책동을 더욱더 광란적으로 벌리고 있다.

미국은 이와 동시에 우리를 경제적으로 고립 질식시켜 우리 인민이 선택한 사회주의 제도를 허물어보려는 망상 밑에 온갖 비렬한 수단과 방법을 총동원하여 우리에 대한 제재봉쇄를 국제화해보려고 발악하고 있다.

현재 부쉬 행정부는 저들이 정한 시한부 내에 우리가 굴복해 나오지 않으면 징벌하겠다고 최후통첩을 해대는 지경에까지 이르렀다.

미국의 반공화국 고립압살 책동이 극한점을 넘어서 최악의 상황을 몰아오고 있는 제반 정세 하에서 우리는 더 이상 사태발전을 수수방관할 수 없게 되였다.

우리는 이미 부쉬 행정부의 악랄한 적대행위에 대처하여 나라의 자주권과 민족의 존엄을 수호하기 위해 필요한 모든 대응조치를 다 강구해나갈 것이라고 선포한 바 있다.

조선민주주의인민공화국 외무성은 위임에 따라 자위적 전쟁 억제력을 강화하는 새로운 조치를 취하게 되는 것과 관련하여 다음과 같이 엄숙히 천명한다.

첫째, 조선민주주의인민공화국 과학연구 부문에서는 앞으로 안전성이 철저히 담보된 핵시험을 하게 된다.

우리는 현 미행정부가 조미 기본합의문을 뒤집고 우리의 자주권과 생존권을 엄중히 위협한 데 맞서 불가피하게 핵무기전파방지조약에서 탈퇴하였다. 미국의 핵전쟁 위협과 제재압력 책동이 계단식으로 확대되는 데 따라 우리는 투명한 대응과정을 거쳐 합법적으로 현대적인 핵무기를 만들었다는 것을 공식 선포하였다.

핵무기 보유 선포는 핵시험을 전제로 한 것이다.

미국의 극단적인 핵전쟁 위협과 제재압력 책동은 우리로 하여금 상응한 방어적 대응조치로서 핵 억제력 확보의 필수적인 공정상 요구인 핵시험을 진행하지 않을 수 없게 만들었다.

둘째, 조선민주주의인민공화국은 절대로 핵무기를 먼저 사용하지 않을 것이며 핵무기를 통한 위협과 핵 이전을 철저히 불허할 것이다.

자기의 믿음직한 전쟁 억제력이 없으면 인민이 억울하게 희생당하고 나라의 자주권이 여지없이 롱락 당하게 된다는 것은 오늘 세계 도처에서 벌어지고 있는 약육강식의 류혈참극들이 보여주는 피의 교훈이다.

우리의 핵무기는 철두철미 미국의 침략 위협에 맞서 우리 국가의 최고 리익과 우리 민족의 안전을 지키며 조선반도에서 새 전쟁을 막고 평화와 안정을 수호하는 믿음직한 전쟁 억제력으로 될 것이다.

우리는 언제나 책임있는 핵보유국으로서 핵전파방지 분야에서 국제사회 앞에 지닌 자기의 의무를 성실히 리행할 것이다.

셋째, 조선민주주의인민공화국은 조선반도의 비핵화를 실현하고 세계적인 핵군축과 종국적인 핵무기 철폐를 추동하기 위하여 백방으로 노력할 것이다.

우리는 반세기 이상 동안 미국의 핵위협 공갈을 직접 당해왔으며 그로부터 조선반도 비핵화를 제일 먼저 제기하고 그 실현을 위해 최대한의 노력을 기울여왔다.

그러나 미국은 우리의 모든 아량과 성의를 체계적으로 유린하면서 우리가 내세운 비핵화 리념을 우리 인민이 선택한 사상과 제도를 고립 압살하는 데 악용하였다.

우리의 최종 목표는 조선반도에서 우리의 일방적인 무장해제로 이어지는 〈비핵화〉가 아니라 조미 적대관계를 청산하고 조선반도와 그 주변에서 모든 핵위협을 근원적으로 제거하는 비핵화이다.

대화와 협상을 통하여 조선반도의 비핵화를 실현하려는 우리의 원칙적 립장에는 변함이 없다.

우리는 온갖 도전과 난관을 과감하게 뚫고 우리 식대로 조선반도 비핵화를 반드시 실현하기 위하여 적극 노력할 것이다.

주체95(2006)년 10월 3일
평양

출처: 〈조선중앙통신〉 2006.10.3.

지하 핵시험 성공

온 나라 전체 인민이 사회주의 강성대국 건설에서 일대 비약을 창조해나가는 벅찬 시기에 우리 과학연구 부문에서는 주체95(2006)년 10월 9일 지하 핵시험을 안전하게 성공적으로 진행하였다.

과학적 타산과 면밀한 계산에 의하여 진행된 이번 핵시험은 방사능 류출과 같은 위험이 전혀 없었다는 것이 확인되였다.

핵시험은 100% 우리 지혜와 기술에 의거하여 진행된 것으로서 강위력한 자위적국 방력을 갈망해온 우리 군대와 인민에게 커다란 고무와 기쁨을 안겨준 력사적 사변이다.

핵시험은 조선반도와 주변 지역의 평화와 안정을 수호하는 데 이바지하게 될 것이다.

출처: 〈조선중앙통신〉 2006.10.9.

결의 제1718호(2006)

Resolution 1718 (2006)

2006년 10월 14일 안전보장이사회 5551회 회의에서 채택

안전보장이사회는

결의 825호(1993년)와 1540호(2004년), 그리고 특히 1695호(2006년)를 포함한 이전의 관련 결의들과 2006년 10월 6일의 의장성명을 상기하면서,

핵·화학·생물무기들과 이들의 운반수단의 확산이 국제평화와 안전에 위협을 구성하는 것임을 재확인하면서,

조선민주주의인민공화국(DPRK, 이하 북한)의 2006년 10월 핵무기실험 주장과, 이러한 실험이 핵비확산조약(NPT)과 세계적인 핵무기비확산 체제를 강화하기 위한 국제적인 노력에 제기하는 도전 및, 지역 내외에 제기하는 평화와 안정에 대한 위험에 극도의 우려를 표명한다.

국제적인 핵비확산체제는 유지돼야 한다는 확고한 신념을 표명하며, 북한은 NPT에 따라 핵무기 보유국 지위를 가질수 없음을 상기한다.

북한의 NPT 탈퇴 선언과 핵무기 추구를 규탄하며,

나아가 북한의 조건 없는 6자회담 복귀 거부를 규탄하며,

2005년 9월 19일 6개국(6자회담)이 발표한 공동성명을 지지하며,

국제사회의 안전 및 인도주의적 우려에 대한 북한의 반응의 중요성을 강조하며,

북한이 주장하는 핵실험이 지역 내외에 증가된 긴장을 야기한데 깊은 우려를 표명하고 따라서 국제평화와 안전에 명백한 위협이 됨을 결

정한다.

유엔헌장 제7장에 따라 행동하고 산하 41조 규정에 따라 조치들을 취한다.

1. 북한이 결의 1695호와 의장성명(2006.10.6) 등 관련 결의와 성명 등을 무시하고 2006년 10월 9일 핵실험을 선언한 것을 비난한다.
2. 북한에 대해 추가 핵실험을 실시하거나 탄도미사일을 발사하지 말 것을 요구한다.
3. 북한에 대해 NPT 탈퇴선언을 즉각 철회할 것을 요구한다.
4. 나아가 북한에 대해 NPT와 IAEA 안전협정에 복귀할 것을 요구하며 NPT의 모든 조약 당사국들은 조약상의 의무를 계속 준수할 필요성을 강조한다.
5. 북한은 탄도미사일 프로그램과 관련된 모든 활동들을 중지하고 기존의 미사일 발사 유예 공약을 재확인할 것을 결의한다.
6. 북한은 모든 핵무기들과 핵 프로그램들을 완전하고 검증가능하며 돌이킬 수 없는 방법으로 제거할 것을 결의하며 NPT와 IAEA 안전규정상의 의무를 엄격히 준수할 것을 결의한다. IAEA에 개인들과 문서, 장비 및 시설들에 대한 접근 등 IAEA가 요구하거나 필요하다고 간주한 것들을 포함한 투명한 조치들을 제공할 것을 결의한다.
7. 북한은 다른 대량살상무기와 탄도미사일 프로그램들을 완전하고 검증가능하며 돌이킬수 없는 방법으로 폐기할 것을 결의한다.
8. (a) 모든 회원국들은
   (i) 전차, 장갑차량, 중화기, 전투기, 공격용 헬기, 전함, 미사일이나 미사일 시스템 일체와 관련 물품, 부품 등 관련 물자

및 안보리나 안보리위원회가 결정하는 품목들 (ii) 북한의 핵이나 탄도미사일, 기타 대량살상 프로그램에 도움이 될 수 있는 모든 품목과 물질, 장비, 상품, 기술 등과 각국의 통제 리스트나 공동 리스트에 입각한 모든 국내 조치들 (iii) 사치품들이 그 원산지를 불문하고 각국의 영토나 국민, 국적선, 항공기 등을 이용해 북한으로 직간접적으로 제공되거나, 판매 이전되지 못하도록 막는다.

(b) 북한은 위에 명시한 모든 품목들의 수출을 중단해야 하며, 모든 회원국들은 자국민이나 국적선, 항공기 등이 북한으로부터 위와 같은 물품들을 획득하지 못하도록 금지한다.

(c) 모든 회원국들은 위에 명시된 품목들의 비축, 제조, 유지, 사용 등에 도움이 될 수 있는 기술훈련, 자문, 서비스, 지원이 자국민에 의해서 북한에 제공되거나 그들의 영토로부터 북한에 이전되지 못하도록 금지한다. 북한으로부터 이 같은 훈련이나 자문, 서비스, 지원 등이 자국민이나 영토로 이전되는 것도 금지한다.

(d) 모든 회원국들은 각국의 법 절차에 따라 북한의 핵, 대량살상무기, 탄도미사일 관련 프로그램을 지원하는 자국 내 자금과 기타 금융자산, 경제적 자원들을 결의안 채택일부터 즉각 동결하며, 북한의 지시에 따라 움직이는 개인이나 단체들도 자국 내 자금이나 금융자산, 경제적 자원들을 사용하지 못하도록 조치한다.

(e) 모든 회원국들은 각국의 재량에 따라 북한의 핵, 탄도미사일, 대량살상무기와 연루된 것으로 지정된 자와 그 가족들이 자국에 입국하거나 경유하지 못하도록 적절한 조치를 취한다.

(f) 모든 회원국들은 국내법과 국제법에 따라, 특히 핵 및 화생방
무기의 밀거래와 이의 전달수단 및 물질을 막기 위해 안보리
결의가 이행될 수 있도록 북한으로부터의 화물 검색 등 필요
한 협력조치를 취하도록 요구한다.

9. 위에 명시된 금융자산이나 자원들 중

(a) 식료품비, 임대료나 모기지, 의료비, 세금, 보험료, 공과금
등의 기본적 지출에 필요한 경비

(b) 관련국이나 안보리 위원회에 통지돼 승인 받은 특별 경비

(c) 이 결의 채택 이전에 이뤄진 행정적 또는 사법적 결정의 대
상이 되는 자금이나 자원 중 특별한 경우는 예외로 한다.

10. 위의 여행제한 규정 중 인도적인 필요나 종교 의무 등으로 위원
회가 개별적으로 결정한 경우는 예외로 한다.

11. 이 결의 채택 30일 이내에 모든 회원국들은 상기 8항의 규정들
을 효과적으로 이행하기 위해 취한 조치들을 안보리에 보고할 것
을 촉구한다.

12. 임시 의사절차법 28조에 따라 다음 임무를 수행하기 위해 모든
안보리 이사국들로 구성되는 위원회를 구성하기로 결의한다.

(a) 8(a)항에 언급된 품목과 물자, 장비, 상품기술들을 생산, 보
유 중인 국가들에, 그들이 8항에 의해 부과된 조치들을 효과
적으로 이행하기 위해 취한 행동들에 대한 정보 및 유용하다
고 간주되는 추가정보들을 요청한다.

(b) 8항의 조치 위반 의심사항들에 관련된 정보에 대해 조사 및
적절한 조치를 취한다.

(c) 상기 9, 10항에 언급된 예외 요청을 고려, 결정한다.

(d) 상기 8(a ii)항 목적에 부합되는 추가적인 품목과 물자, 장

비, 상품 및 기술들을 결정한다.

(e) 8(d) 및 8(e)항에 부과된 조치들에 적용될 추가적인 개인이
나 단체들을 지명한다.

(f) 이 결의의 조치들의 이행을 촉진시키는 데 필요한 지침들을
공표한다.

(g) 최소한 매 90일마다 관찰과 건의 등과 함께 업무를 안보리
에 보고하며 특히 8항 조치들의 효율성을 강화하기 위한 방
안들을 보고토록 한다.

13. 6자회담 조기 재개를 촉진하고, 긴장 악화 행동을 자제하며, 외
교적 노력을 강화하려는 모든 당사국들의 노력을 환영하고 고무
한다.

14. 북한에 대해 조건 없이 즉각 6자회담에 복귀할 것과 2005년 9월
19일 공동성명의 신속한 이행을 위해 노력할 것을 촉구한다.

15. 북한의 행동들을 지속적으로 평가할 것이며, 북한의 결의규정
준수에 비춰 필요할 경우, 강화, 수정, 중지 또는 조치의 해제 등
을 포함한 8항 조치들의 적절성에 대한 평가 준비도 갖춘다.

16. 추가 결정들과 추가 조치들의 요청 및 필요성을 강조한다.

17. 적극적으로 사안에 전념할 것을 결정한다.

출처: 외교부 홈페이지〉외교정책〉안보〉북한핵문제

11) 9·19 공동성명 이행을 위한 초기조치(2007.2.13)

해제

2005년 11월 9일부터 11일에 진행된 제5차 1단계 회의를 마지막으로 중단되었던 6자회담은 이후 북한의 대포동2호 미사일 발사 및 1차 핵실험 등으로 난항을 겪었다. 그러나 2006년부터 북핵문제의 평화적 해법을 찾기 위한 한미 대화, 중국의 중재, 같은 해 11월 미국의 중간선거에서 민주당 승리 등을 배경으로 다시 대화 국면이 조성되었다. 특히 미국은 6자회담의 틀 내에서만 북미 양자회담이 가능하다던 종전의 입장에서 벗어나 북한과의 양자 접촉에 나섰다. 그 결과 2007년 2월 8일, 제5차 6자회담 3단계 회의가 개최되었다. 2·13 합의로도 불리는 「9·19 공동성명 이행을 위한 초기조치」는 6자회담 참가국들이 "행동 대 행동"의 원칙에 따라 9·19 공동성명 이행을 위한 초기 단계의 조치들에 합의함으로써 한반도 비핵화 이행의 토대를 마련하였다.

「2·13 합의」의 주요 내용은 ① 60일 간 북한의 단계별 핵불능화 이행 (영변 핵시설의 플루토늄 생산 중지와 미국의 중유 지원 개시의 1단계, 북한의 모든 현존 시설 불능화 및 모든 핵 프로그램의 신고, 완료 및 미국의 북한 테러지원국 지정 해제 과정 개시의 2단계, 북한의 우라늄 농축 프로그램에 따른 핵무기 개발과 기존 핵탄두 해체의 3단계는 추후 협의), ② 북한의 핵시설 폐쇄, 봉인 및 IAEA 사찰단 복귀, ③ 중유 5만톤 상당 긴급 에너지 및 경제 인도적 대북 지원, ③ 6자회담 내 5개 실무 그룹(한반도비핵화, 미북 관계정상화, 북일 관계정상화, 경제·에너지 협력, 동북아 평화·안보체제) 구성 등으로 요약 될 수 있다.

「2·13 합의」는 기존 6자회담이 추구해온 한반도 비핵화를 향한 일괄타결과 동시행동 원칙을 구체화하고 진전시켰다는 점에서 의의가 크고, 나아가 한반도 평화체제 구축과 동북아 다자안보협력의 제도적 기반을 언급한 점도 성과로 꼽을 수 있다.

9·19 공동성명 이행을 위한 초기조치

Initial Actions for the Implementation of the Joint Statement (Final)

13 February 2007

제5차 6자회담 3단계회의가 베이징에서 중화인민공화국, 조선민주주의인민공화국, 일본, 대한민국, 러시아연방, 미합중국이 참석한 가운데, 2007년 2월 8일부터 13일까지 개최되었다.

우다웨이 중화인민공화국 외교부 부부장, 김계관 조선민주주의인민공화국 외무성 부상, 사사에 켄이치로 일본 외무성 아시아대양주 국장, 천영우 대한민국 외교통상부 한반도평화교섭본부장, 알렉산더 로슈코프 러시아 외무부 차관, 그리고 크리스토퍼 힐 미합중국 국무부 동아태 차관보가 각 대표단의 수석대표로 동 회담에 참석하였다.

우다웨이 부부장은 동 회담의 의장을 맡았다.

I. 참가국들은 2005년 9월 19일 공동성명의 이행을 위해 초기 단계에서 각국이 취해야 할 조치에 관하여 진지하고 생산적인 협의를 하였다. 참가국들은 한반도 비핵화를 조기에 평화적으로 달성하기 위한 공동의 목표와 의지를 재확인하였으며, 공동성명 상의 공약을 성실히 이행할 것이라는 점을 재확인하였다. 참가국들은 '행동 대 행동'의 원칙에 따라 단계적으로 공동성명을 이행하기 위해 상호 조율된 조치를 취하기로 합의하였다.

II. 참가국들은 초기 단계에 다음과 같은 조치를 병렬적으로 취하기로 합의하였다.

1. 조선민주주의인민공화국은 궁극적인 포기를 목적으로 재처리 시설을 포함한 영변 핵시설을 폐쇄·봉인하고 IAEA와의 합의에 따라 모든 필요한 감시 및 검증 활동을 수행하기 위해 IAEA 요원을 복귀토록 초청한다.

2. 조선민주주의인민공화국은 9·19 공동성명에 따라 포기하도록 되어 있는, 사용 후 연료봉으로부터 추출된 플루토늄을 포함한 공동성명에 명기된 모든 핵프로그램의 목록을 여타 참가국들과 협의한다.

3. 조선민주주의인민공화국과 미합중국은 양자 간 현안을 해결하고 전면적 외교관계로 나아가기 위한 양자 대화를 개시한다. 미합중국은 조선민주주의인민공화국을 테러지원국 지정으로부터 해제하기 위한 과정을 개시하고, 조선민주주의인민공화국에 대한 대적성국 교역법 적용을 종료시키기 위한 과정을 진전시켜 나간다.

4. 조선민주주의인민공화국과 일본은 불행한 과거와 미결 관심사안의 해결을 기반으로, 평양선언에 따라 양국 관계 정상화를 취해 나가는 것을 목표로 양자 대화를 개시한다.

5. 참가국들은 2005년 9월 19일 공동성명의 1조와 3조를 상기하면서, 조선민주주의인민공화국에 대한 경제·에너지·인도적 지원에 협력하기로 합의하였다. 이와 관련, 참가국들은 초기 단계에서 조선민주주의인민공화국에 긴급 에너지 지원을 제공하기로 합의하였다. 중유 5만톤 상당의 긴급 에너지 지원의 최초 운송은 60일 이내에 개시된다.

참가국들은 상기 초기 조치들이 향후 60일 이내에 이행되며, 이러한 목표를 향하여 상호 조율된 조치를 취한다는데 합의하였다.

Ⅲ. 참가국들은 초기 조치를 이행하고 공동성명의 완전한 이행을 목표로 다음과 같은 실무그룹(W/G)을 설치하는 데 합의하였다.

1. 한반도 비핵화
2. 미·북 관계정상화
3. 일·북 관계정상화
4. 경제 및 에너지 협력
5. 동북아 평화·안보 체제

실무그룹들은 각자의 분야에서 9·19 공동성명의 이행을 위한 구체적 계획을 협의하고 수립한다. 실무그룹들은 각각의 작업진전에 관해 6자회담 수석대표 회의에 보고한다. 원칙적으로 한 실무그룹의 진전은 다른 실무그룹의 진전에 영향을 주지 않는다. 5개 실무그룹에서 만들어진 계획은 상호 조율된 방식으로 전체적으로 이행될 것이다.

참가국들은 모든 실무그룹 회의를 향후 30일 이내에 개최하는 데 합의하였다.

Ⅳ. 초기 조치 기간 및 조선민주주의인민공화국의 모든 핵프로그램에 대한 완전한 신고와 흑연감속로 및 재처리 시설을 포함하는 모든 현존하는 핵시설의 불능화를 포함하는 다음 단계 기간 중, 조선민주주의인민공화국에 최초 선적분인 중유 5만 톤 상당의 지원을 포함한 중유 100만 톤 상당의 경제·에너지·인도적 지원이 제공된다.

상기 지원에 대한 세부 사항은 경제 및 에너지 협력 실무그룹의 협의와 적절한 평가를 통해 결정된다.

Ⅴ. 초기 조치가 이행되는 대로 6자는 9·19 공동성명의 이행을 확인하고 동북아 안보협력 증진 방안 모색을 위한 장관급 회담을 신속하게 개최한다.

Ⅵ. 참가국들은 상호 신뢰를 증진시키기 위한 긍정적인 조치를 취하고 동북아에서의 지속적인 평화와 안정을 위한 공동 노력을 할 것을 재확인하였다. 직접 관련 당사국들은 적절한 별도 포럼에서 한반도의 항구적 평화체제에 관한 협상을 갖는다.

Ⅶ. 참가국들은 실무그룹의 보고를 청취하고 다음단계 행동에 관한 협의를 위해 제6차 6자회담을 2007년 3월 19일에 개최하기로 합의하였다.

대북 지원 부담의 분담에 관한 합의 의사록

미합중국, 중화인민공화국, 러시아연방, 대한민국은 각국 정부의 결정에 따라, Ⅱ조 5항 및 Ⅳ조에 규정된 조선민주주의인민공화국에 대한 지원 부담을 평등과 형평의 원칙에 기초하여 분담할 것에 합의하고, 일본이 자국의 우려사항이 다루어지는 대로 동일한 원칙에 따라 참여하기를 기대하며, 또 이 과정에서 국제사회의 참여를 환영한다.

출처: 외교부 홈페이지〉외교정책〉안보〉북한핵문제

12) 9·19 공동성명 이행을 위한 제2단계 조치(2007.10.3)

해제

2007년 2월 13일 「9·19 공동성명 이행을 위한 초기조치」가 합의된 이후, 같은 해 3월 6일 뉴욕에서 북미 관계정상화 실무그룹 회의, 그리고 3월 7일 하노이에서 북일 관계정상화 실무그룹 회의가 각각 개최되었다. 그리고 3월 13일부터 14일까지 IAEA 사무총장의 방북, 6월 25일 동결되었던 북한 BDA 동결자금의 대북 송금, 8월 2일과 9월 23일 한국과 중국 각각의 대북 중유 5만 톤 공급 등 난항을 겪던 6자회담의 갈등이 협력 국면으로 접어들었다. 이어서 2007년 9월 28일 제6차 6자회담 2단계 회의가 개최되고, 회의의 마지막 날인 10월 3일에는 「9·19 공동성명 이행을 위한 제2단계 조치」(10·3 합의)가 발표되었다. 「10·3 합의」는 「2·13 합의」에서 거론됐던 북한 핵물질 또는 기술 이전 불가, 미국과 일본의 신속한 대북 관계정상화의 공약 이행, 중유 100만 톤 상당의 에너지와 경제 및 인도적 대북 지원 공약을 재확인하고, 북한의 핵 프로그램에 대한 정확한 신고 날짜를 2007년 12월 31일까지로 공약하였다. 따라서 「10·3 합의」를 통해 각국은 한반도 비핵화와 관련국 간 관계정상화 조치가 병렬적으로 실행되어 감을 확인하였다.

「2·13 합의」 중 초기 이행조치의 핵심 사안이 BDA였다면, 2단계 조치에서의 핵심 사안은 미국의 북한 테러지원국 해제 문제였다. BDA 문제의 해결을 통해 6자회담에 대한 북한의 부정적인 분위기를 극복하고 실질적인 합의가 이루어졌지만, 테러지원국 지정 해제 문제는 「2·13 합의」에서는 이루어지지 못하고 이후 북미 간 별도 협의를 통해 논의되기로 결정되었다. 따라서 「10·3 합의」는 북미 간 신뢰 형성이라는 점에서도 의의를 가진다.

합의 전문

9·19 공동성명 이행을 위한 제2단계 조치

Second-Phase Actions for the Implementation of the Joint Statement

3 October 2007

제6차 6자회담 2단계회의가 베이징에서 중화인민공화국, 조선민주주의인민공화국, 일본, 대한민국, 러시아연방, 미합중국이 참석한 가운데, 2007년 9월 27일부터 30일까지 개최되었다.

우다웨이 중화인민공화국 외교부 부부장, 김계관 조선민주주의인민공화국 외무성 부상, 사사에 켄이치로 일본 외무성 아시아대양주국장, 천영우 대한민국 외교통상부 한반도평화교섭본부장, 알렉산더 로슈코프 러시아 외무부 차관, 그리고 크리스토퍼 힐 미합중국 국무부 동아태 차관보가 각 대표단의 수석대표로 동 회담에 참석하였다.

우다웨이 부부장은 동 회담의 의장을 맡았다.

참가국들은 5개 실무그룹의 보고를 청취, 승인하였으며, 2·13 합의 상의 초기 조치 이행을 확인하였고, 실무그룹회의에서 도달한 컨센서스에 따라 6자회담 과정을 진전시켜 나가기로 합의하였으며, 또한 평화적인 방법에 의한 한반도의 검증가능한 비핵화를 목표로 하는 9·19 공동성명의 이행을 위한 제2단계 조치에 관한 합의에 도달하였다.

I. 한반도 비핵화

1. 조선민주주의인민공화국은 9·19 공동성명과 2·13 합의에 따라 포기하기로 되어 있는 모든 현존하는 핵시설을 불능화하기로 합의하였다.

영변의 5MWe 실험용 원자로, 재처리시설(방사화학실험실) 및 핵연료봉 제조시설의 불능화는 2007년 12월 31일까지 완료될 것이다. 전문가 그룹이 권고하는 구체 조치들은, 모든 참가국들에게 수용 가능하고, 과학적이고, 안전하고, 검증가능하며, 또한 국제적 기준에 부합되어야 한다는 원칙들에 따라 수석대표들에 의해 채택될 것이다. 여타 참가국들의 요청에 따라, 미합중국은 불능화 활동을 주도하고, 이러한 활동을 위한 초기 자금을 제공할 것이다. 첫번째 조치로서, 미합중국 측은 불능화를 준비하기 위해 향후 2주 내에 조선민주주의인민공화국을 방문할 전문가 그룹을 이끌 것이다.

2. 조선민주주의인민공화국은 2·13 합의에 따라 모든 자국의 핵프로그램에 대해 완전하고 정확한 신고를 2007년 12월 31일까지 제공하기로 합의하였다.

3. 조선민주주의인민공화국은 핵 물질, 기술 또는 노하우를 이전하지 않는다는 공약을 재확인하였다.

Ⅱ. 관련국 간 관계정상화

1. 조선민주주의인민공화국과 미합중국은 양자 관계를 개선하고 전면적 외교관계로 나아간다는 공약을 유지한다. 양측은 양자 간 교류를 증대하고, 상호 신뢰를 증진시킬 것이다. 조선민주주의인민공화국을 테러지원국 지정으로부터 해제하기 위한 과정을 개시하고 또 조선민주주의인민공화국에 대한 대적성국 교역법 적용을 종료시키기 위한 과정을 진전시켜나간다는 공약을 상기하면서, 미합중국은 미·북 관계정상화 실무그룹 회의를 통해 도달한 컨센서스에 기초하여, 조선민주주의인민공화국의 조치들과 병렬적으

로 조선민주주의인민공화국에 대한 공약을 완수할 것이다.

2. 조선민주주의인민공화국과 일본은 불행한 과거 및 미결 관심사안의 해결을 기반으로, 평양선언에 따라 양국 관계를 신속하게 정상화하기 위해 진지한 노력을 할 것이다. 조선민주주의인민공화국과 일본은 양측 간의 집중적인 협의를 통해, 이러한 목적 달성을 위한 구체적인 조치를 취해 나갈 것을 공약하였다.

Ⅲ. 조선민주주의인민공화국에 대한 경제 및 에너지 지원

2·13 합의에 따라, 중유 100만 톤 상당의 경제·에너지·인도적 지원(기전달된 중유 10만 톤 포함)이 조선민주주의인민공화국에 제공될 것이다. 구체 사항은 경제 및 에너지협력 실무그룹에서의 논의를 통해 최종 결정될 것이다.

Ⅳ. 6자 외교장관회담

참가국들은 적절한 시기에 북경에서 6자 외교장관회담이 개최될 것임을 재확인하였다.

참가국들은 외교장관회담 이전에 동 회담의 의제를 협의하기 위해 수석대표 회의를 개최하기로 합의하였다.

출처: 외교부 홈페이지〉외교정책〉안보〉북한핵문제

13) 10·4 남북정상선언(2007.10.4)

해제

2007년 10월 제6차 6자회담 2단계회의에서 「10·3 합의」가 도출된 바로 다음날인 2007년 10월 4일, 노무현 대통령과 김정일 국방위원장이 평양에서 남북정상회담을 가지고 「남북관계 발전과 평화번영을 위한 선언」(10·4 남북정상선언)에 서명하였다. 「10·4 남북정상선언」을 통해 약속된 내용 총 8가지로서 「6·15 남북공동선언」의 준수, 남북 간 상호 존중과 신뢰 회복, 군사적 적대관계 종식 및 긴장 완화, 경제협력사업의 확대 발전, 사회문화 교류협력 발전, 인도주의 협력사업 추진, 해외동포의 권리와 이익을 위한 협력 등이다.

특히 제5항의 남북 경제협력 사항에 관해 두 정상은 서해평화수역 지정 및 서해평화협력특별지대의 설치, 경제특구 건설 및 개성공단 사업의 추진, 사회간접자본 투자 등에 합의해 경제협력의 구체성과 제도적인 부분을 보완하였다. 따라서 「10·4 남북정상선언」의 중요성은 남북한의 "공동번영의 추구"에 있다고 말할 수 있다. 이외에도 「10·4 선언」 이행을 위한 남북 총리회담 개최 및 수시 정상회담 개최 등 별도 2개항에서 합의함으로써 남북관계 개선 및 대화의 지속 의지를 확인하였다.

「6·15 남북공동선언」이 통일의 방향과 남북 교류협력의 기본 사안에 초점을 두었다면, 「10·4 남북정상선언」은 평화 문제로 관심사를 확대시켰고 교류협력사업의 내용을 구체화하고 그 이행 방안까지 다루었다는 점에서 차이가 있다. 그러나 「10·4 정상선언」이 노무현 정부 임기 마지막 해, 그것도 하반기에 이루어졌다는 점에서 합의 이행은 차기 대통령의 대북정책 성향에 의존할 수밖에 없었다. 「10·4 정상선언」의 한계가 여기에 있다.

남북관계 발전과 평화번영을 위한 선언

대한민국 노무현 대통령과 조선민주주의인민공화국 김정일 국방위원장 사이의 합의에 따라 노무현 대통령이 2007년 10월 2일부터 4일까지 평양을 방문하였다.

방문 기간 중 역사적인 상봉과 회담들이 있었다.

상봉과 회담에서는 6·15 공동선언의 정신을 재확인하고 남북관계 발전과 한반도 평화, 민족공동의 번영과 통일을 실현하는 데 따른 제반 문제들을 허심탄회하게 협의하였다.

쌍방은 우리민족끼리 뜻과 힘을 합치면 민족번영의 시대, 자주통일의 새 시대를 열어 나갈 수 있다는 확신을 표명하면서 6·15 공동선언에 기초하여 남북관계를 확대·발전시켜 나가기 위하여 다음과 같이 선언한다.

1. 남과 북은 6·15 공동선언을 고수하고 적극 구현해 나간다.

   남과 북은 우리민족끼리 정신에 따라 통일문제를 자주적으로 해결해 나가며 민족의 존엄과 이익을 중시하고 모든 것을 이에 지향시켜 나가기로 하였다. ·

   남과 북은 6·15 공동선언을 변함없이 이행해 나가려는 의지를 반영하여 6월 15일을 기념하는 방안을 강구하기로 하였다.

2. 남과 북은 사상과 제도의 차이를 초월하여 남북관계를 상호존중과 신뢰 관계로 확고히 전환시켜 나가기로 하였다.

   남과 북은 내부 문제에 간섭하지 않으며 남북관계 문제들을 화해와 협력, 통일에 부합되게 해결해 나가기로 하였다.

남과 북은 남북관계를 통일 지향적으로 발전시켜 나가기 위하여 각기 법률적·제도적 장치들을 정비해 나가기로 하였다.

남과 북은 남북관계 확대와 발전을 위한 문제들을 민족의 염원에 맞게 해결하기 위해 양측 의회 등 각 분야의 대화와 접촉을 적극 추진해 나가기로 하였다.

3. 남과 북은 군사적 적대 관계를 종식시키고 한반도에서 긴장완화와 평화를 보장하기 위해 긴밀히 협력하기로 하였다.

남과 북은 서로 적대시하지 않고 군사적 긴장을 완화하며 분쟁 문제들을 대화와 협상을 통하여 해결하기로 하였다.

남과 북은 한반도에서 어떤 전쟁도 반대하며 불가침 의무를 확고히 준수하기로 하였다.

남과 북은 서해에서의 우발적 충돌 방지를 위해 공동어로수역을 지정하고 이 수역을 평화수역으로 만들기 위한 방안과 각종 협력 사업에 대한 군사적 보장조치 문제 등 군사적 신뢰구축 조치를 협의하기 위하여 남한 국방부 장관과 북한 인민무력부 부장 간 회담을 금년 11월 중에 평양에서 개최하기로 하였다.

4. 남과 북은 현 정전체제를 종식시키고 항구적인 평화체제를 구축해 나가야 한다는 데 인식을 같이하고 직접 관련된 3자 또는 4자 정상들이 한반도 지역에서 만나 종전을 선언하는 문제를 추진하기 위해 협력해 나가기로 하였다.

남과 북은 한반도 핵문제 해결을 위해 6자회담 9·19 공동성명과 2·13 합의가 순조롭게 이행되도록 공동으로 노력하기로 하였다.

5. 남과 북은 민족경제의 균형적 발전과 공동의 번영을 위해 경제협력사업을 공리공영과 유무상통의 원칙에서 적극 활성화하고 지속

적으로 확대 발전시켜 나가기로 하였다.

남과 북은 경제협력을 위한 투자를 장려하고 기반시설 확충과 자원개발을 적극 추진하며 민족내부 협력사업의 특수성에 맞게 각종 우대조건과 특혜를 우선적으로 부여하기로 하였다.

남과 북은 해주 지역과 주변 해역을 포괄하는 서해평화협력특별지대를 설치하고 공동어로구역과 평화수역 설정, 경제특구 건설과 해주항 활용, 민간선박의 해주직항로 통과, 한강하구 공동이용 등을 적극 추진해 나가기로 하였다.

남과 북은 개성공업지구 1단계 건설을 빠른 시일 안에 완공하고 2단계 개발에 착수하며 문산-봉동 간 철도화물 수송을 시작하고, 통행·통신·통관 문제를 비롯한 제반 제도적 보장조치들을 조속히 완비해 나가기로 하였다.

남과 북은 개성-신의주 철도와 개성-평양 고속도로를 공동으로 이용하기 위해 개보수 문제를 협의·추진해 가기로 하였다.

남과 북은 안변과 남포에 조선협력단지를 건설하며 농업, 보건의료, 환경보호 등 여러 분야에서의 협력사업을 진행해 나가기로 하였다.

남과 북은 남북 경제협력 사업의 원활한 추진을 위해 현재의 남북경제협력추진위원회를 부총리급 남북경제협력공동위원회로 격상하기로 하였다.

6. 남과 북은 민족의 유구한 역사와 우수한 문화를 빛내기 위해 역사, 언어, 교육, 과학기술, 문화예술, 체육 등 사회문화 분야의 교류와 협력을 발전시켜 나가기로 하였다.

남과 북은 백두산 관광을 실시하며 이를 위해 백두산-서울 직항로를 개설하기로 하였다.

남과 북은 2008년 북경 올림픽경기 대회에 남북 응원단이 경의선 열차를 처음으로 이용하여 참가하기로 하였다.

7. 남과 북은 인도주의 협력 사업을 적극 추진해 나가기로 하였다.

남과 북은 흩어진 가족과 친척들의 상봉을 확대하며 영상 편지 교환 사업을 추진하기로 하였다.

이를 위해 금강산면회소가 완공되는 데 따라 쌍방 대표를 상주시키고 흩어진 가족과 친척의 상봉을 상시적으로 진행하기로 하였다.

남과 북은 자연재해를 비롯하여 재난이 발생하는 경우 동포애와 인도주의, 상부상조의 원칙에 따라 적극 협력해 나가기로 하였다.

8. 남과 북은 국제무대에서 민족의 이익과 해외 동포들의 권리와 이익을 위한 협력을 강화해 나가기로 하였다.

남과 북은 이 선언의 이행을 위하여 남북총리회담을 개최하기로 하고, 제 1차회의를 금년 11월 중 서울에서 갖기로 하였다.

남과 북은 남북관계 발전을 위해 정상들이 수시로 만나 현안 문제들을 협의하기로 하였다.

2007년 10월 4일

평양

대한민국   조선민주주의인민공화국

대통령   국방위원장

노무현   김정일

출처: 행정안전부 국가기록원〉기록으로 보는 남북회담

4. 변환기: 평화와 비평화의 경합(2008-2021)

한반도 평화와 안정은 남북한을 포함한 주변 국가들이 엮어내는 관계들의 조합에 의존한다. 2008년 이후 등장한 한국의 이명박 정부와 박근혜 정부는 기존의 남북한 협력 관계를 파기하고 북한과 적대 관계를 형성했다. 2010년 3월 26일 발생한 천안함 사건을 계기로 남한 정부는 대통령의 5·24 대북 제재 담화 발표를 필두로 국제사회의 대북 제재를 주도해나갔다. 이미 이명박 정부는 출범부터 '비핵·개방·3000'를 내세우며 전임 정부의 대북정책을 180도 전환시키고 북한을 대화의 상대가 아니라 압박의 대상으로 간주한 터였다. 5·24 대북 제재는 박근혜 정부에 들어서도 지속되었다.

한편, 2009년 새로 들어선 미국의 오바마(Barack Obama) 행정부는 전임 부시 정부의 외교안보 정책을 전환시켰지만 한미 동맹관계상 한국의 대북정책과 반대로 갈 수 없었다. 여기에는 북한의 잇달은 장거리미사일 시험발사와 핵실험, 그리고 그에 따른 국제사회의 대북 제재도 북미 갈등구조 형성에 영향을 미쳤다. 북한은 일련의 핵개발 시도와 증강된 핵능력을 바탕으로, 한편으로는 북미 관계정상화나 평화조약 체결을 위한 협상을 촉구하고, 다른 한편으로는 핵 안보전략을 강화하는 방식으로 체제의 안전보장을 추구해나갔다. 이에 대응해 한미일 3국은 '전략적 인내'를 내세우며 북한과의 대화에 응하지 않는 대신 지속적이고 강도 높은 제재로 대응하였다. 그러나 그 결과는 북한의 핵능력 고도화였을 뿐 비핵화의 길과는 더욱 멀어졌고, 한반도는 위기를 넘어 전쟁의 위험성마저 걱정할 정도에 이르렀다.

2000년대 후반 이후 남북 대결, 북미 갈등, 한미 동맹과 같은 남북미 삼각구도는 냉전시기와 유사한 양상을 띠면서 한반도를 더욱 불안정하게 만들었다. 여기에 부상하는 중국과 이에 대응하는 미국의 대중 봉쇄전략은 사드(THAAD)의 한국 배치 문제를 계기로 한반도 안보질서를 더욱 불안정하게 만들었다. 사드 배치를 둘러싼 관련국들 간의 각축과 남북한 대립은 한국에 안보 부담을 가중시키는 동시에 북한과 중국, 러시아의 결속을 초래하였다. 2015년 8월 군사적 충돌 위험까지 가면서 가진 남북 고위급 마라톤회담은 분단질서의 현상유지를 바라는 주변 강대국들의 의사를 반영한 것인지 몰라도, 격화된 남북 간 불신을 진정시키기에는 턱없이 부족한 회담이었다. 박근혜 대통령은 헌법 질서를 파괴할 정도의 비민주적 국정 운영으로 탄핵을 당했지만, 그 이전에 '신뢰 프로세스'를 이행할 조건을 갖추지 못해 한반도 긴장과 남북한 대립을 개선시키지 못했다.

21세기 들어 한미 동맹 관계는 동맹의 세계화, 일체화라 불릴 정도로 강화되면서 동맹의 하위 파트너인 한국은 미국의 세계안보전략에 깊이 빠져드는 연루의 동맹 딜레마(alliance dilemma of entrapment)에 직면하게 된다. 이는 한국이 대미 안보 의존과 대중 경제 의존으로 나누어진 소위 아시아 패러독스(Asia paradox)를 극복할 의향을 포기한 듯한 현상과 동전의 양면을 이루는 것이다. 북한의 잇달은 핵실험은 김정은 정권 들어 더 적극적으로 전개되었는데, 거기에는 핵을 이용한 김정은의 정권안보 야욕은 물론 미중 갈등과 남북한 대결, 나아가 약화되지 않는 한반도 냉전구도도 그 배경으로 작용하였다. 미중 경쟁구도 속에서 남북관계, 북미관계를 비롯한 관련국들의 불신, 그리고 정치적 혼란 이후 들어서는 한국의 새 정부 하에서 향후 한반도 안보 질서는 오리무중의 상태이다.

아래 7번까지 문서들은 지난 8-9년 간 불안정을 넘어 위험하기 짝이 없는 한반도 안보 질서를 엮어낸 사건들과 각국의 이해관계가 조합된 결과이다. 이를 넘어서 협력과 안정으로 나아갈 길을 기대하는 것은 아직 시기상조일까? 그럼 2018년 갑자기 조성된 평화 무드는 무엇인가? 북한의 평창 동계올림픽 참가를 계기로 조성된 대화와 협상의 시간은 북한의 고립 회피전략의 일환이고, 그래서 남한의 '평화로운 한반도' 구상은 이상적인 논의에 불과했는가?

2018년은 역사상 최초의 북미정상회담을 비롯해 한반도 문제 관련 당사국들 간 정상회담이 봇물을 이룬 해이다. 남북 간에는 오랜 적대와 불신의 시간을 전환시킨 시간이기도 했다. 남북 정상은 북한이 외면하던 비핵화 당사자 문제에 남북이 같이 포함됨을 합의하였다. 북미 정상은 그동안 비핵화와 안전보장의 선후 문제로 대립하던 입장을 수렴해 둘이 병행 추진할 과제임을 공감하였다. 이 두 합의점은 향후 한반도 평화체제 수립에 큰 발판을 마련한 의의가 있다. 그럼에도 2018년은 이후 평화 프로세스로 이어지지 못하고 또다른 좌절을 맛보았다. 이 시기 한반도는 말하자면 평화와 비평화가 경합하는 새로운 국면에 직면한 것이다. 어느 방향으로 나아갈지는 비핵화─평화체제의 접근 방식보다는 관련 당사자들의 해결 의지에 달린 것 아닐까?

1) 한미정상회담 공동성명(2009.6.16)

2) 북한 외무성 성명(2010.1.11)

3) 5·24조치(2010.5.24)와 유엔 안보리 의장성명(2010.7.9)

4) 북한의 3차 핵실험(2013.2.12) 보도와 유엔 안보리 결의 2094호(2013.3.8)

5) 남북 고위급 접촉 공동합의문(2015.8.25)

6) 한국과 미국의 사드 배치 공동성명(2016.7.8)

7) 북한의 5차 핵실험 성명(2016.9.9)과 유엔 안보리 결의 2231호(2016.11.30)

8) 판문점 선언(2018.4.27)과 평양공동선언(2018.9.19)

9) 싱가포르 북미정상회담 공동선언(2018.6.12)

10) 한미정상회담 공동성명(2021.5.21)

1) 한미정상회담 공동성명(2009.6.16)

해제

한국의 안보는 일차적으로 자체 국방력보다는 한미동맹관계에 의존한다. 주한미군은 그 상징적·실질적 근거이다. 한미동맹관계의 배경은 한국전쟁과 이후 북한과의 군사적 대치상태, 결국 정전체제이다. 한미동맹관계를 재확인하고 발전시켜 나가는 데 한미정상회담은 가장 권위 있는 정치외교적 행사다. 한국의 입장에서 한미정상회담은 의제, 비중, 파급력 등에서 다른 정상회담과 비할 바 없는 가장 중요한 정상외교이다.

2009년 6월 16일 워싱턴에서 이명박 대통령과 오바마 대통령은 정상회담을 갖고 「한미 동맹을 위한 공동비전」이라는 제하의 공동성명을 발표했다. 이 대통령은 부시 대통령과의 정상회담에 이어, 새 미국 대통령과도 정상회담을 가졌다. 이 정상회담은 시기상 때 오바마 대통령 취임 첫 해이자, 2009년 5월 북한의 2차 핵실험 직후라는 점에서 각별한 의미를 가질 것으로 예상됐다. 실제 두 정상은 북핵문제를 가장 중요한 사안 중 하나로 다뤘고 공동성명에서도 북한의 완전하고 검증가능한 핵 폐기를 언급하고 있다.

그러나 이 공동성명은 여느 한미정상회담 결과처럼 대북정책과 한반도 문제에 관한 비중이 높다고 보기는 어렵다. 노무현 정부때 8차례 진행된 한미정상회담이 대북정책과 한반도 평화 문제에 집중했던 점과 비교하면 더욱 그렇다. 2007년 9월 7일 호주 시드니에서 개최된 APEC 정상회담을 계기로 가진 한미정상회담에서는 북핵문제, 한반도 평화, 2차 남북정상회담이 주요 논의 사항이었다. 노무현 대통령 입장에서 이 회담은 여덟 번째이자 임기 중 마지막 한미정상회담이었다. 그런데 2009년 한미정상회담 시점에서는 북핵문제가 해결되기는커녕 악화되는 상황에서 정상회담의 의제가 갑자기 커진 것이다.

「한미동맹을 위한 공동비전」 성명에는 한미동맹의 성격, 범위, 수준 등에 있어 질적인 변화가 나타난다. 한미동맹관계를 유기체로 보면 이 것도 진화할 수밖에 없다. 또 오바마 행정부 등장 이후 미국의 새로운 외교안보 정책 방향에 따른 한미동맹관계의 발전적 재편을 협의, 합의 할 필요성도 작용했을 것이다.

이 정상회담 공동성명이 보여주고 있는 특징은 한미동맹관계가 군사동맹을 넘어 가치동맹으로 발전하고, 그 범위도 한반도를 넘어 아태 지역과 세계로 확장된 데 있다. '동맹의 세계화'가 이 정상회담의 특징이자 한미동맹관계의 질적 변화의 요체인 셈이다. 한국은 9·11 테러 이후 미국이 전개하는 반테러 전쟁에 동참하는 차원에서 미국이 요청한 해외 파병에 적극 참여하고 있던 터였다. 한국군은 2001년부터 아프가니스탄, 2003년부터 이라크에 파병해 미국과 협력하며 '평화·재건활동'을 전개해왔다. 이라크 파병의 경우 국내적으로 격렬한 논란에 휩싸여 심지어 위헌 논란이 일어나기도 했다. 이 공동성명은 다양한 형태의 세계적인 도전으로 인해 한미동맹관계의 세계화가 필요하다고 말하고 있다.

또 이 정상회담에서는 북한문제=북핵문제가 아니라 북한문제를 인권문제로 확대해 파악하고 있고, 통일이 자유민주주의와 시장경제에 입각해서 추진할 성질이라는 데도 합의한다. 이는 가치동맹의 연장선상에서 이해할 수 있다. 이 회담은 아태 지역 안정을 위해 동맹 재조정의 필요성과 미국의 대한 확장억지 공약을 언급하고 있는데, 중국의 부상에 대한 공동 대응으로 읽힐 수도 있는 대목이다. 아무튼 이 정상회담 공동성명은 한미동맹관계의 질적 변화를 잘 보여주고 있는데, 이 변화가 양국의 공동 이익은 물론 한반도와 세계의 평화에 기여하는 방향으로 나아갈지는 추후에 판단할 일이다.

한미동맹을 위한 공동비전

Joint vision for the Alliance of the Republic of Korea and

the United States of America

대한민국과 미합중국은 한반도, 아시아-태평양 지역 및 세계의 평화롭고 안전하며 번영된 미래를 보장하기 위한 동맹을 구축하고 있다.

우리의 개방된 사회 및 자유 민주주의와 시장 경제에 대한 신념, 그리고 지속적인 동반자 관계는 한국 국민과 미국 국민을 굳게 결속시키는 영속적인 우의와 공동의 가치, 그리고 상호 존중의 기반을 이루고 있다.

우리의 동맹과 동반자 관계를 받쳐주는 유대는 우리 양 국민들 간의 긴밀한 관계에 의해 강화·심화되고 있다. 우리는 기업, 시민사회, 문화, 학술 및 여타 기관들 간의 협력을 포함하여 양 사회 간의 더욱 긴밀한 관계를 구축하기 위한 프로그램과 노력을 계속해 나갈 것을 약속한다.

한·미 상호방위조약은 지난 50여년 이상 한반도와 동북아에 있어 평화와 안정을 보장해 온 한·미 안보 관계의 초석이다. 그간 우리의 안보 동맹은 강화되어왔으며, 우리의 동반자 관계는 정치, 경제, 사회, 문화 분야의 협력을 아우르며 확대되어 왔다. 이러한 공고한 토대를 바탕으로 우리는 공동의 가치와 상호 신뢰에 기반한 양자·지역·범세계적 범주의 포괄적인 전략동맹을 구축해 나갈 것이다. 우리는 또한 어깨를 맞대고 다음 세대를 위해 우리 양국이 직면한 도전에 함께 대처해 나갈 것이다.

한·미 동맹은 21세기의 안보 환경 변화에 따라 발전하고 있다. 우리는 양국의 안보 이익을 유지하는 동맹 능력이 뒷받침하는 강력한 방위 태세를 계속 유지할 것이다. 핵우산을 포함한 확장 억지에 대한 미국의 지속적인 공약은 이와 같은 보장을 더욱 강화하고 있다. 동맹 재조정을 위한 양측의 계획을 진행해 나감에 있어, 대한민국은 동맹에 입각한 한국 방위에 있어 주된 역할을 담당하고 미국은 한반도와 역내 및 그 외 지역에 주둔하는 지속적이고 역량을 갖춘 군사력으로 이를 지원하게 될 것이다.

우리는 우리의 강력한 경제·무역·투자 관계를 계속 심화시켜 나갈 것이다. 우리는 한·미 자유무역협정(FTA)이 이러한 관계를 더욱 강화할 수 있다는 것을 인식하고, 진전을 위해 함께 노력해 나가기로 하였다. 우리는 저탄소 녹색성장을 지속가능한 경제적 번영의 새로운 동력으로 발전시키기 위해 긴밀히 협력할 것이다. 우리는 또한 민간 우주 협력을 강화하고, 청정에너지 연구 및 원자력의 평화적 이용 분야에 있어 긴밀히 협력해 나갈 것이다.

우리는 동맹을 통해 한반도의 공고한 평화를 구축하고 자유민주주의와 시장경제 원칙에 입각한 평화통일에 이르도록 함으로써 한반도의 모든 사람들을 위한 보다 나은 미래를 건설해 나갈 것을 지향한다. 우리는 북한 핵무기와 현존하는 핵프로그램 및 탄도 미사일 프로그램의 완전하고 검증 가능한 폐기와 북한 주민들의 기본적인 인권 존중과 증진을 위해 협력해 나갈 것이다.

아시아-태평양 지역에 있어서, 우리는 번영을 증진하고, 평화를 유지하며, 주민들의 일상적인 삶을 개선하기 위해 역내 기구 및 협력 상대들과 함께 노력할 것이다. 우리는 개방 사회와 개방 경제가 번영을 창출하고 인간의 존엄을 지지한다고 믿으며, 우리 양국과 민간 기구들은 이 지역에서 인권, 민주주의, 자유 시장, 무역 및 투자 자유화를 증진해 나갈 것이다. 아태 지역에서의 안보를 증진하기 위해, 우리 양국 정부는 역내 국가 간 안보 문제에 관한 상호 이해, 신뢰 및 투명성을 제고하기 위한 효과적인 역내 협력 노력을 지지하고 이에 참여해 나갈 것이다.

우리 양국 정부와 국민들은 테러리즘, 대량파괴무기(WMD) 확산, 해적, 조직 범죄와 마약, 기후변화, 빈곤, 인권 침해, 에너지 안보와 전염병 같은 범세계적인 도전에 대처하기 위해 긴밀히 협력할 것이다. 한·미 동맹은 이라크와 아프간에서 이루어지고 있는 것과 같이 평화유지와 전후 안정화, 그리고 개발 원조에 있어 공조를 제고할 것이다. 우리는 또한 G20와 같은 범세계적인 경제 회복을 목표로 한 다자체제에서의 협력을 강화해 나갈 것이다.

대한민국과 미합중국은 모든 수준에서의 전략적 협력을 통해 공동의 동맹 목표를 달성하기 위해 노력할 것이다. 안보협의회의(SCM) 및 전략대화(SCAP)와 같은 기존의 양자 협력체제는 동맹이 공유하고 있는 비전을 실현하는 데 있어 중심적 역할을 계속할 것이다.

출처: 〈조선일보〉 2009.6.16.

2) 북한 외무성 성명(2010.1.11)

해제

본 성명은 북한이 2010년 1월 11일 정전협정 당사국들에게 평화협정 회담을 공식 제의한 것으로서, 2005년 7월 22일 미국에게 평화체제 수립을 촉구한 외무성 대변인 담화 이후 4년 반 만의 외교 문서이다. 북한은 2009년 8월 4일 클린턴 전 대통령이 북한을 방문한 후, 미국과의 대화를 적극적으로 모색하던 중 북핵문제가 해결되기 위해서는 북한과 미국 사이에 평화협정을 체결해야 한다고 주장하였다.

이 성명에서 북한은 한반도 비핵화가 그들의 정책 목표이기 때문에 이를 위한 대화를 통해서「북미 제네바 합의」,「9·19 공동성명」이 채택되었다고 언급하였다. 또 북한은 국제사회에서 주장하는 '선 비핵화, 후 평화체제'를 반박하면서, 평화협정이 체결되면 미국과 북한의 적대관계가 개선되고 한반도 비핵화가 빠른 속도로 추진될 것이라고 주장한다. 이어 북한은 6자회담이 재개되지 못하는 이유를 북한에 대한 참가국들의 차별과 불신 때문이라며 이러한 장벽이 제거되면 6자회담에도 곧 복귀할 수 있을 거라고 주장한다. 북한이 비핵화를 추진하기 위해서는 미국과 북한의 신뢰를 조성하는 것이 우선이라고 밝혔다. 이를 위해서 적대관계의 뿌리인 전쟁 상태를 종결시키고 평화협정을 체결해야 한다는 것이다. 2010년이 한국전쟁 발발 60년이 되는 해인만큼 정전협정을 평화협정으로 전환하기 위해 조속한 회담을 정중하게 제의한다고 이 성명은 덧붙이고 있다.

실질적인 평화가 관련국들의 서면 합의로 보장되는 것은 아니다. 평화협정이 체결된다고 해서 한반도 평화체제가 구축되는 것은 아니기 때문에, 평화체제 구축을 위해서는 관련국들 사이의 신뢰가 우선 과제이다. 미국은 한반도 비핵화를 위해서 북한의 6자회담 복귀, 「9·19 공동성명」, 「2·13합의」와 「10·3합의」 이행을 요구하고 있어 북한이 제안하는 평화협정 체결을 위한 회담은 시기상조로 보았다. 2010년 1월 25일자 일본 〈요미우리(讀賣新聞)〉에 따르면, 미국은 북한이 6자회담에 복귀할 경우를 대비하여 핵문제의 포괄적인 해결책을 마련하고 있다. 한반도의 비핵화, 평화조약 체결, 대북 경제지원 등 3가지 사항을 동시에 실현시키는 방안을 모색하고 있다고 언급하였다.[42]

그러나 한국은 북한에 대한 제재는 유엔 안보리 결의에 따라서 북한이 6자회담 복귀와 비핵화 진전이 있어야 가능하다고 밝혔다. 한국은 또 평화협정 협상은 6자회담이 재개되면 관련 당사국들이 적절한 별도 포럼을 통해서 협상을 할 수 있다고 보고 북한이 제안한 평화협정 회담을 일축하였다. 미국이 이런 한국의 입장을 무시하고 북한과 평화협정 협상을 할 수는 없는 노릇이다. 또한 한국 정부 일각에서는 북한이 6자회담 복귀 및 「9·19 공동성명」 이행에 대한 국제사회의 압박을 회피하고 비핵화를 지연시키기 위해서 이러한 성명을 발표한 것으로 보는 입장도 있다.

북한은 위 성명에 이어 같은 해 1월 18일 외무성 대변인 담화를 통해서 평화협정 체결을 위한 회담 개최와 유엔 안보리의 대북 제재 해제를 재차 촉구하였다.

---

42) 조성렬, 앞의 논문 참조.

조선민주주의인민공화국 외무성 성명

조선반도 비핵화 과정이 엄중한 도전에 부딪쳐 기로에 놓인 가운데 해가 바뀌었다.

조선반도 비핵화는 동북아시아의 평화와 안전, 세계의 비핵화를 실현하는데 이바지하기 위하여 공화국 정부가 시종일관하게 견지해오고 있는 정책적 목표이다.

공화국 정부의 성의있고 진지한 노력에 의하여 1990년대부터 조선반도의 비핵화를 위한 대화들이 진행되었으며 그 과정에 《조미기본합의문》과 9·19 공동성명과 같은 중요한 쌍무적 및 다무적 합의들이 채택되었다.

그러나 그 모든 합의들은 리행이 중도 반단되였거나 통채로 뒤집혀졌다. 이 기간에 조선반도에서 핵위협은 줄어든 것이 아니라 반대로 더 늘어났으며 따라서 핵억제력까지 생겨나게 되었다.

좌절과 실패를 거듭한 6자회담 과정은 당사자들 사이의 신뢰가 없이는 언제 가도 문제가 풀릴 수 없다는 것을 보여주고 있다. 현재도 6자회담은 반공화국 제재라는 불신의 장벽에 막혀 열리지 못하고 있다.

조선반도 비핵화 과정을 다시 궤도 우에 올려세우기 위해서는 핵문제의 기본 당사자들인 조미 사이의 신뢰를 조성하는 데 선차적인 주목을 돌려야 한다는 것이 우리가 도달한 결론이다.

조미 사이에 신뢰를 조성하자면 적대관계의 근원인 전쟁 상태를 종식시키기 위한 평화협정부터 체결되여야 할 것이다.

당사자들이 서로 총부리를 겨눈 교전 상태에서는 언제 가도 상대방에 대한 불신을 가실수 없으며 비핵화는커녕 회담 자체가 순조롭게 추진될수 없다. 전쟁과 평화라는 본질적이며 근원적인 문제를 떠난 그 어떤 합의도 지금까지와 같은 좌절과 실패의 운명을 면할수 없다.

애초에 평화협정은 핵문제와 관계없이 자체의 고유한 필요성으로부터 이미 체결되었어야 했다. 조선반도에 일찌기 공고한 평화체제가 수립되었더라면 핵문제도 발생하지 않았을 것이다.

9·19 공동성명에도 평화협정을 체결할 데 대한 문제가 언급되어 있는 조건에서 그 행동순서를 지금까지의 6자회담이 실패한 교훈에 비추어 실천적 요구에 맞게 앞당기면 될 것이다.

평화협정이 체결되면 조미 적대관계를 해소하고 조선반도 비핵화를 빠른 속도로 적극 추동하게 될 것이다.

조선민주주의인민공화국 외무성은 위임에 따라 조선전쟁 발발 60년이 되는 올해에 정전협정을 평화협정으로 바꾸기 위한 회담을 조속히 시작할 것을 정전협정 당사국들에 정중히 제의한다.

평화협정 체결을 위한 회담은 9·19 공동성명에 지적된 대로 별도로 진행될 수도 있고 그 성격과 의의로 보아 현재 진행 중에 있는 조미회담처럼 조선반도 비핵화를 위한 6자회담의 테두리 내에서 진행될 수도 있다.

제재라는 차별과 불신의 장벽이 제거되면 6자회담 자체도 곧 열리게 될 수 있을 것이다.

정전협정 당사국들이 조선반도의 평화와 안전, 비핵화를 진심으로 바란다면 더 이상 자국의 리익부터 앞세우면서 시간을 지체하지 말고 대담하게 근원적 문제에 손을 댈 용단을 내려야 할 것이다.

주체99(2010)년 1월 11일
평양

출처: 〈조선중앙통신〉 2010.1.11.

3) 5·24조치(2010.5.24)와 유엔 안보리 의장성명(2010.7.9)

해제

천안함 사건(2010.3.26)이 발생한 지 약 2개월이 지난 5월 24일 이명박 대통령이 용산 전쟁기념관에서 대국민 담화문을 발표하였다. 사실은 북한을 향한 제재 발표였다. 이 대통령 옆에는 현인택 통일부 장관, 유명환 외교통상부 장관, 김태영 국방부 장관이 있었다. 이후 '5·24조치'로 불리는 이 대통령의 담화는 대북정책의 전면 전환을 상징하는 조치였고 후임 정부들이 들어서도 지속되었다.

이명박 대통령은 이 담화에서 천안함 사건이 북한의 소행이라고 단정한 후 북한의 책임을 묻기 위해 북한 선박의 남한 해역 항행 금지, 남북 교역 및 교류 중단, 유엔 안보리 회부 등 일방적, 다자적 제재를 추진하겠다고 밝혔다. 이 담화를 전쟁기념관에서 발표한 이 대통령은 전쟁, 안보, 동맹을 언급하면서 대북 제재 의지를 불태웠다. 이는 이 대통령과 정부의 강력한 대북 메시지와 함께 5·24조치에 대한 초당적이고 범국민적인 지지를 당부하는 의미가 있다. 다만, 이 대통령은 북한 영유아를 대상으로 하는 인도적 지원과 개성공단은 유지하겠다고 밝혀 전면적인 남북관계 중단을 표명하지는 않았다.

이렇게 5·24조치는 천안함 사건에 대한 한국정부의 강력한 대북 제재로서, 북한의 책임을 묻는 것이 그 목적이다. 그러나 5·24조치로 북한 정권이 제재의 고통을 얼마나 받았는지, 아니면 북한 주민의 피해가 더 컸는지에 대해 아직도 합의된 평가는 없다. 오히려 5·24 조치로 북한기업과 교역하고 북한에 투자한 남한 기업의 피해가 더 컸다는 주장이 부각되었다. 개성공단 역시 당초 계획대로 확대되지 않고 현상유지에 머물렀다. 또 한국 정부가 유엔 안보리 회부 등 국제적 대북 제재는 정부의 목표치만큼 달성되지 못했다. 천안함 사태 관련 안보리 논의 결과가 결의가 아니라 의장성명 형식으로 표현되었고, 그 내용도 북한의 책임을 묻는 강력한 제재와는 거리가 멀다.

유엔 안보리가 천안함 사태를 논의해 의장성명(S/PRST/2010/13)을 발표한 것은 천안함 사태 발생 119일, 한국 정부의 5·24조치 발표 45일 이후였다. 의장성명을 통해 유엔 안보리는 천안함 사태와 그 결과를 개탄하고, 한국 주도의 국제조사단의 조사 결과에 유의하며, 북한 등 관련국들에게 자제를 당부하였다. 성명은 "사건 책임자에 대해 적절하고 평화적인 조치를 취할 것을 촉구"하였지만 사건 책임자를 '북한'으로 지목하지 않고 있다.

위 안보리 의장성명은 그 권한과 내용에 있어서 한국이 기대한 수준 이하였다. 먼저, 의장성명의 격이다. 안보리 결의가 안보리 이사국들의 합의에 따라 유엔 회원국의 이행 의무를 동반한다면, 의장성명은 안보리 대표의 공식 견해일 뿐 유엔 회원국의 이행 의무는 없다. 안보리가 천안함 사태를 결의가 아니라 의장성명 형식으로 입장을 표명한 것은 북한 제재에 반대하는 러시아, 중국의 입장 때문이다.

내용 면에서도 위 의장성명은 많은 아쉬움을 나타내고 있다. 우선, 이 성명은 천안함 사태의 책임과 원인을 밝히지 못하고 있다. 한국과 한국 주도의 국제조사단의 입장인 북한의 책임을 인정하지 않고 있다. 의장성명은 사태의 책임 언급 없이 침몰을 규탄한 후 남북한에게 자제를 당부하고, 대화를 통한 한반도 문제 해결을 촉구하고 있다. 한국은 강력한 국제 대북 제재 계획이 충족되지 않는다고 보고, 미국 등 동맹국들과 별도의 대북 제재를 추진해나간다. 또 외교적 접근의 한계를 한미합동군사연습 등 군사적 압박 방안으로 보완해나갔다. 그러나 이는 중국과 러시아의 반발에 직면한다.

결과적으로 5·24조치는 남한의 강력한 대북 제재 의지를 피력한 대신 남북관계를 항상적인 대결 상태로 밀어 넣었다. 천안함 사태 관련 안보리 의장성명은 냉엄한 국제정치의 역학관계를 반영한 대신 한국의 입장을 충분히 반영하지 못한 한계를 갖고 있다.

이명박 대통령 대국민 담화문

존경하는 국민 여러분, 한반도 정세가 중대한 전환점을 맞고 있습니다. 오늘 저는 이를 절감하면서, 이 자리에 섰습니다.

국민 여러분, 천안함은 북한의 기습적인 어뢰 공격에 의해 침몰되었습니다. 또 북한이었습니다. 우리 국민들이 하루 일을 끝내고 편안하게 휴식하고 있던 그 시간에, 한반도의 평화를 두 동강 내버렸습니다.

천안함 침몰은 '대한민국을 공격한 북한의 군사도발'입니다. 6·25 남침 이후 북한은 아웅산 폭탄테러사건, 대한항공 858기 폭파사건 등 끊임없이 무력도발을 자행해 왔습니다.

그러나 단 한 번도 자신의 범행을 공식적으로 인정하지 않았습니다. 이번에도 우리 정부의 자작극이라고 강변하고 있습니다.

이 때문에 나는 처음부터 철저한 과학적·객관적 조사를 강조했습니다. 결과가 나올 때까지 어떤 예단도 하지 않도록, 모두에게 인내와 절제를 요청했습니다.

마침내 지난 20일, 국제합동조사단은 확실한 물증과 함께 최종 결론을 내 놓았습니다. 이제 국제사회의 책임 있는 어떤 나라도, 천안함 사태가 북한에 의해 자행되었음을 부인할 수 없게 되었습니다.

존경하는 국민여러분, 그동안 우리는 북한의 만행에 대해 참고, 또 참아왔습니다. 오로지 한반도 평화를 향한 간절한 염원 때문이었습니다. 그러나 이제는 달라질 것입니다. 북한은 자신의 행위에 상응하는 대가를 치르게 될 것입니다.

나는 북한의 책임을 묻기 위해 단호하게 조처해 나가겠습니다.

지금 이 순간부터 북한 선박은 〈남북해운합의서〉에 의해 허용된 우리 해역의 어떠한 해상교통로도 이용할 수 없습니다. 교류협력을 위한 뱃길이 더 이상 무력도발에 이용되도록 할 수 없습니다.

　　남북 간 교역과 교류도 중단될 것입니다. 북한은 금강산 관광길에 나선 우리 국민의 목숨을 빼앗고, 최근에는 우리 소유의 재산까지 일방적으로 몰수했습니다.

　　더구나 천안함을 침몰시키고, 고귀한 우리 젊은이들의 목숨을 앗아간 이 상황에서 더 이상의 교류·협력은 무의미한 일입니다.

　　다만 영유아에 대한 지원은 유지할 것입니다. 개성공단 문제는 그 특수성도 감안하여 검토해 나가겠습니다. 대한민국은 앞으로 북한의 어떠한 도발도 용납하지 않고, 적극적 억제 원칙을 견지할 것입니다.

　　앞으로 우리의 영해, 영공, 영토를 무력 침범한다면 즉각 자위권을 발동할 것입니다.

　　북한은 '3·26 천안함 사태'로 유엔헌장을 위반하고, 정전협정, 「남북기본합의서」 등 한반도의 평화와 안정을 위한 기존 합의를 깨뜨렸습니다.

　　정부는 관련국과 긴밀한 협의를 거쳐 이 사안을 유엔 안전보장이사회에 회부하고, 국제사회와 함께 북한의 책임을 묻겠습니다. 많은 나라들이 우리의 입장을 지지하고 있습니다.

　　나는 북한 당국에 엄중히 촉구합니다. 북한은 대한민국과 국제사회 앞에 사과하고, 이번 사건 관련자들을 즉각 처벌해야 합니다. 이것은 북한이 우선적으로 취해야할 기본적 책무입니다.

　　늘 그랬던 것처럼 변명이나 억지 주장만 반복한다면, 국제사회 어느 곳에도 북한이 설 곳은 없습니다.

　　존경하는 국민 여러분, 그리고 북한 동포 여러분 우리의 궁극적 목표는 군사적 대결이 아닙니다. 한반도의 안정과 평화입니다. 한민족의 공동번영입니다. 나아가 평화통일입니다.

올해로 6·25 전쟁이 발발한 지 60년입니다. 대한민국은 이미 전쟁의 상처로 고통받고 가난으로 헐벗던 그 때의 그 대한민국이 아닙니다. 전쟁의 폐허를 딛고 일어나 자유민주주의와 시장경제를 헌법적 가치로 삼아 눈부신 '발전의 신화'를 성취해 왔습니다.

당당히 세계의 중심으로 나아가고 있습니다. 세계 모든 나라가 국민들을 잘 살게 하기 위해 치열하게 경쟁하고 있습니다. 공동 번영과 세계 평화를 위해 힘을 모으고 있습니다.

온 세상이 변했습니다. 지금도 빠르게 변화하고 있습니다. 그러나 북한은 어떻습니까? 60년 전이나 지금이나 조금도 바뀌지 않았습니다. 여전히 대남적화통일의 헛된 꿈에 사로잡혀 협박과 테러를 자행하고 분열과 갈등을 끊임없이 조장하고 있습니다.

도대체 무엇 때문에, 누구를 위해, 이렇게 하고 있습니까? 같은 민족으로서 참으로 세계 앞에 부끄러운 일입니다. 북한 정권도 이제 변해야 합니다. 오늘날 어떤 나라도 혼자서는 평화를 지킬 수도, 경제를 발전시킬 수도 없습니다.

세계와 교류하고 협력하여 전 인류가 가는 길에 동참해야 합니다. 무엇이 진정 북한 정권과 북한 주민의 삶을 위한 것인지, 현실을 직시하여 용기 있는 결단을 내려야 할 때입니다.

한반도를 더 이상 동북아의 위험지대로 내버려둬선 안 됩니다. 남북이 이 문제를 주도적으로 풀어야 합니다. 한반도를 세계 평화의 새로운 터전으로 만들어 나가야 합니다.

사랑하는 국민 여러분, 이곳 전쟁기념관에는 나라 위해 목숨 바친 국군과 유엔군 용사들의 혼이 이곳에 깃들어 있습니다. 천안함 46용사의 이름도 이곳에 영원히 새겨졌습니다.

우리는 천안함 사태를 통해 다시 한 번 뼈아픈 교훈을 얻었습니다. 세계에서 가장 호전적인 집단과 대치하고 있다는 현실을 잊고 있었습니다. 우리 군도 잘못이 있었음을 인정하지 않을 수 없습니다.

정부는 이번 사태를 계기로 안보 태세를 확고히 구축하겠습니다. 군의 기강을 재확립하고, 군 개혁에 속도를 내겠습니다. 군 전력을 획기적으로 강화할 것입니다.

굳건한 한미동맹을 토대로 한미연합방위 태세를 더 한층 공고히 할 것입니다. 우리 국민의 안보 의식도 더욱 튼튼해져야 합니다. 북한의 어떠한 위협과 도발, 그리고 끊임없는 분열 획책에도 우리는 결코 흔들려선 안 됩니다. 국가 안보 앞에서 우리는 하나가 되어야 합니다.

국민 여러분, 어떤 거센 태풍이 몰아친다 해도 우리는 잘사는 국민, 따뜻한 사회, 강한 나라를 향해 뚜벅뚜벅 우리의 길을 걸어갈 것입니다. 대한민국의 위대한 국민은 대한민국을 위대한 나라로 만들어 나갈 것입니다.

국민 여러분, 우리 모두 함께 힘을 합쳐 앞으로 나아갑시다. 감사합니다.

출처: 청와대 홈페이지〉정책정보〉정책브리핑〉

통일부장관 대북조치 발표문(2010.5.24)

존경하는 국민 여러분,

우리 정부는 출범 이후 북한의 계속되는 비방 중상과 위협, 강경조치 등 여러 가지 어려움 속에서도 인내심을 갖고 상생과 공영의 새로운 남북관계 발전을 위해 노력해 왔습니다.

개성공단과 금강산 관광 등 모든 문제를 대화를 통해 해결하고자 하였고, 엄중한 북핵 상황 속에서도 동포애와 인도주의적 관점에서 취약계층을 위한 인도적 지원을 중단하지 않았습니다.

정부는 우리 국민들이 원하는 새로운 남북관계로 북한이 호응해 나오기를 기대했습니다. 비핵화에 대한 결단을 내리길 바랐습니다.

그러나 북한은 우리의 기대를 저버렸습니다.

우리 국가원수를 비난하면서 남북관계를 지속적으로 악화시켰습니다.

최근 금강산 부동산 몰수조치는 남북교류협력의 근간을 훼손한 것입니다.

우리 정부의 인내와 선의가 천안함 사태라는 비극으로 되돌아온 데 대해 국민들과 함께 깊은 분노를 느낍니다.

대통령께서 오늘 대국민 담화에서 밝히신 바와 같이, 정부는 결연한 의지로 북한에 대해 다음과 같이 단호하고 실질적인 조치를 취해 나갈 것입니다.

첫째, 북한 선박의 우리 해역 운항을 전면 불허합니다.

제주해협을 포함해 우리측 해역에 북한 선박의 운항과 입항을 금지할 것입니다.

둘째, 남북교역을 중단합니다.
남북간 일반교역은 물론 위탁가공 교역을 위한 모든 물품의 반출과 반입을 금지할 것입니다.

셋째, 우리 국민의 방북을 불허합니다.
개성공단과 금강산지구를 제외한 북한 지역에 대한 우리 국민의 방북을 불허하고, 북한 주민과의 접촉을 제한하기로 하였습니다.

넷째, 북한에 대한 신규투자를 불허합니다.
현재 진행 중인 사업의 투자 확대도 금지합니다.
개성공단도 우리 기업의 신규 진출과 투자 확대를 불허합니다.
다만, 생산활동은 지속되도록 하되 체류 인원은 축소·운영하도록 하겠습니다.

다섯째, 대북지원 사업은 원칙적으로 보류할 것입니다.
다만, 영유아 등 취약계층에 대한 순수 인도적 지원은 유지할 것입니다.
특히, 개성공단에 관해서는 우리가 이러한 상황에서도 개성공단을 유지하려는 깊은 뜻을 북한이 거스르고 우리 국민의 신변에 위해를 가한다면 이를 추호도 용납하지 않을 것이며, 단호하게 대처할 것임을 분명하게 밝힙니다.

존경하는 국민 여러분,

지금 남북관계는 우리에게 엄중한 결단과 용기, 그리고 인내를 요구하고 있습니다.

그동안 남북교류에 직접 참여했던 많은 분들에게도 이에 대한 이해와 인내를 부탁드립니다.

정부는 결연한 의지로 단호하게 대처해 나갈 것입니다.

국민 여러분께 정부를 믿고 함께 해주실 것을 부탁드립니다.

감사합니다.

2010년 5월 24일
대한민국 통일부장관

천안함 사태 안보리 의장성명

Security Council Condemns Attack on Republic of Korea Naval Ship

'Cheonan' Stresses Need to Prevent Further Attacks, Other Hostiles in

Region

9 July 2010

1. 안보리는 2010년 6월 4일자 대한민국(한국) 주유엔대사 명의 안보리 의장 앞 서한(S/2010/281) 및 2010년 6월 8일자 조선민주주의인민 공화국(북한) 주유엔대사 명의 안보리 의장 앞 서한(S/2010/294)에 유의한다.

2. 안보리는 2010년 3월 26일 한국 해군 함정 천안함의 침몰과 이에 따른 비극적인 46명의 인명 손실을 초래한 공격을 개탄한다.

3. 안보리는 이러한 사건이 역내 및 역외 지역의 평화와 안전을 위태롭게 하는 것이라고 규정한다.

4. 안보리는 인명의 손실과 부상을 개탄하며, 희생자와 유족 그리고 한국 국민과 정부에 대해 깊은 위로와 애도를 표명하고, 유엔 헌장 및 여타 모든 국제법 관련 규정에 따라 이 문제의 평화적 해결을 위하여, 이번 사건 책임자에 대해 적절하고 평화적인 조치를 취할 것을 촉구한다.

5. 안보리는 북한에 천안함 침몰의 책임이 있다는 결론을 내린 한국 주도하에 5개국이 참여한 「민·군 합동조사단」의 조사 결과에 비추어, 깊은 우려를 표명한다.

6. 안보리는 이번 사건과 관련이 없다고 하는 북한의 반응, 그리고

여타 관련 국가들의 반응에 유의한다.

7. 이에 따라, 안보리는 천안함 침몰을 초래한 공격을 규탄한다.

8. 안보리는 앞으로 한국에 대해, 또는 역내에서, 이러한 공격이나 적대 행위를 방지하는 것이 중요함을 강조한다.

9. 안보리는 한국이 자제를 발휘한 것을 환영하고, 한반도와 동북아 전체에서 평화와 안정을 유지하는 것이 중요함을 강조한다.

10. 안보리는 한국 정전협정의 완전한 준수를 촉구하고, 분쟁을 회피하고 상황 악화를 방지하기 위한 목적으로, 적절한 경로를 통해 직접 대화와 협상을 가급적 조속히 재개하기 위해 평화적 수단으로 한반도의 현안들을 해결할 것을 권장한다.

11. 안보리는 모든 유엔 회원국들이 유엔 헌장의 목적과 원칙을 지지하는 것이 중요함을 재확인한다.

출처: 외교부 홈페이지〉외교정책〉안보〉한반도평화체제

4) 북한의 3차 핵실험(2013.2.12) 보도와 유엔 안보리 결의 2094호(2013.3.7)

해제

2013년 2월 12일 오전 11시 57분, 함경북도 길주군 풍계리 지하에서 북한은 3차 핵실험을 감행했다. 세 차례의 실험 각각이 실패가 아니라는 점, 김정은 집권 이후 첫 실험이라는 점, 그리고 유엔의 제재가 지속되고 있다는 점 등을 종합할 때 '3차' 핵실험의 의미는 컸다.

정치적인 측면에서 보면, 김정일 사망 직후 들어선 김정은 정권의 대내 통치 기반을 다지는 데 핵실험이 유용할 수 있다. 3차 핵실험 당시 김정은은 조선인민군 최고사령관 겸 국방위원회 제1부위원장이었는데, 성공적인 3차 핵실험은 그가 김일성, 김정일을 이은 유일 영도자로 발돋움 하는 좋은 정치적 소재로 작용했다. 이 핵실험으로 김정은은 자신을 중심으로 한 정권과 주민의 결속과 군부의 충성을 유도해낼 수 있었다. 북한은 2012년 말 장거리로켓 발사, 2013년 김정은의 신년사 발표, 2월 12일 3차 핵실험, 2월 16일 김정일 생일을 전후로 대규모 군중대회를 벌이며 김정은의 지도력 과시와 체제 결속을 전개해 나갔다.

군사적 측면에서 3차 핵실험은 북한이 핵보유 국가로 자처하는 강력한 근거로 이용되었다. 북한은 3차 핵실험이 "이전과 달리 폭발력이 크면서도 소형화, 경량화 된 원자탄을 사용하여 높은 수준에서 안전하고 완벽하게 진행"되었다고 평가했다. 외부 관찰자들도 실제 1차 핵실험의 파괴력이 1kt 미만, 2차 실험의 경우 2-6kt로 추정되었는 데 비해, 3차 실험의 위력은 5-15kt으로 추정했다. 이는 1945년 8월 6일 미국이 히로시마에 투하한 핵폭탄의 파괴력과 비슷한 수준이다. 북한의 세 차례 핵실험이 모두 성공했고 그 파괴력이 증가하는 가운데 크기와 부피도 무기급으로 향상되어 왔다.

외교적으로도 3차 핵실험으로 북한은 핵보유국을 자처하고 미국에 핵군축회담 제안을 하는 등 고립된 대외관계에 대응할 자신감을 갖게 되었을 것이다. 3차 핵실험에 앞서 북한은 1월 장거리로켓 발사를 감행했고, 그에 대해 유엔 안보리가 대북 제재 결의 2087호를 채택했다. 그러자 북한 외무성은 대변인 성명을 내 "앞으로 조선반도 지역의 평화와 안정을 보장하기 위한 대화는 있어도 조선반도 비핵화를 논의하는 대화는 없을 것"이라고 주장했다. 또 북한 관영언론은 "우리를 핵보유국으로 인정해달라고 그 누구에게 손을 내미는 일은 절대로 없을 것"이라고 했다. 말하자면 북한은 미국이 핵 보유국가 사이의 핵군축회담에 나오면 대화에 나서겠지만, 핵보유국 지위를 인정하지 않고 제재와 봉쇄를 계속할 경우 핵능력을 고도화 해나가겠다는 입장을 보인 것이다. 이는 김정은 정권이 표방한 "자강력 제일주의"를 외교안보 정책에 적용한 것이라 할 수 있다. 달리 말해, 3차 핵실험은 북한이 국제사회의 파상적인 압력에 굴하지 않고 핵능력을 바탕으로 자의반, 타의반의 고립주의 노선을 견지할 것임을 보여주었다.

한편, 국제사회는 북한의 3차 핵실험을 우려와 비판의 시선으로 바라보았다. 유엔 안보리는 핵실험 직후 곧바로 회의를 열어 대응 방안을 논의하였다. 3차 핵실험 23일만에 안보리 결의 S/RES/2094가 채택되었다. 안보리 결의는 북한의 1차 핵실험 이후 5일, 2차 핵실험 이후에는 18일 만에 채택되었다. 그에 비해 3차 핵실험 관련 안보리 결의 채택까지 시간이 더 걸린 것은 기존 결의에 추가되는 내용, 특히 대북 제재 방안에 대한 논의가 깊어졌기 때문이다.

안보리 결의 2094호는 북한의 장거리미사일 시험 발사, 두 차례 핵실험 등에 관한 기존 결의와 의장성명 내용을 상기한 후, 북한의 행동을 규탄하고 핵실험에 대한 일련의 제재 조치를 적시하고 있다. 거기에는 육상은 물론 항공기, 선박 등을 이용해 북한의 탄도미사일 및 핵무기 개발 프로그램과 직·간접적인 연관성이 있는 대북 교역 및 금융거래 차단, 핵개발 프로그램과 실험 관련 개인 및 단체 등에 대한 여행 금지 및 자산 동결 대상 인물과 조직, 관련 물질, 장비, 물자 및 기술, 사치품 등에 대한 교류 차단 등이 포함되어 있다. 이와 관련해 결의는 4개의 부속문서를 첨부하고 있다. 이미 안보리의 대북 제재 결의에 대한 유엔 회원국들의 동참과 북한의 반응을 평가하는 전문가위원회가 결성, 운영되어 왔는데, 이 결의는 유관 조직들과의 협력과 추가 제재 조치의 이행 모니터링 등 전문가위원회에 더 활발한 활동을 요청하고 있다.

안보리 결의 2094호로 국제사회는 북한의 핵개발에 강력한 경고와 강도 높은 처벌 의지를 과시했다. 북한은 점점 강화되는 국제사회의 제재조치를 예견했을 것이다. 그럼에도 장거리미사일 시험 발사 및 핵실험을 멈추지 않고 오히려 그 속도를 높여 나갔다. 그것은 북한 정권이 제재로 얻는 피해보다 핵 개발로 얻는 이익이 더 크다고 판단했기 때문일 것이다.

제3차 지하핵시험을 성공적으로 진행

우리 국방과학 부문에서는 주체102(2013)년 2월 12일 북부 지하 핵
시험장에서 제3차 지하 핵시험을 성공적으로 진행하였다.

핵시험은 우리 공화국의 합법적인 평화적 위성 발사 권리를 란폭하
게 침해한 미국의 포악무도한 적대행위에 대처하여 나라의 안전과 자
주권을 수호하기 위한 실제적 대응조치의 일환으로 진행되었다.

이전과 달리 폭발력이 크면서도 소형화, 경량화된 원자탄을 사용하
여 높은 수준에서 안전하고 완벽하게 진행된 이번 핵시험은 주위 생태
환경에 그 어떤 부정적 영향도 주지 않았다는 것이 확인되었다.

원자탄의 작용 특성들과 폭발 위력 등 모든 측정 결과들이 설계값과
완전히 일치됨으로써 다종화된 우리 핵억제력의 우수한 성능이 물리적
으로 과시되었다.

이번 핵시험은 우주를 정복한 그 정신, 그 기백으로 강성국가 건설
에 한사람같이 떨쳐나선 우리 군대와 인민의 투쟁을 힘있게 고무추동
하고 조선반도와 지역의 평화와 안정을 보장하는 데서 중대한 계기로
될 것이다.

주체102(2013)년 2월 12일
평양

출처: 〈조선중앙통신〉 2013.2.12.

결의 제2094호(2013)

Resolution 2094 (2013)

2013년 3월 7일 안전보장이사회 6932차 회의에서 채택

안전보장이사회는,

안보리 결의 825호(1993), 1540호(2004), 1695호(2006), 1718호 (2006), 1874호(2009), 1887호(2009), 2087호(2013)를 포함한 이전 관련 결의들과 2006년 10월 6일 의장성명(S/PRST/2006/41), 2009년 4월 13일 의장성명(S/PRST/2009/7) 및 2012년 4월 16일 의장성명 (S/PRST/2012/13)을 상기하며(recall),

핵, 화학, 생물 무기 및 그 운반수단의 확산이 국제평화와 안전에 대한 위협을 구성함을 재확인하며(reaffirm),

조선민주주의인민공화국이 국제사회의 여타 안보 및 인도주의적 우려에 호응하는 것의 중요성을 다시 한 번 강조하며(underline),

조선민주주의인민공화국이 2013년 2월 12일 (현지 시각) 결의 1718호 (2006), 1874호(2009) 및 2087호(2013)를 위반하여 행한 핵실험에 대해, 그리고 이러한 핵실험이 핵확산금지조약(NPT)과 범세계적 핵무기 비확산 체제를 강화해 나가기 위한 국제사회의 노력에 대한 도전이 되고 있는 데 대해, 그리고 동 핵실험이 역내외의 평화와 안정에 야기하는 위험이라는 데 대해 가장 엄중한 우려를 표명하며(expressing the gravest concern),

조선민주주의인민공화국이 외교관계와 영사관계에 관한 비엔나 협약이 부여하는 특권과 면제를 남용하고 있음을 우려하며(concerned),

확산 관련 선별적 금융제재에 관한 자금세탁방지기구(FATF)의 신규 권고 7을 환영하고(welcome), (유엔) 회원국들이 확산 관련 선별적 금융제재의 효과적인 이행을 위해 동 기구의 권고 7에 대한 해석안내서 (Interpretative Note) 및 관련 지침문서들을 적용할 것을 촉구하며 (urge),

조선민주주의인민공화국의 핵과 탄도미사일 관련 활동이 역내외 긴장을 더욱 고조시켰다는 데 대해 가장 엄중한 우려를 표명하고(express its gravest concern), 국제평화와 안전에 대한 명백한 위협으로 지속되고 있음을 규정하며(determine),

유엔 헌장 7장하에 행동하고(act), 41조에 따른 조치들을 취하면서,

1. 조선민주주의인민공화국의 2013년 2월 12일 (현지시각) 핵실험은 관련 안보리 결의들에 대한 위반이자 명백한 무시로서 이를 가장 강력한 수준으로 규탄한다(condemn in the strongest terms).

2. 조선민주주의인민공화국이 탄도미사일 기술을 이용한 어떠한 추가적인 발사, 핵실험 또는 다른 어떠한 도발도 진행하지 말 것을 결정한다(decide).

3. 조선민주주의인민공화국이 NPT 탈퇴 선언을 즉각 철회하도록 요구한다(demand).

4. 조선민주주의인민공화국이 NPT 당사국의 권리와 의무를 유념하면서, 조속한 시일 내 NPT 및 국제원자력기구(IAEA) 안전조치에 복귀하도록 또한 요구하며(demand), NPT 모든 당사국이 동 조약상 의무를 계속 준수할 필요가 있음을 강조한다(underline).

5. 우라늄 농축을 포함하여, 조선민주주의인민공화국이 진행 중인 모든 핵 활동을 규탄하고(condemn), 이러한 모든 활동들이 결의

1718호(2006), 1874호(2009) 및 2087호(2013)에 대한 위반이라
는 데 주목하며(note), 조선민주주의인민공화국이 완전하고, 검
증 가능하며, 불가역적인 방식으로 모든 핵무기와 기존 핵 프로그
램을 포기하고, 모든 관련 활동을 즉각 중단할 것과, NPT에 의거
당사국들에 적용되는 의무와 IAEA 안전조치 협정(IAEA INFCIRC/
403)의 규정 및 조건들에 따라 엄격히 행동해야 한다는 결정을
재확인한다(reaffirm).

6. 조선민주주의인민공화국이 현존하는 모든 여타 대량파괴무기
(WMD)와 탄도미사일 프로그램을 완전하고, 검증 가능하며, 불
가역적인 방식으로 포기한다는 결정을 재확인한다(reaffirm).

7. 결의 1718호(2006) 8항 (c)호에 의해 부과된 조치들이 결의 1718호
(2006) 8항 (a)호 (i)목과 8항 (a)호 (ii)목 그리고 결의 1874호
(2009) 9항과 10항에 의해 금지된 품목에 적용됨을 재확인하며
(reaffirm), 결의 1718호(2006) 8항 (c)호에 의해 부과된 조치들
이 금번 결의 20항과 22항에도 적용됨을 결정하고(decide), 이러
한 조치들이 금지 품목의 조달, 유지 또는 사용을 다른 국가에서
주선하는 것이나, 다른 국가에 대한 공급, 판매 또는 이전, 또는
다른 국가로부터의 수출을 주선하는 경우를 포함하여 중개 또는
여타 매개 서비스에도 적용된다는 데 유의한다(note).

8. 결의 1718호(2006) 8항 (d)호의 조치들이 금번 결의 부속서 I과
II의 개인과 단체, 그리고 이들을 대신하거나 이들의 지시에 따라
행동하는 개인과 단체, 그리고 불법적인 수단을 포함하여 이들이
소유하거나 통제하는 단체에도 적용됨을 또한 결정한다(decide).
결의 1718호(2006) 8항 (d)호의 조치들이 기지정된 개인과 단체
를 대신하거나 이들의 지시에 따라 행동하는 모든 개인과 단체 그

리고 불법적인 수단을 포함하여 이들이 소유하거나 통제하는 단체에도 적용됨을 또한 결정한다(decide).

9. 결의 1718호(2006) 8항 (e)호의 조치들이 금번 결의 부속서 I의 개인에게도 적용되며, 이들을 대신하거나 또는 이들의 지시에 따라 행동하는 개인에 대해서도 적용됨을 결정한다(decide).

10. 결의 1718호(2006) 8항 (e)호의 조치들과 결의 1718호(2006) 10항에 규정된 예외들이 기지정된 개인이나 단체를 대신하거나 이들의 지시에 따라 행동하는 개인, 그리고 제재의 회피 또는 결의 1718호(2006), 1874호(2009), 2087호(2013) 및 금번 결의의 조항들의 위반을 지원하는 것으로 국가가 결정하는 개인에게도 적용됨을 결정한다(decide). 이러한 개인이 조선민주주의인민공화국 국민일 경우, 국가들은 동 조항이 유엔 업무 수행을 위한 조선민주주의인민공화국 정부 대표들의 유엔 본부로의 이동을 저해하지 않는다는 전제하에, 동 개인의 출석이 사법절차의 진행을 위해 요청되거나 오직 의료, 안전 또는 기타 인도주의적 목적을 위한 경우를 제외하고는, 동 개인을 적용가능한 국내법과 국제법에 따라 조선민주주의인민공화국으로의 송환을 목적으로 자국 영토에서 추방할 것을 결정한다(decide).

11. 회원국들이 결의 1718호(2006) 8항 (d)호와 8항 (e)호에 따른 의무 이행에 추가하여, 조선민주주의인민공화국의 핵 또는 탄도미사일 프로그램, 또는 결의 1718호(2006), 1874호(2009), 2087호(2013) 및 금번 결의상 금지된 여타 활동, 또는 결의 1718호(2006), 1874호(2009), 2087호(2013) 및 금번 결의에 의해 부과된 조치들을 회피하는 데 기여할 수 있는 금융 서비스 또는 자국 영토에 대해, 자국 영토를 통해 또는 자국 영토로부터 이루어

지거나, 자국 국민, 자국법에 따라 조직된 단체(해외지부 포함), 자국 영토 내 개인 또는 금융기관에 대해 또는 이들에 의해 이루어지는 대량현금(bulk cash)을 포함한 어떠한 금융·여타 자산 또는 재원의 제공을 방지할 것을 결정한다(decide). 여기에는 회원국 권한과 법령에 따라, 상기 프로그램 및 활동과 연관된 자국의 영토 내 있거나, 장래 자국의 영토 내로 들어오거나, 자국 관할권 내에 있거나, 장래 관할권 내로 들어오는 어떠한 금융·여타 자산 또는 재원들도 동결하고, 모든 여사한 거래들을 방지하기 위해 강화된 모니터링을 적용하는 것이 포함된다.

12. 국가들이 해당 활동들이 조선민주주의인민공화국의 핵 또는 탄도미사일 프로그램, 또는 결의 1718호(2006), 1874호(2009), 2087호(2013) 및 금번 결의상 금지된 여타 활동, 또는 결의 1718호(2006), 1874호(2009), 2087호(2013) 및 금번 결의에 의해 부과된 조치들을 회피하는 데 기여할 수 있다고 믿을 만한 합리적 근거를 제공할 정보가 있는 경우, 금융 서비스의 제공을 방지하기 위해, 조선민주주의인민공화국 은행들이 자국 영토에 신규 지점, 자회사 또는 대표 사무소를 개소하지 못하도록 적절한 조치를 취할 것을 촉구하고(call upon), 조선민주주의인민공화국 은행들이 자국 관할권 내 은행과 신규 합작투자를 설립하거나, 자국 관할권 내 은행의 지분을 매수하거나, 자국 관할권 내 은행과 환거래 관계를 설립하거나 유지하는 것을 금지할 것을 또한 촉구한다(call upon).

13. 국가들이 해당 금융 서비스가 조선민주주의인민공화국의 핵 또는 탄도미사일 프로그램, 또는 결의 1718호(2006), 1874호(2009), 2087호(2013) 및 금번 결의상 금지된 여타 활동에 기여

할 수 있다고 믿을 만한 합리적 근거를 제공할 정보가 있는 경우, 자국 영토 또는 자국 관할권 내에 있는 금융기관들이 조선민주주의인민공화국 내 대표 사무소나 자회사, 또는 은행계좌를 개설하는 것을 금지하기 위해 적절한 조치를 취할 것을 촉구한다(call upon).

14. 조선민주주의인민공화국에 대한 대량현금의 이전이 결의 1718호(2006), 1874호(2009), 2087호(2013) 및 금번 결의에 의해 부과된 조치들을 회피하는 데 사용될 수 있다는 데 우려를 표명하며(express concern), 모든 국가들이 대량현금의 이전이 조선민주주의인민공화국의 핵 또는 탄도미사일 프로그램, 또는 결의 1718호(2006), 1874호(2009), 2087호(2013) 및 금번 결의상 금지된 여타 활동, 또는 결의 1718호(2006), 1874호(2009), 2087호(2013) 및 금번 결의에 의해 부과된 조치들을 회피하는 데 기여하지 않도록 금번 결의 11항의 조치들을 현금 수송자(cash courier)에 의한 이전을 포함한 조선민주주의인민공화국발 및 조선민주주의인민공화국행 현금 이전에도 적용해야 함을 명확히 한다(clarify).

15. 모든 회원국들이 조선민주주의인민공화국의 핵 또는 탄도미사일 프로그램, 또는 결의 1718호(2006), 1874호(2009), 2087호(2013) 또는 금번 결의상 금지된 여타 활동, 또는 결의 1718호(2006), 1874호(2009), 2087호(2013) 및 금번 결의에 의해 부과된 조치들을 회피하는 데 기여할 수 있는 조선민주주의인민공화국과의 무역에 대한 공적 금융 지원(이러한 무역과 연관된 자국 국민 또는 단체에 대한 수출신용, 보증 또는 보험 제공을 포함)을 제공하지 말 것을 결정한다(decide).

16. 모든 국가들이 자국 영토 내에 있거나 자국 영토를 경유하는 모든 조선민주주의인민공화국발 또는 조선민주주의인민공화국행 모든 화물, 또는 조선민주주의인민공화국이나 조선민주주의인민공화국 국민, 또는 조선민주주의인민공화국을 대신하여 활동하는 개인 또는 단체가 중개하였거나 이전을 촉진한 모든 화물에 대하여, 해당 화물이 결의 1718호(2006), 1874호(2009), 2087호(2013) 또는 금번 결의에 따라 공급, 판매, 이전 또는 수출이 금지된 품목을 포함하고 있다고 믿을 만한 합리적 근거를 제공하는 신뢰할 만한 정보를 갖고 있을 경우, 상기 조항들의 엄격한 이행을 위해 동 화물을 검색할 것을 결정한다(decide).

17. 어떠한 선박이 그 선박의 기국에 의해 검색 승인이 이루어진 후에 검색을 수용하는 것을 거부하거나, 조선민주주의인민공화국 국적 선박이 결의 1874호(2009) 12항에 따른 검색을 거부할 경우, 동 선박의 입항이 검색을 위해 필요하거나, 비상시이거나, 출발지 항구로 회항하는 경우를 제외하고는 모든 국가들이 동 선박에 대해 자국 항구로의 입항을 거부할 것을 결정한다(decide). 선박에 의해 검색을 거부당한 국가들은 동 사건을 위원회에 신속히 보고할 것을 또한 결정한다(decide).

18. 국가들이 어떠한 항공기가 결의 1718호(2006), 1874호(2009), 2087호(2013) 또는 금번 결의상 공급, 판매, 이전 또는 수출이 금지된 품목을 적재하고 있다고 믿을 만한 합리적 근거를 제공하는 정보를 갖고 있을 경우, 비상 착륙의 경우를 제외하고는 동 항공기의 자국 영토 내 이착륙 및 영공 통과를 불허할 것을 촉구한다(call upon).

19. 모든 국가들이 항공기와 선박의 개명 또는 재등록을 포함하여

제재를 회피하거나 결의 1718호(2006), 1874호(2009), 2087호 (2013) 또는 금번 결의 조항들을 위반하기 위해 다른 회사로 이전된 조선민주주의인민공화국 항공기 또는 선박과 관련된 어떠한 가용 정보도 위원회에 보고할 것을 요청하고(request), 위원회가 동 정보를 널리 이용 가능하도록 할 것을 요청한다(request).

20. 결의 1718호(2006) 8항 (a)호 및 8항 (b)호에 의해 부과된 조치들이 금번 결의 부속서 III의 품목, 물질, 장비, 물자 및 기술에도 적용됨을 결정한다(decide).

21. 위원회가 금번 결의가 채택된 시점으로부터 12개월 이내에, 그리고 그 이후로는 연례적으로, 결의 2087(2013) 5항 (b)호에 지정된 목록들에 포함된 품목들을 검토하고 갱신할 것을 지시한다(direct). 만일 위원회가 그때까지 동 정보를 갱신하는 작업을 수행하지 않으면, 안보리가 30일의 추가 기간 내에 동 작업을 완료하도록 결정한다(decide).

22. 모든 국가들이 조선민주주의인민공화국의 핵 또는 탄도미사일 프로그램, 또는 결의 1718호(2006), 1874호(2009), 2087호 (2013) 및 금번 결의상 금지된 여타 활동, 또는 결의 1718호 (2006), 1874호(2009), 2087호(2013) 및 금번 결의에 의해 부과된 조치들을 회피하는 데 기여할 수 있는 것으로 국가가 결정하는 어떠한 품목에 대하여 그 원산지와 관계없이 자국 영토를 통하여 또는 자국인에 의하여, 또는 자국 국적 선박이나 항공기를 사용하여 조선민주주의인민공화국이나 조선민주주의인민공화국 국민으로, 또는 조선민주주의인민공화국이나 조선민주주의인민공화국 국민으로부터 직간접적으로 공급, 판매 또는 이전되는 것을 방지할 것을 촉구하고 허용한다(call upon and

allow). 위원회가 동 조항의 적절한 이행에 관한 이행안내서 (Implementation Assistance Note)를 발간할 것을 지시한다 (direct).

23. 결의 1718호(2006) 8항 (a)호 (iii)목에 의해 부과된 사치품 관련 조치들을 재확인하고(reaffirm), "사치품"이라는 용어가 금번 결의 부속서 IV에 명시된 품목들을 포함하되 이러한 품목들에 한정되지는 않음을 명확히 한다(clarify).

24. 국가들이 조선민주주의인민공화국 외교 사절단원이 조선민주주의인민공화국의 핵 또는 탄도미사일 프로그램, 또는 결의 1718호(2006), 1874호(2009), 2087호(2013) 및 금번 결의상 금지된 여타 활동, 또는 결의 1718호(2006), 1874호(2009), 2087호(2013) 및 금번 결의에 의해 부과된 조치들을 회피하는 데 기여하지 않도록 이들 개인들에 대해 강화된 주의를 기울일 것을 촉구한다(call upon).

25. 모든 국가들이 금번 결의가 채택된 시점으로부터 90일 이내에, 그리고 그 이후에는 위원회의 요청이 있는 경우, 금번 결의의 조치들을 효과적으로 이행하기 위해 취한 구체적 조치들에 대해 안보리에 보고하도록 촉구하고(call upon), 결의 1874호(2009)에 의하여 설치된 전문가 패널이 다른 유엔 제재 감시 그룹들과 협력하여 국가들이 이러한 보고서를 적시에 준비하고 제출할 수 있도록 지원하는 노력을 지속해 줄 것을 요청한다(request).

26. 모든 국가들이 결의 1718호(2006), 1874호(2009), 2087호(2013) 및 금번 결의에 의해 부과된 조치들에 대한 불이행 사례와 관련된 정보를 제공해 줄 것을 촉구한다(call upon).

27. 위원회가 결의 1718호(2006), 1874호(2009), 2087호(2013) 및

금번 결의에서 결정된 조치들에 대한 위반에 효과적으로 대응할 것과, 결의 1718호(2006), 1874호(2009), 2087호(2013) 및 금번 결의에 의해 부과된 조치들의 대상이 될 개인과 단체를 추가 지정할 것을 지시한다(direct). 위원회가 조선민주주의인민공화국의 핵 또는 탄도미사일 프로그램, 또는 결의 1718호(2006), 1874호(2009), 2087호(2013) 및 금번 결의상 금지된 여타 활동, 또는 결의 1718호(2006), 1874호(2009), 2087호(2013) 및 금번 결의에 의해 부과된 조치들을 회피하는 데 기여한 어떠한 개인(결의 1718호(2006) 8항 (d)호와 8항 (e)호의 조치를 위해)과 단체(결의 1718호(2006) 8항 (d)호의 조치 적용을 위해)도 제재 대상으로 지정할 수 있음을 결정한다(decide).

28. 결의 1718호(2006) 12항에 명시된 위원회의 임무가 결의 1874호(2009)와 금번 결의에 의해 부과된 조치에 관해서도 적용됨을 결정한다(decide).

29. 결의 1874호(2009) 26항에 제시된 작업을 수행할 목적으로 동 조항에 의하여 위원회의 감독 하에 전문가 패널이 설치된 점을 상기하며(recall), 결의 2050호(2012)에 따라 갱신된 바 있는 전문가 패널의 임무를 2014년 4월 7일까지 연장하기로 결정하고(decide), 동 패널의 임무가 금번 결의에 의해 부과된 조치들에 대하여 적용됨을 또한 결정한다(decide). 금번 결의가 채택된 시점으로부터 12개월 이내에 패널의 임무를 검토하고, 임무의 추가 연장과 관련하여 적절한 조치를 취할 것이라는 의도를 표명하고(express its intent), 이를 위하여 사무총장에게 최대 8명의 전문가 그룹을 구성하고 필요한 행정적 조치를 취해 줄 것을 요청하며(request), 위원회가 패널과의 협의를 통해 패널

의 보고 일정을 조정할 것을 요청한다(request).

30. 조선민주주의인민공화국을 포함하여 모든 국가들이 금번 결의
    와 기존 결의들이 부과한 조치를 사유로 금지된 어떠한 계약 또
    는 여타 거래와 관련하여, 조선민주주의인민공화국이나 조선민
    주주의인민공화국 내 어떠한 개인 또는 단체, 또는 결의 1718호
    (2006), 1874호(2009), 2087호(2013) 및 금번 결의에서 부과
    된 조치를 위해 지정된 개인 또는 단체, 또는 이들을 통하거나
    이들의 이익을 대변하는 개인의 의뢰로 보상 청구(claim)가 이
    루어지지 못하도록 필요한 조치를 취하는 것의 중요성을 강조한
    다(emphasize).

31. 결의 1718호(2006), 1874호(2009), 2087호(2013) 및 금번 결의
    에 의해 부과된 조치들이 조선민주주의인민공화국 주민들에게
    부정적인 인도주의적 결과를 의도한 것이 아님을 강조한다
    (underline).

32. 모든 회원국들이 외교관계에 관한 비엔나 협약에 따라 조선민주
    주의인민공화국내 외교공관들의 활동을 저해하지 않으면서,
    1718호 8항 (a)호 (iii)목과 8항 (d)호의 조항들을 준수하여야 함
    을 강조한다(emphasize).

33. 상황의 평화적, 외교적, 정치적 해결에 대한 의지를 표명하고
    (express), 대화를 통한 평화적이고 포괄적인 해결을 증진하고
    긴장을 악화시킬 수 있는 어떠한 행동도 자제하기 위한 안보리
    이사국들과 여타 국가들의 노력을 환영한다(welcome).

34. 6자회담에 대한 지지를 재확인하고(reaffirm), 동 회담의 재개
    를 촉구하며(call for), 모든 참가국들이 한반도의 검증가능한
    비핵화를 평화적인 방식으로 달성하고 한반도와 동북아의 평화

와 안정 유지를 달성하기 위해 중국, 조선민주주의인민공화국, 일본, 대한민국, 러시아, 미국이 발표한 2005년 9월 19일 공동 성명을 완전하고 신속히 이행하기 위한 노력을 강화하도록 촉구한다(urge).

35. 한반도와 동북아시아에서 평화와 안정을 유지하는 일이 중요하다는 점을 반복해 상기한다(reiterate).

36. 조선민주주의인민공화국의 행동을 지속적으로 검토할 것이고, 조선민주주의인민공화국의 준수 여부에 비추어 필요에 따라 조치들을 강화, 조정, 중단, 또는 해제할 준비가 되어 있음을 확인하고(affirm), 이와 관련하여 조선민주주의인민공화국의 추가 발사 또는 핵실험이 있을 경우 추가적인 중대한 조치들(further significant measures)을 취할 것이라는 결의를 표명한다(express its determination).

37. 동 사안이 안보리에 계속 계류됨을 결정한다(decide).

부속서 I – 여행금지 및 자산 동결

1. 연정남

(a) 설명: 조선광업개발무역회사(KOMID) 대표이다. 조선광업개발무역회사(KOMID)는 2009년 4월 위원회가 지정한 단체로서, 조선민주주의인민공화국의 주된 무기 거래업체이자 탄도미사일 및 재래식무기와 관련된 물자와 장비의 주요 수출업체이다.

2. 고철재

(a) 설명: 조선광업개발무역회사(KOMID) 부대표이다. 조선광업개발무역회사(KOMID)는 2009년 4월 위원회가 지정한 단체로서,

조선민주주의인민공화국의 주된 무기 거래업체이자 탄도미사일
및 재래식무기와 관련된 물자와 장비의 주요 수출업체이다.

3. 문정철

(a) 설명: 문정철은 단천상업은행의 관리로서 동 은행의 거래를 지원
해 왔다. 단천상업은행은 2009년 4월 위원회가 지정한 단체로서,
재래식 무기, 탄도미사일 및 이들의 조립과 제조에 관련된 물품의
판매를 위한 조선민주주의인민공화국의 주요 금융단체이다.

부속서 II – 자산 동결

1. 제2자연과학원

(a) 설명: 제2자연과학원은 미사일과 아마도 핵무기를 포함한 조선
민주주의인민공화국의 선진 무기체계 연구 및 개발을 임무로 하
는 국가 차원의 조직이다. 조선민주주의인민공화국의 미사일과
아마도 핵무기 프로그램에 사용될 기술, 장비 및 정보를 해외로
부터 입수하기 위해, 조선단군무역회사를 포함한 일련의 산하조
직을 이용한다. 조선단군무역회사는 2009년 7월 위원회가 지정
한 단체로서, 관련 다자통제레짐이 통제·금지하고 있는 물질을
포함한 대량파괴무기 및 운반체계 프로그램 및 조달 등(단, 이에
한정되지는 않음), 조선민주주의인민공화국의 국방 연구 및 개발
(R&D) 프로그램을 지원하기 위한 제품 및 기술의 조달을 주된
임무로 하는 단체이다.

(b) 별칭: 2ND ACADEMY OF NATURAL SCIENCES; CHE 2
CHAYON KWAHAKWON; ACADEMY OF NATURAL
SCIENCES; CHAYON KWAHAK-WON; NATIONAL

DEFENSE ACADEMY; KUKPANG KWAHAK-WON;
SECOND ACADEMY OF NATURAL SCIENCES
RESEAERCH INSTITUTE; SANSRI

(c) 소재지: 조선민주주의인민공화국 평양

2. 조선종합설비수출입회사

(a) 설명: 조선용봉총회사는 조선종합설비수출입회사의 모(母)회사
이다. 조선용봉총회사는 2009년 4월 위원회가 지정한 단체로서,
조선민주주의인민공화국 국방산업을 위한 조달 및 군수 관련 판
매 지원에 특화된 국방 복합기업이다.

(b) 소재지: 조선민주주의인민공화국 평양 보통강구역 락원동

부속서 III - 품목, 물질, 장비, 물자 및 기술
핵 품목
1. 불소화 처리된 윤활유

• 진공펌프와 압착 베어링을 윤활하는 데 사용될 수 있다. 낮은 증
기 압력을 가지며 가스원심분리 공정에 사용되는 가스 형태의 우
라늄복합물인 육불화우라늄(UF6)에 대한 (부식) 저항성이 있으
며, 펌핑 불소에 사용된다.

2. 벨로우즈 씰 밸브

• 벨로우즈 씰 밸브는 우라늄 농축시설(가령, 가스원심분리 및 가스
확산 공장), 가스원심분리 공정에 사용되는 가스 형태의 우라늄복
합물인 육불화우라늄(UF6)을 생산하는 시설, 핵연료 제조시설 및
삼중수소 취급 시설 등에 사용될 수 있다.

미사일 품목

1. 특수 부식 저항성 강판 – 질소 안정화된 듀플렉스 스테인리스 강 (N–DSS)과 같이 IRFNA(질산의 일종) 또는 질산에 저항성을 가지는 강판에 제한

2. 초고온 세라믹 복합물질로서, 고체 형태(블록, 실린더, 튜브, 주형)이며 다음 중 어느 하나의 조건에 해당하는 것

   (a) 지름이 120mm 이상 길이가 50mm 이상인 실린더

   (b) 내경이 65mm 이상, 벽의 두께가 25mm이상, 길이가 50mm 이상인 튜브

   (c) 120mm×120mm×50mm 이상 크기의 블록

3. 파이로테크닉으로 작동되는 밸브

4. 풍동에 사용 가능한 측정 및 통제 장비(균형, thermal stream 측정, 유동 제어)

5. 과염소산나트륨(Sodium Perchlorate)

화학무기 목록

1. 제조자 규정 최대 유량이 1 m^3/h를 초과하는 진공펌프(표준 온도 및 압력 조건하)와 케이싱(펌프 몸체), 케이싱 라이너, 임펠러, 회전자(rotor) 또는 제트펌프 분사기로서, 처리 중인 화학물질과 직접적으로 접촉하는 모든 표면이 통제되는 소재로 만들어진 것

부속서 IV – 사치품

1. 보석제품

(a) 진주가 있는 보석제품

(b) 보석

(c) 보석용 원석 및 준보석용 원석(다이아몬드, 사파이어, 루비, 에메랄드 포함)

(d) 귀금속의 또는 귀금속을 입힌 금속의 보석제품

2. 아래의 이동수단 품목

(a) 요트

(b) 고급 자동차: 스테이션 웨건을 포함하여, (대중교통이 아닌) 사람의 이동에 쓰이는 자동차

(c) 경주용 차

출처: 외교부 홈페이지〉외교정책〉안보〉북한핵문제

5) 남북 고위급 접촉 공동 합의문(2015.8.25)

해제

이명박 정부 들어 이전 남북 간 합의가 무시된 가운데 천안함 사태에 따른 남한의 5·24 대북 제재 조치로 남북관계는 악화일로에 들어섰다. 박근혜 정부 들어서 '신뢰프로세스'로 관계 개선의 희망이 보이는 듯 했지만, 5·24 조치가 지속되는 가운데 북한 정권과 주민을 분리하는 접근은 북한의 반발을 초래했을 뿐이었다. 오히려 북한은 핵개발의 길을 힘차게 걸어갔다. 매년 2-4월 있는 한미 합동군사연습과 그에 맞선 북한의 군사연습과 장거리미사일 시험발사 및 핵 실험이 이어졌다. 남북 간에 무력 충돌이 언제나 발생할 수 있는 환경이 조성된 것이다.

그런 가운데 2015년 8월, 뜨거운 날씨에 휴전선은 휴전을 비웃으며 충돌에 휩싸였다. 8월 4일 북한 측은 비무장지대 내에서 남한 측을 상대로 목함지뢰 도발을 가해 왔다. 남한 측 장병 두 명이 크게 다쳤다. 그에 대한 응징 차원에서 남한 정부는 최전방 지역에 대북 확성기 방송을 11년 만에 재개했다. 그러자 북한 측은 대북 확성기 방송을 문제 삼고 군사 대응을 위협했다. 20일 북한 측은 서부전선에서 남한 쪽으로 포격 도발을 감행했고 그러자 남한 측도 북한에 포탄 수십 발로 대응 사격 했다. 천안함 사태와 연평도 포격전 이후 한반도에서 군사적 긴장이 최고조로 올라갔다.

그 후 남북은 비밀 접촉을 통해 긴장완화를 위한 협상의 필요성에 공감하고, 고위급 접촉을 갖기로 했다. 8월 22일 오후 6시 30분쯤부터 23일 오전 4시 15분까지 밤새워 1차 협상을 벌였다. 협상 테이블에는 남한에서 김관진 국가안보실장과 홍용표 통일부 장관, 북한에서는 황병서 인민군 총정치국장과 김양건 노동당 비서가 참석했다. 2+2 고위급 접촉이었다. 이 접촉은 박근혜 정부 들어 남북 최고위급 접촉인 동시에 2차 남북정상회담(2007. 10) 이후 남북 최고위급 접촉이기도 했다. 각자 입장을 교환하였지만 상황 인식과 긴장완화 방안에는 합의하지 못해 결렬 위험이 퍼져나갔다. 그러나 4인은 접촉 장소인 판문점을 떠나지 않았다. 23일 오후 3시 30분쯤부터 이들은 다시 접촉해 25일 새벽 12시 55분까지 협상을 벌인 끝에 극적으로 합의안을 만들어냈다. 4일 동안 43시간 10분간 진행된 마라톤 협상이었다.

협상 과정에서 북한은 지뢰 도발과 관련해 '유감'을 표명했고, 남한은 이를 '사과'로 받아들였다. 6개항으로 구성된 공동 합의문은 긴장을 고조시킨 쌍방의 행위를 중단하기로 하는 한편, 관계 개선을 위한 정부와 민간 차원의 회담과 교류를 진행해 나가기로 했다. 그리고 이산가족 상봉 행사도 갖기로 했다. 2014년에 이어 2015년에도 추석을 계기로 이산가족은 한번 만났다. 당시 김관진 안보실장은 고위급 접촉 결과에 대해 "매우 다행스러운 일"이라면서 하면서 "앞으로 쌍방의 합의 사항을 성실히 이행하고 대화와 협력을 통해 신뢰를 형성함으로써 국민의 기대에 부응하는 새로운 남북관계를 만들어가는 계기가 되기를 기대한다."고 말했다. 그러나 합의사항 중 일회성 이산가족 상봉만 있었다. 이와 함께 준전시상태 해제 및 대북방송 중단과 같은 일회성 조치나 이행 자체를 하지 않은 것들이 대부분이었다.

이 고위급접촉 공동합의문 발표 이후 그해 가을 이산가족 상봉 외에 박근혜 대통령 파면까지 남북 당국간 회담이나 민간교류의 문은 모두 닫혀버렸다. 마라톤 회담은 남북 간의 긴 대결시간 중에 빚어진 짧은 에피소드에 불과했는지도 모른다.

남북 고위 당국자 접촉 공동 보도문

남북 고위 당국자 접촉이 2015년 8월 22일부터 24일까지 판문점에서 진행되었다. 접촉에는 남측의 김관진 국가안보실장과 홍용표 통일부 장관, 북측의 황병서 조선인민군 총정치국장과 김양건 조선노동당 중앙위원회 비서가 참가하였다.

쌍방은 접촉에서 최근 남북 사이에 고조된 군사적 긴장 상태를 해소하고, 남북관계를 발전시켜 나아가기 위한 문제들을 협의하고, 다음과 같이 합의하였다.

첫째, 남과 북은 남북관계를 개선하기 위한 당국자 회담을 서울 또는 평양에서 빠른 시일 내 개최하며 앞으로 여러 분야의 대화와 협상을 진행해 나가기로 하였다.

둘째, 북측은 최근 군사분계선 비무장지대 남측 지역에서 발생한 지뢰 폭발로 남측 군인들이 부상을 당한 것에 대하여 유감을 표명하였다.

셋째, 남측은 비정상적인 사태가 발생하지 않는 한 군사분계선 일대의 모든 확성기 방송을 8월25일12시부로 중단하기로 하였다.

넷째, 북측은 준 전시상태를 해제하기로 하였다.

다섯째, 남과 북은 올해 추석을 계기로 이산가족 상봉을 진행하고 앞으로 계속해 나가기로 하였으며 이를 위한 적십자 실무 접촉을 9월 초에 가지기로 하였다.

여섯째, 남과 북은 다양한 분야에서의 민간교류를 활성화하기로 하였다.

2015년 8월 25일

판문점

출처: 외교부 홈페이지〉외교정책〉안보〉북한핵문제(참고자료)

6) 한국과 미국의 사드 배치 공동성명(2016.7.8)

해제

북한의 계속되는 핵·미사일 개발에 더해 불안정한 동북아시아의 안보 환경을 더 악화시킨 계기가 2016년 한국과 미국의 고고도미사일방어체계(사드, THAAD)의 한국 배치 결정을 꼽을 수 있다.

김정은 정권은 출범 직후 3차 핵실험을 한 후 3년 가까이 되도록 추가 핵실험을 하지 않은 채 대내정치에 집중하는 양상을 보였다. 김정은은 당 주도의 국가 체제(party-state system)를 정비하고 비판세력을 숙청해 자신으로 권력을 집중시키는 데 시간이 필요했을 것이다. 그 마지막 단계에서 2016년 1월 6일 4차 핵실험, 2월 7일 장거리 로켓 '광명성호' 발사, 3월과 4월 지상 및 잠수함발사탄도미사일 시험 발사(SLBM) 등 일련의 무력시위를 감행하였다. 드디어 북한은 36년 만에 7차 노동당 대회(2016.5.6-9)를 개최해 김정은을 노동당 국무위원장에 추대하고 신 유일영도체계를 제도화 하였다.

이 과정에서 2016년 새해 벽두에 단행한 4차 핵실험은 북한이 첫 수소탄 시험이라고 주장한 경우로서 실제 파괴력이 증가했다. 북한의 3차 핵실험이 박근혜 대통령 취임식 직전에 있었고, 4차 핵실험이 박 대통령 4년차 들어서는 시점에 이루어진 점도 인상적이다. 박근혜 정부는 북한의 잇달은 도발에 맞서 국제적인 대북 제재에 전념하였고, 그 효과를 거두기 위해서는 중국의 동참이 관건이라는 판단 아래 중국과의 협력을 적극 추진하였다. 그 대표적인 예가 2015년 9월 3일, 박근혜 대통령이 미국의 걱정을 무릅쓰고 천안문 광장에서 열린 중국 인민해방군의 '항일 전승 70돌 기념 열병식'에 참석한 일이다. 박 대통령은 시진핑 중국 국가주석, 푸틴 러시아 대통령과 함께 천안문 성루에 올랐다.

한국의 입장에서 볼 때 박 대통령의 이같은 행보는 대북 제재에 중국을 동참시키는 데 좋은 계기로 보였다. 한국 언론은 박 대통령의 전승 기념행사 참관을 대대적으로 보도하며 그런 의미를 부여했다.

박 대통령의 중국군 전승기념행사 참가 4개월 후, 북한이 4차 핵실험을 감행하자 박 대통령은 시진핑 국가주석에 전화를 걸어 대북 제재에 한 목소리를 내고자 했다. 그러나 시 주석과의 통화는 이루어지지 않았다. 박 대통령의 배신감이 컸다고 전해졌다. 대신 박 대통령은 일방적인 제재와 미국과의 제재에 관심을 쏟으며 고강도 방안을 모색했다. 그것이 바로 개성공단 폐쇄와 사드 배치 결정이었다. 1월 13일 박 대통령은 대국민담화를 하면서 "어렵고 힘들 때 손을 잡아 주는 것이 최상의 파트너"라며 중국을 공개적으로 비판하고 사드까지 언급했다. 이후 한중 정상 간 통화는 2월 5일 이루어졌지만 이미 상황은 달라졌다. 엎친 데 덮친 격으로 북한이 2월 7일 장거리 로켓 '광명성호'를 발사하자 한미 양국은 즉각 사드 배치를 공식 협의한다고 밝혔다. 물론 그런 정황 이전에 한국과 미국 군 당국은 사드 배치 후보지역을 언론에 흘리며 여론 동향을 살피며 실제 배치 후보지역을 물색해왔다.

북한의 4차 핵실험에 대해 유엔 안보리는 북한의 핵실험을 규탄하는 성명 발표와 함께 북한 화물 검색 의무화, 육·해·공 운송 통제, 북한 광물거래 금지 등을 골자로 하는 고강도 제재 결의 2270호를 채택하였다. 이에 맞서 북한은 3, 4, 6월 지상 및 잠수함발사탄도미사일을 잇달아 시험 발사하였다. 박 대통령의 사드 배치 언급도 이미 있었기 때문에 이 정도 되면 한미 군 당국이 사드 배치를 공식 발표할 분위기가 조성된 것이다.

2016년 7월 8일 서울 국방부 기자회견장에 류제승 국방부 국방정책실장과 토마스 밴달 주한미군사령부 참모장이 공동 발표에 나섰다. 이들은 "어떠한 제3국도 지향하지 않고 오직 북한의 핵·미사일 위협"을 겨냥한 "방어적 조치로서 주한미군에 사드 체계를 배치하기로 한미동맹 차원의 결정을 했다."고 말했다. 예상대로 반발이 국내외에서 일어났다. 한국에서는 사드 배치 후보지역 주민들과 평화운동 진영이 전쟁 위험과 평화적 생존권 위협을 거론하며 반발했다. 밖에서는 중국이 사드는 중국의 안보에 위협을 준다고 반발했다. 사드의 정보 탐지 능력을 감안할 때 한국에 배치될 사드는 중국 동북부 지역의 군사정보가 노출될 수 있다는 점이 거론되었다.

한미 간에 사드 배치 결정 이후 경북 성주 성산포대 부지 지정(7.13), 롯데골프장으로 부지 변경(9.30), 롯데와 국방부의 부지 교환 계약 체결(2017.2.28), 사드 발사대 2기 국내 반입(3.6) 등 일련의 절차가 빠르게 진행되었다. 레이더 등 추가 장비가 들어오면 사드의 시험가동을 거친 후 성주골프장으로 이동시킬 계획이다. 한미 주둔군지위협정(SOFA)에 따른 부지 공여, 환경영향평가, 포대 설계, 기반공사 등 정해진 규정과 절차를 따르려면 최소 1-2개월 이상이 소요된다고 군 당국은 보았다. 실제 성주골프장이 평탄해 기술적으로는 몇 개월 내로 사드 배치가 가능할 것으로 알려졌다. 사드 1개 포대는 X-밴드 레이더와 발사통제장치, 발사대(6문), 발사대당 8발의 미사일로 구성된다.

한국과 미국은 사드의 한국 배치로 북한의 핵·미사일 위협을 억제할 수 있다고 말하지만, 실제 그럴지는 미지수다. 여기에 중국과 러시아의 반발이 겹쳐 한반도 군사적 긴장이 동북아시아로 확대되는 결과를 초래할 수도 있다. 사드 배치 결정 과정에서 충분한 공론화 과정 없이 소수 결정자들만의 폐쇄적인 결정 방식도 문제로 거론되고 있다.

주한미군에 사드배치 결정 관련 한·미 공동발표문

북한의 핵실험과 최근 중거리 탄도미사일 발사를 포함한 다수의 탄도미사일 시험 발사는 대한민국과 전체 아시아태평양 지역의 안보와 안정에 대한 심대한 위협을 제기하고 있습니다.

대한민국과 미국은 증대하는 북한의 위협에 대응하기 위해 한미동맹의 미사일 방어 태세를 향상시키는 조치로서 지난 2월부터 주한미군의 종말단계고고도지역방어(THAAD·사드)체계 배치 가능성에 대한 협의를 진행해 왔습니다.

지금까지의 협의를 바탕으로 한미 양국은 북한의 핵·WMD 및 탄도미사일 위협으로부터 대한민국과 우리 국민의 안전을 보장하고 한미동맹의 군사력을 보호하기 위한 방어적 조치로서 주한미군에 사드 체계를 배치하기로 한미동맹 차원의 결정을 했습니다.

한미 공동실무단은 수개월 간의 검토를 통해 대한민국 내 사드체계의 군사적 효용성을 확인했으며 사드체계의 효용성과 환경, 건강 및 안전을 보장할 수 있는 최적의 부지를 양국 국방장관에게 건의할 수 있도록 최종 준비 중에 있습니다.

한미 양국은 사드가 조속히 배치될 수 있도록 긴밀히 협의 중이며, 세부 운용절차를 발전시켜 나갈 것입니다.

사드체계가 한반도에 배치되면 어떠한 제3국도 지향하지 않고 오직 북한의 핵·미사일 위협에 대해서만 운용될 것입니다.

사드 배치는 다층미사일 방어에 기여해 북한의 미사일 위협에 대한 한미동맹의 현존 미사일 방어 능력을 강화시키게 될 것입니다.

출처: 〈연합뉴스〉 2016.7.8.

7) 북한의 5차 핵실험 성명(2016.9.9)과 유엔 안보리 결의 2321호(2016.11.30)

해제

2016년 들어 북한은 2월 7일, 4차 핵실험에 이어 9월 9일, 5차 핵실험을 강행하였다. 그 사이 탄도미사일 발사 시험을 연이어 실시하기도 했다. 4차 핵실험까지 핵실험들 사이 시간 간격이 3-4년이었는데, 4-5차 핵실험 사이는 7개월에 불과했다. 그리고 파괴력도 꾸준히 증가해 4차 핵실험 시는 7-12 kt에 달했고, 5차 핵실험 시는 8-14 kt에 이르렀다.

북한은 5차 핵실험이 "핵탄두가 표준화, 규격화됨으로써 …… 소형화, 경량화, 다종화 된 보다 타격력이 높은 각종 핵탄두들을 마음먹은 대로 필요한 만큼 생산할 수 있게 되"었다고 주장했다. 이것이 사실이라면 북한의 핵 능력은 지속적으로 높아져왔고 1차 핵실험 이후 전개된 지난 10여 년간 국제사회의 대북 제재의 실효성에 깊은 의문이 생기지 않을 수 없다. 이제 북한은 핵미사일의 실전 배치를 위해 관련 군사기술적 시험을 계속할 것이고, 미국으로부터 매력적인 협상 제안이 없는 한 핵 능력을 강화시켜 나갈 것이다.

북한의 행보에 맞서 국제사회는 북한의 핵·미사일 개발에 침묵하거나 섣부른 대화보다는 강력한 권고와 함께 고강도 제재의 길을 걷고 있다. 5차 핵실험에 대해서 유엔 안보리는 즉각 회의를 열어 추가 제재를 포함하는 결의안을 논의해나갔다. 그러나 결의안에 대한 합의는 쉽지 않았다. 5차 핵실험 이후 결의가 채택되기까지는 82일이 걸렸다. 나머지 네 차례 핵실험에 대한 안보리 결의는 모두 1개월 이내에 채택되었다.[43] 5차 핵실험에 대한 안보리 결의 채택에 많은 시간이 걸린 이유는

---

43) 참고로 북한의 1차 핵실험에 대한 유엔 안보리 결의는 핵실험 이후 불과 5일만에 채택되었다. 2차 핵실험의 경우는 18일, 3차, 4차 핵실험의 경우는 각각 23일

첫째, 안보리 결의 2270호 등 기존의 대북 결의보다 더 강력한 제재 방안을 제시하고 합의하는 데 어려움이 있었고, 둘째는 거부권을 가진 안보리 상임이사국들 중 중국과 러시아가 대북 제재안을 수긍하도록 설득하는 데도 시간이 걸렸기 때문이다.

결국 2016년 11월 30일 확대 강화된 대북 제재 방안을 담은 안보리 결의 2321호가 만장일치로 채택되었다. 결의 2321호는 전문 10개항, 본문 50개항 및 5개의 부속서로 구성되었다. 한국 외교부의 설명에 따르면, 이 결의는 ① 기존 결의의 틈새(loophole)를 보완하고, ② 북한에 실질적인 영향을 줄 수 있는 새로운 제재 조치를 추가하며, ③ 제재 대상 개인·단체를 확대하는 등 다양한 조치들이 포함되었다. 구체적으로 2321호에는 ④ 북한의 석탄 수출 상한제 도입, ⑤ 북한의 수출 금지 광물(은, 동, 아연, 니켈) 추가 및 조형물(statue) 수출 금지 조치가 포함되어 약 8억불 이상의 북한 외화 수입을 감소시키는 효과가 있을 것으로 예상되었다. 또 이 결의는 ⑥ 대북 교역통제 품목으로 핵·미사일 관련 34종, 화학·생물무기 관련 7종으로 확대, ⑦ 사치품 예시목록은 총 14개 품목으로 확대되고, ⑧ 안보리 제재 대상이 개인 39명, 단체 42개로 확대된 사실도 담고 있다.

안보리 결의 2321호에는 북한 관련 안보리 결의 중 최초로 북한 주민의 인권 문제를 거론한 점이 눈에 띄는 대목이다. 이는 북한정권의 지속적이고 체계적인 인권 침해, 특히 반인도적 범죄(crimes against humanity)에 대한 국제형사재판 캠페인이 전개되는 움직임과 맞물려 있어 주목을 받았다. 북한 정권에 의한 반인도적 범죄 문제는 이미 유엔 안보리 의제 리스트에 올라가 있는 상태였다. 다만, 중국과 러시아

지나 안보리 결의가 채택되었다.

의 반대로 안보리 안건으로는 상정되지 못하였다.

트럼프 미 대통령은 2016년 대통령 선거 유세 기간 중 김정은과 대화할 수도 있다고 했지만, 대통령 취임 후 북한의 잇달은 핵·미사일 발사를 목도하고는 "그럴 기회는 지나갔다"고 언급한 바 있다. 2017년 2-3월 사이 한국과 미국은 트럼프 대통령과 황교안 대통령 권한대행의 전화통화, 매티스(James Mattis) 미 국방장관과 틸러슨(Rex Tillerson) 국무장관의 방한, 그리고 김관진 안보실장과 맥매스터(Lt. Gen. H.R. McMaster) 미 국가안보보좌관의 통화와 회담 등을 통해 북한의 도발에 대한 다방면의 적극적인 억제, 중국에 대북 영향력 행사 요구, 그리고 한미일 3국의 대북 공조 등에 합의하였다. 북한의 핵·미사일 개발과 한미 주도의 국제적 대북 제재는 한반도에서 강 대 강 대결구도가 지속될 것임을 말해준다.

조선민주주의인민공화국 핵무기연구소 성명

조선로동당의 전략적 핵무력 건설 구상에 따라 우리 핵무기연구소 과학자, 기술자들은 북부 핵시험장에서 새로 연구제작한 핵탄두의 위력판정을 위한 핵폭발시험을 단행하였다.

핵탄두 폭발시험이 성과적으로 진행된 것과 관련하여 조선로동당 중앙위원회는 북부 핵시험장의 우리 핵과학자, 기술자들에게 뜨거운 축하를 보내여왔다.

이번 핵시험에서는 조선인민군 전략군 화성포병부대들이 장비한 전략 탄도 로케트들에 장착할수 있게 표준화, 규격화된 핵탄두의 구조와 동작 특성, 성능과 위력을 최종적으로 검토 확인하였다.

시험 분석 결과 폭발위력과 핵물질 리용곁수 등 측정값들이 계산값들과 일치하다는 것이 확증되었으며 이번 시험에서 방사성물질 루출현상이 전혀 없었고 주위 생태환경에 그 어떤 부정적 영향도 주지 않았다는것이 확인되였다.

핵탄두가 표준화, 규격화됨으로써 우리는 여러가지 분렬물질에 대한 생산과 그 리용기술을 확고히 틀어쥐고 소형화, 경량화, 다종화된 보다 타격력이 높은 각종 핵탄두들을 마음 먹은 대로 필요한 만큼 생산할 수 있게 되였으며 우리의 핵무기 병기화는 보다 높은 수준에 확고히 올라서게 되였다.

이번 핵탄두 폭발시험은 당당한 핵보유국으로서의 우리 공화국의 전략적 지위를 한사코 부정하면서 우리 국가의 자위적 권리행사를 악랄하게 걸고드는 미국을 비롯한 적대세력들의 위협과 제재소동에 대한 실제적 대응조치의 일환으로서 적들이 우리를 건드린다면 우리도 맞받아칠 준비가 되어 있다는 우리 당과 인민의 초강경 의지의 과시이다.

미국의 가증되는 핵전쟁 위협으로부터 우리의 존엄과 생존권을 보위하고 진정한 평화를 수호하기 위한 국가 핵무력의 질량적 강화 조치는 계속될 것이다.

주체105(2016)년 9월 9일
평양

출처: 〈경향신문〉 2016.9.9.

결의 제2321호(2016)

Resolution 2321 (2016)

2016년 11월 30일 안전보장이사회 7821차 회의에서 채택

안전보장이사회는,

안보리 결의 825호(1993), 1540호(2004), 1695호(2006), 1718호(2006), 1874호(2009), 1887호(2009), 2087호(2013), 2094호(2013), 2270호(2016)를 포함한 기존 관련 결의들과 2006년 10월 6일 의장성명(S/PRST/2006/41), 2009년 4월 13일 의장성명(S/PRST/2009/7), 2012년 4월 16일 의장성명(S/PRST/2012/13)을 상기하며(recall),

핵, 화학, 생물 무기 및 그 운반수단의 확산이 국제평화와 안보에 대한 위협을 구성함을 재확인하며(reaffirm),

조선민주주의인민공화국이 결의 1718호(2006), 1874호(2009), 2087호(2013), 2094호(2013) 및 2270호(2016)를 위반하여 2016년 9월 9일 행한 핵실험에 대해, 그리고 이러한 핵실험이 핵확산금지조약(NPT)과 범세계적 핵무기 비확산 체제를 강화해 나가기 위한 국제사회의 노력에 대한 도전이 되고 있는 데 대해, 그리고 동 핵실험이 역내 외의 평화와 안정에 야기하는 위험에 대해 가장 엄중한 우려를 표명하며(express its gravest concern),

조선민주주의인민공화국이 국제사회의 여타 안보 및 인도적 우려에

---

44) 분야별 주요 내용은 "유엔 안보리 대북제재 결의 2321호 채택," 외교부 보도자료, 2016.11.30.

부응하는 것의 중요성을 다시 한 번 강조하며(underline),

또한, 본 결의에 의해 부과된 조치들이 조선민주주의인민공화국 주민들에게 부정적인 인도적 영향을 의도한 것이 아님을 강조하며(underline),

조선민주주의인민공화국이 연이은 탄도미사일 발사 및 시도된 발사를 통해 계속해서 관련 안보리 결의를 위반하고 있음에 심각한 우려를 표명하며(express serious concern), 이러한 모든 탄도미사일 활동이 조선민주주의인민공화국의 핵무기 운반수단 개발에 기여하고 역내외 긴장을 고조시킨다는 점에 주목하며(note),

조선민주주의인민공화국이 외교관계 및 영사관계에 관한 비엔나 협약들이 부여하는 특권과 면제를 남용하고 있음에 지속적인 우려를 표명하며(express continued concern),

주민들의 필요가 충족되지 않은 상황에서, 조선민주주의인민공화국의 금지된 무기 판매가 핵무기 및 탄도미사일 개발 목적으로 전용되는 수익을 창출해 왔음에 중대한 우려를 표명하고(express great concern),

조선민주주의인민공화국의 계속되는 핵과 탄도미사일 관련 활동이 역내외 긴장을 더욱 고조시킨다는 데 대해 가장 엄중한 우려를 표명하고(express its gravest concern), 국제평화와 안전에 대한 명백한 위협으로 지속되고 있음을 규정하며(determine),

유엔 헌장 7장 하에 행동하고(act), 41조에 따라 조치들을 취하며(take measures),

1. 조선민주주의인민공화국의 2016년 9월 9일 핵실험은 안보리 결의에 대한 위반이자 명백한 무시로서 이를 가장 강력한 언어로 규

탄한다(condemn in the strongest terms).

2. 조선민주주의인민공화국이 탄도미사일 기술을 이용한 어떠한 추
가적인 발사, 핵실험 또는 다른 어떠한 도발도 감행하지 말아야
하고, 탄도미사일 프로그램 관련 모든 활동을 중단하며 이러한 맥
락에서 미사일 발사 모라토리움에 관한 기존의 공약을 재확립해
야하며, 완전하고, 증가능하며, 불가역적인 방식으로 모든 핵무
기와 현존하는 핵 프로그램을 포기하고 모든 관련 활동을 즉각 중
단해야 하며, 현존하는 모든 여타 대량파괴무기(WMD)와 탄도미
사일 프로그램을 완전하고, 검증가능하며, 불가역적인 방식으로
포기해야 한다는 결정을 재확인한다(reaffirm).

3. 결의 1718호(2006) 8항 (d)호에 규정된 조치들이 본 결의 부속서
Ⅰ과 Ⅱ의개인과 단체, 그리고 이들을 대신하거나 이들의 지시에
따라 행동하는 개인 또는 단체, 그리고 불법적인 수단을 통한 경우
를 포함하여 이들이 소유하거나 통제하는 단체에도 적용됨을 결정
(decide)하며, 결의 1718호(2006) 8항 (e)호의 조치들이 본 결의
부속서 Ⅰ의 개인, 그리고 이들을 대신하거나 또는 이들의 지시에
따라 행동하는 개인에 대해서도 적용됨을 결정한다(decide).

4. 결의 1718호(2006) 8항 (a)호, (b)호 및 (c)호에 의해 부과된 조
치들은 본 결의 부속서 III의 품목, 물질, 장비, 물품 및 기술에도
적용됨을 결정한다(decide).

5. 결의 1718호(2006) 8항 (a)호 (iii)목에 의해 부과된 사치품 관련
조치들을 재확인(reaffirm)하고, '사치품'이라는 용어는 본 결의
부속서 V에 적시된 품목들을 포함하나, 이에 국한되지는 않는다
는 점을 명확히 한다(clarify).

6. 결의 1874호(2006)의 14항에서 16항, 그리고 결의 2087호(2013)

의 8항을 재확인하며, 동 조항들은 이 결의에 의해 공급, 판매 또는 이전이 금지되는 어떠한 품목에도 적용됨을 결정한다(decide).

7. 결의 1718호(2006) 8항 (a)호, (b)호 및 (c)호에 의해 부과된 조치들이 위원회에서 채택될 신규 재래식무기 이중용도물자 목록에 등재된 품목에 또한 적용됨을 결정(decide)하고, 위원회가 15일 이내 동 목록을 채택하고 안보리에 보고할 것을 지시하며 (direct), 또한 만일 위원회가 조치를 취하지 않은 경우, 안보리가 보고를 수령한 후 7일 내에 목록을 채택하는 작업을 완료할 것을 결정하고(decide), 위원회가 동 목록을 12개월마다 갱신할 것을 지시한다(direct).

8. 결의 2270호(2016) 19항은 위원회가 사안별로 사전에 승인하지 않는 한 조선민주주의인민공화국에의 모든 임대(leasing), 전세 (chartering), 승무원 서비스의 제공(provision)에 예외없이 적용됨을 결정한다(decide).

9. 결의 2270호(2016) 20항은 위원회가 사안별로 사전에 승인하지 않는 한 조선민주주의인민공화국에서 선박을 등록하는 것, 선박에 조선민주주의인민공화국 국기를 사용하도록 허가를 취득하는 것, 그리고 조선민주주의인민공화국 국적의 어떠한 선박에 대해서도 소유, 임대, 운영, 선급·인증 또는 관련 서비스(associated service) 제공, 또는 보험을 제공하는 것에 예외없이 적용됨을 결정한다(decide).

10. 결의 2270호(2016) 17항 이행을 목적으로, 조선민주주의인민공화국의 확산 민감 핵 활동 또는 핵무기 운반체계 개발에 기여할 수 있는 분야에 특화된 교육 및 훈련은 고등 재료과학, 고등 화학공학, 고등 기계공학, 고등 전기공학 및 고등 산업공학을 포함

하나, 이에 국한되지는 않는다는 점을 명확히 한다(clarify).

11. 모든 회원국들은 아래 경우와 의료 협력(medical exchange)을 제외하고는 공식적으로 조선민주주의인민공화국을 대표하거나, 그 후원을 받는 인사, 단체와 연관된 과학·기술 협력을 중단해야 함을 결정한다(decide).

   (a) △ 핵 과학 및 기술, △ 항공우주 및 비행 공학·기술 또는 △ 고등 제조생산 기술 및 방법론 분야의 과학·기술 협력과 관련, 위원회가 사안별로 특정 활동이 조선민주주의인민공화국의 확산 민감 핵 활동 또는 탄도미사일 관련 프로그램에 기여하지 않는다는 결정이 내려진 경우, 또는

   (b) 여타 모든 과학·기술 협력과 관련, 과학·기술협력에 관여된 국가가 특정 활동이 조선민주주의인민공화국의 확산 민감 핵 활동 또는 탄도미사일 관련 프로그램에 기여하지 않는다고 결정하고, 그러한 결정을 위원회에 사전 통보한 경우

12. 위원회는 결의 1718호(2006), 1874호(2009), 2087호(2013), 2094호(2013), 2270호(2016) 또는 본 결의에 의해 금지된 활동 또는 핵·탄도미사일 관련 프로그램과 연관되어 있거나 연관된 적이 있는 선박이라는 믿을만한 합리적 근거를 제공하는 정보를 갖고 있을 경우, 이 조항에 의거하여 지정하는 선박들에게 다음과 같은 조치의 일부 또는 전부를 요구할 수 있음을 결정한다(decide): (a) 지정된 선박의 기국이 동 선박의 등록을 취소 (b) 지정된 선박의 기국이 항만국과의 협력하에 위원회가 지정한 항구로 동 선박을 유도 (c) 모든 회원국은 긴급 상황이거나, 선박의 최초 출발 항구로의 복귀이거나 또는 위원회의 지시가 아닌 경우 지정된 선박의 자국 항구 입항을 금지 (d) 위원회가 지정한

선박은 결의 1718호(2006) 8항 (d)호에 의해 부과되는 자산동결 대상에 해당

13. 조선민주주의인민공화국을 출국 또는 입국하는 개인의 위탁 (checked) 또는 휴대(personal) 수하물이 결의 1718호(2006), 1874호(2009), 2087호(2013), 2094호(2013), 2270호(2016) 및 본 결의에 의해 공급, 판매, 이전이 금지된 물품을 운송하는 데 활용될 수 있다는 점에 우려를 표명(express concern)하고, 결의 2270호(2016) 18항을 이행할 목적으로 이 같은 수하물이 '화물(cargo)'에 해당함을 명확히 한다(clarify).

14. 모든 회원국이 조선민주주의인민공화국 외교 공관 및 영사관 직원의 수를 축소할 것을 촉구한다(call upon).

15. 모든 회원국은 조선민주주의인민공화국 정부의 일원, 정부 관리 및 군의 일원이 핵·탄도미사일 프로그램 또는 결의 1718호 (2006), 1874호(2009), 2087호(2013), 2094호(2013), 2270호 (2016) 또는 본 결의가 금지하고 있는 여타 행위와 관련이 있다고 결정할 경우, 이들의 자국 영토를 통한 경유·입국을 제한하기 위해 조치를 취해야 함을 결정한다(decide).

16. 모든 국가는 자국 영토 내 은행에서 조선민주주의인민공화국 외교공관 및 영사관의 계좌 숫자를 각 공관당 1개, 그리고 인가된 각 외교관 및 영사당 1개로 제한하기 위한 조치를 취할 것을 결정한다(decide).

17. 1961년 외교관계에 관한 비엔나협약상 외교관은 접수국에서 개인적 영리를 위한 어떠한 직업적 또는 상업적 활동도 하여서는 아니됨을 상기(recall)하고, 따라서 조선민주주의인민공화국 외교관이 접수국에서 직업적 또는 상업적 활동을 하는 것이 금지

됨을 강조한다(emphasize).

18. 모든 회원국은 자국 영토 내에서 조선민주주의인민공화국 소유 또는 임대부동산을 외교 또는 영사 활동 이외 어떠한 목적을 위해서도 사용하는 것을 금지할 것을 결정한다(decide).

19. 안전보장이사회에 의하여 취하여지는 예방조치 또는 강제조치의 대상이 되는 유엔 회원국에 대하여는 총회가 안보리의 권고에 따라 회원국으로서의 권리와 특권의 행사를 정지시킬 수 있으며, 이러한 권리와 특권의 행사는 안보리에 의하여 회복될 수 있음을 상기한다(recall).

20. 결의 2270호(2016) 18항은 모든 국가에게 공항을 포함하여 자국 영토 내에 있거나 자국 영토를 경유하는 조선민주주의인민공화국에서 출발하거나 조선민주주의인민공화국을 목적지로 하는 화물, 또는 조선민주주의인민공화국이나 조선민주주의인민공화국 국민이, 또는 이들을 대신하거나 이들의 지시에 따라 행동하는 개인이나 단체 또는 이들에 의해 소유 또는 통제되는 단체가, 또는 제재 대상으로 지정된 개인 또는 단체가 중개하였거나 이전을 촉진한 화물, 또는 조선민주주의인민공화국 국적 항공기를 통해 운송되고 있는 화물을 검색할 것을 의무화하고 있음을 상기(recall)하며, 이 조치는 국가들에게 조선민주주의인민공화국 국적 항공기가 자국 영토에 착륙 또는 이륙할 때 검색할 것을 의무화하는 것임을 강조(emphasize)하며, 또한 결의 2270호(2016) 31항은 모든 국가에게 자국 국민에 의하여 또는 자국 영토로부터, 또는 자국 국적 선박이나 항공기를 이용하여, 항공유를 조선민주주의인민공화국 영토로 판매 또는 공급하는 것을 방지할 것을 의무화하고 있음을 상기(recall)하며, 모든 국가들에

게 항공기 안전을 위한 표준적 여유분을 포함하여 관련 비행에 필요 이상의 연료를 조선민주주의인민공화국 국적 민간항공기에 제공하지 않는 것을 보장하기 위해 주의를 기울일 것을 촉구한다(call upon).

21. 금지된 품목이 철도와 도로를 통해 조선민주주의인민공화국으로, 그리고 공화국으로부터 운송될 수 있는 데 대해 우려를 표명(express concern)하며, 결의 2270호(2016) 18항상 자국 영토 내에 있거나 자국 영토를 경유하는 화물을 검사해야 할 의무에는 철도와 도로로 운송되는 화물도 포함됨을 강조한다(underscore).

22. 위원회가 사안별로 해당 선박이 조선민주주의공화국의 개인 또는 단체의 수익 창출 목적이 아닌 오직 '민생 목적'을 위한 활동에 종사하고 있거나, 또는 전적으로 인도적 목적으로 사용되고 있다고 결정하지 않는 한, 모든 회원국이 자국민, 자국 관할권에 속한 개인 및 자국 영토 내에서 설립되거나 자국 관할권에 속한 단체가 불법적인 방법을 포함하여 조선민주주의인민공화국에 의해 소유, 통제 또는 운영되는 선박에 보험, 재보험을 제공하는 것을 금지함을 결정한다(decide).

23. 모든 회원국이 조선민주주의인민공화국으로부터 항공기 및 선박의 승무원을 조달하는 것을 금지함을 결정한다(decide).

24. 모든 회원국이 조선민주주의인민공화국에 의해 소유, 통제 또는 운영되는 어떠한 선박도 등록을 취소해야 함을 결정하며, 나아가 회원국들이 이 조항에 의거하여 여타 회원국이 등록을 취소한 어떤 선박도 재등록해서는 안 됨을 결정한다(decide).

25. 결의 1718호(2006), 1874호(2009), 2087호(2013), 2094호(2013), 2270호(2016) 및 본 결의 이행 목적상 '경유(transit)'

라는 용어는 공항의 세관이나 출입국 심사장 통과 여부와 관계
없이 다른 국가를 최종목적지로 하여 도중에 한 국가의 국제공
항을 통과하는 개인들의 여행을 포함하나, 이에 한정되지 않는
다는 점에 주목한다(note).

26. 결의 2270호(2016) 29항을 아래 문안으로 대체할 것을 결정한
다(decide).

"조선민주주의인민공화국은 자국 영토로부터 또는 자국 국민에
의해 또는 자국 국적 선박이나 항공기를 사용하여 석탄, 철, 철
광석을 직·간접적으로 공급, 판매 또는 이전해서는 안 되며, 모
든 국가들이 조선민주주의인민공화국을 원산지로 하는지 여부
와 관계없이 자국민에 의해, 또는 자국 국적 선박이나 항공기를
사용하여 조선민주주의인민공화국으로부터 해당 물질을 조달하
는 것을 방지할 것을 결정하고(decide), 본 조항은 아래에 대해
서는 적용되지 않음을 결정한다(decide) :

(a) 국가가 사전에 위원회에 통보하고 해당 거래가 조선민주주
의인민공화국의 핵 또는 탄도미사일 프로그램 또는 결의
1718호(2006), 1874호(2009), 2087호(2013), 2094호
(2013) 또는 본 결의에 의해 금지된 활동을 위한 수익 창출
과 무관하다는 것을 조건으로, 석탄을 조달하는 국가가 신뢰
할 만한 정보에 근거하여 해당 석탄이 조선민주주의인민공
화국 밖을 원산지로 하고, 오직 나진(나선)항으로부터 수출
되기 위한 목적으로 조선민주주의인민공화국을 통해 이송되
었다는 것을 확인한 석탄

(b) (i)제재 대상 개인 또는 단체, 이들을 대신하거나 이들의 지
시에 따라 행동하는 개인 또는 단체, 직간접적으로 이들에

의해 통제되는 단체, 또는 제재의 회피를 지원하는 개인이나 단체를 포함하여, 조선민주주의인민공화국의 핵 또는 탄도미사일 프로그램 또는 결의 1718호(2006), 1874호(2009), 2087호(2013), 2094호(2013), 2270호(2016) 또는 본 결의에 의해 금지된 활동과 연관된 개인 또는 단체와 관련되어 있지 않으며, (ii)조선민주주의인민공화국의 핵 또는 탄도미사일 프로그램 또는 결의 1718호(2006), 1874호(2009), 2087호(2013), 2094호(2013), 2270호(2016) 또는 본 결의에 의해 금지된 활동을 위한 수익 창출과 무관하며 오로지 조선민주주의인민공화국 주민의 민생 목적인 거래인 것을 조건으로, 조선민주주의인민공화국으로부터 모든 회원국으로 수출되는 총량이 결의 채택일로부터 2016년 12월 31일까지는 53,495,894 미국 달러 또는 1,000,866톤(두 기준 중 낮은 쪽)을 초과하지 않고, 2017년 1월 1일 이후는 연간 400,870,018 미국 달러 또는 7,500,000 톤(두 기준 중 낮은 쪽)을 초과하지 않는 석탄 수출. 조선민주주의인민공화국으로부터 석탄을 조달하는 각 회원국들은 해당 월의 마지막 날로부터 30일 이전에 월별 조달 총량을 동 결의 부속서 V에 기술된 양식에 맞추어 위원회에 통보해야 함을 결정하며(decide), 위원회가 회원국이 보고한 대북 석탄 조달 총량과 위원회 서기가 계산한 조달 총액(value), 월별 보고된 총 규모(amount) 및 월별 보고한 국가의 수를 웹사이트에 공개할 것을 지시하며(direct), 위원회가 관련 통보를 받는 대로 실시간으로 업데이트 할 것을 지시하며(direct), 조선민주주의인민공화국으로부터 석탄을 수입하는 모든 국가들이 규정

된 연간 총 한도를 초과하지 않도록 하기 위해 동 홈페이지
를 주기적으로 검토할 것을 촉구하며(call upon), 위원회 서
기는 조선민주주의인민공화국으로부터의 석탄 조달 총액
(value) 또는 총량(volume)이 연간 총 규모의 75%에 도달
한 때 모든 회원국에 통보할 것을 지시하며(direct), 또한 위
원회 서기는 조선민주주의인민공화국으로부터 석탄 조달 총
액 또는 총량이 연간 총 규모의 90%에 도달한 때 모든 회원
국에 통보할 것을 지시하며(direct), 나아가 위원회 서기는
조선민주주의인민공화국으로부터의 석탄 조달 총액 또는 총
량이 연간 총 규모의 95%에 도달한 때 모든 회원국에 이를
알리면서, 이들이 해당 년도에 즉시 북한으로부터의 석탄 조
달을 중단해야만 한다는 것을 통보할 것을 지시하며
(direct), 사무총장은 이를 위해 필요한 조치를 취하며 이와
관련하며 추가적인 자원을 제공할 것을 요청한다(request),
그리고 c) 조선민주주의인민공화국의 핵 또는 탄도미사일
프로그램 또는 결의 1718호(2006), 1874호(2009), 2087호
(2013), 2094호(2013), 2270호(2016) 또는 본 결의에 의해
금지된 활동을 위한 수익 창출과 무관하며 오로지 민생 목적
임이 결정된 철 또는 철광석 거래"

27. 전문가 패널이 신뢰할 만하고 정확한 교역 데이터에 기반하여
그 달 조선민주주의인민공화국에서 수출된 석탄의 미 달러화 기
준 평균 가격 추정치를 매달 말 30일 이내에 산정하여 위원회에
제출할 것을 지시하며(direct), 위원회 서기는 북한의 석탄 조달
총액을 모든 회원국에게 통보하고 본 결의 26항에 의해 요구되
는 대로 이를 위원회 홈페이지에 실시간으로 공개하기 위한 목

적으로, 국가들이 보고한 조달 총량을 토대로 북한으로부터의 매달 석탄 조달 총액을 산정하기 위한 기준으로 동 평균가를 사용할 것을 지시한다(direct).

28. 조선민주주의인민공화국은 자국 영토로부터 또는 자국 국민에 의해 또는 자국 국적 선박이나 항공기를 사용하여 동, 니켈, 은 및 아연을 직·간접적으로 공급, 판매 또는 이전해서는 안 되며, 모든 회원국은 조선민주주의인민공화국을 원산지로 하는지 여부와 관계없이 자국민에 의하여, 또는 자국 국적 선박이나 항공기를 사용하여 조선민주주의인민공화국으로부터 해당 물자를 조달하는 것을 금지할 것을 결정한다(decide).

29. 조선민주주의인민공화국은 자국 영토로부터 또는 자국 국민에 의해, 또는 자국 국적 선박이나 항공기를 사용하여 조형물 (statue)을 직·간접적으로 공급, 판매 또는 이전해서는 안되며, 모든 회원국은 위원회에서 사안별로 사전에 허용하지 않는 한, 조선민주주의인민공화국을 원산지로 하는지 여부와 관계없이 자국민에 의하여, 또는 자국 국적 선박이나 항공기를 사용하여 조선민주주의인민공화국으로부터 해당 물품을 조달하는 것을 금지할 것을 결정한다(decide).

30. 모든 회원국은 위원회에서 사안별로 사전에 허용된 경우를 제외하고, 자국을 원산지로 하는지 여부와 관계없이, 자국 영토를 경유하거나 자국 국민에 의해 또는 자국 국적 선박이나 항공기를 사용하여 직·간접적으로 조선민주주의인민공화국으로 신규 헬리콥터, 선박을 공급, 판매 또는 이전하는 것을 방지해야 함을 결정한다(decide).

31. 위원회가 인도적 지원 제공, 조선민주주의인민공화국 내 외교공

관의 활동, 유엔 또는 산하 전문기관 또는 관련기관 활동, 또는 본 결의 목표에 부합하는 여타 목적을 위해 해당 대표 사무소, 자회사 또는 은행계좌가 필요하다고 사안별로 결정하지 않는 한, 회원국은 90일 이내에 조선민주주의인민공화국에 존재하는 대표 사무소, 자회사 또는 은행계좌를 폐쇄하기 위해 필요한 조치를 취할 것을 결정한다(decide).

32. 모든 회원국은 위원회에서 사안별로 사전에 허용된 경우를 제외하고, 자국 영토 내 또는 자국 관할권 내 개인 또는 단체들이 조선민주주의인민공화국과의 무역을 위해 공적 및 사적 금융 지원(이러한 무역에 관련된 자국 국민 또는 단체에 대한 수출신용, 보증 또는 보험 제공을 포함)을 제공하는 것을 금지할 것을 결정한다(decide).

33. 회원국이 어떤 개인이 조선민주주의인민공화국 은행 또는 금융기관을 대신하거나 이들의 지시에 따라 일하고 있다고 결정하는 경우, 그 회원국은 위원회가 그 개인의 추방이 결의 1718호(2006), 1874호(2009), 2087호(2013), 2094호(2013), 2270호(2016) 및 본 결의의 목적에 위배된다고 사안별로 결정하거나 또는, 사법 절차를 충족시키기 위해, 또는 오직 의료, 안전, 여타 인도적 목적을 위해 그 개인이 머무르는 것이 요구되지 않는 한, 적용 가능한 국내법 및 국제법과 합치하게 그 개인의 국적국으로 송환을 목적으로 자국 영토에서 그 개인을 추방해야 함을 결정한다(decide).

34. 조선민주주의인민공화국이 핵·미사일 프로그램에 사용할 경화를 획득할 목적으로 그 주민들이 제3국에서 일하도록 송출되고 있는 데 대해 우려를 표명(express concern)하며, 국가들이 이

관행에 대해 주의를 기울일 것을 촉구한다(call upon).

35. 대량 현금(bulk cash)이 안보리에 의해 부과된 조치를 회피하기 위해 사용될 수 있다는 우려를 재강조하며(reiterate its concern), 회원국들이 이 위험성에 주의할 것을 촉구한다(call upon).

36. 모든 회원국이 본 결의가 채택된 시점으로부터 90일 이내에, 그리고 그 이후에는 위원회의 요청이 있는 경우, 본 결의의 조항들을 효과적으로 이행하기 위해 취한 구체적 조치들을 안보리에 보고할 것을 촉구하고(call upon), 결의 1874호(2009)에 따라 설치된 전문가 패널이 다른 유엔제재 모니터링 그룹들과 협력하여 국가들이 이러한 보고서를 적시에 준비하고 제출할 수 있도록 지원하는 노력을 지속해 줄 것을 요청한다(request).

37. 안보리 결의 1540호(2004)가 모든 국가에게, 관련된 물자에 대한 적절한 통제의 수립을 포함하여, 핵, 화학, 생물 무기 및 그 운반 수단의 확산을 방지하기 위한 국내적 통제를 확립하도록 효과적인 조치를 취하고 강화할 것을 의무화하고 있음을 재확인하며(reaffirm), 이 의무들은 조선민주주의인민공화국의 핵, 탄도미사일 또는 여타 WMD 관련 프로그램에 기여할 수 있는 품목, 물자, 장비, 물품 및 기술의 조선민주주의인민공화국으로의 직·간접적 공급, 판매, 이전을 금지하는 결의 1718호(2006), 1874호(2009), 2087호(2013), 2094호(2013), 2270호(2016)상의 의무와 보완적임을 주목한다(note).

38. 모든 회원국은 결의 1718호(2006), 1874호(2009), 2087호(2013), 2094호(2013), 2270호(2016)상의 조치를 완전하게 이행하고, 특히 이 결의들에 의해 이전이 금지된 물품의 검색(inspect), 탐지(detect), 압류(seize)와 관련하여 상호 협력하

기 위한 노력을 배가할 것을 촉구한다(call upon).

39. 결의 1718호(2006) 12항에서 설치된 위원회의 임무가 본 결의에 의해 부과된 조치들에 적용됨을 결정(decide)하며, 나아가 결의 1874호(2009) 26항에 적시되고 2276호(2016) 1항에서 수정된 전문가 패널의 임무가 본 결의에 의해 부과된 조치들에 또한 적용됨을 결정한다(decide).

40. 모든 회원국들이 결의 1540호(2004)를 포함하여 적용가능한 안보리 결의들의 의무 및 NPT, 화학무기 개발·생산·비축·사용 금지 및 폐기에 관한 협약(1997년 4월 29일 발효), 생물무기·독소무기의 개발·생산·비축의 금지와 폐기에 관한 협약(1972년 4월 10일 발효) 당사국의 의무와 불일치하지 않는 방식에 따라, 검색을 통해 식별된 결의 1718호(2006), 1874호(2009), 2087호(2013), 2094호(2013), 2270호(2016) 또는 본 결의가 공급, 판매, 이전 또는 수출을 금지하고 있는 품목들을 (폐기, 조작 또는 사용 불능화, 보관, 또는 처분을 위한 원산지 또는 최종목적지가 아닌 제3국으로 이전 등 방식으로) 압류(seize)·처분(dispose) 해야 함을 결정하며(decide), 동 권한을 모든 회원국들에게 부여함을 결정한다(decide).

41. 조선민주주의인민공화국을 포함한 모든 국가들이, 본 결의 또는 이전 결의에 의해 부과된 조치를 이유로 이행되지 않은 어떠한 계약 또는 여타 거래와 관련해서도, 조선민주주의인민공화국이나 조선민주주의인민공화국 내 어떠한 개인 또는 단체, 또는 결의 1718호(2006), 1874호(2009), 2087호(2013), 2094호(2013), 2270호(2016) 또는 본 결의에서 부과된 조치를 위해 제재 대상으로 지정된 개인 또는 단체, 또는 이들 개인 또는 단체

를 통하거나 이들의 이익을 대변하는 개인의 의뢰에 따른 보상 청구(claim)가 이루어지지 못하도록 필요한 조치를 취하는 것의 중요성을 강조한다(emphasize).

42. 결의 1874(2009)호에 의거하여 설립된 전문가 패널의 역량 향상 및 조선민주주의인민공화국의 제재 위반과 회피 활동 분석 능력 강화를 위해 추가적인 행정·분석 지원을 위한 자원들을 제공하고 항공영상 분석 서비스 구매, 관련 무역 및 국제안보 데이터, 여타 정보원 접근을 위해 추가 재원을 배정하고, 그 결과 증가하는 위원회의 활동을 사무국이 지원해 줄 것을 사무총장에게 요청한다(request).

43. 전문가 패널에게 2017년 8월 5일까지 위원회에 제출 예정인 중간보고서를 시작으로 조사결과 및 권고사항(findings and recommendations)을 중간보고서에 포함할 것을 요청한다(request).

44. 전문가 패널의 도움을 받아 위원회는 회원국들이 기술·역량 배양 지원을 통해 더욱 효과적인 결의 이행을 위한 혜택을 받을 수 있는 영역에 자원을 식별하고, 우선순위를 설정하며, 동원할 수 있도록 중요 주제별 및 지역별 문제 그리고 회원국의 역량 문제에 관한 특별 회의들을 개최할 것을 지시한다(direct).

45. 조선민주주의인민공화국 주민들이 처한 심각한 어려움에 깊은 우려를 재강조하며(reiterate), 조선민주주의인민공화국이 그 주민의 필요가 심히 충족되지 않는 상황 하에서 주민들의 복지 대신 핵무기 및 탄도미사일을 추구하는 것을 규탄(condemn)하며, 조선민주주의인민공화국이 주민들의 복리와 고유의 존엄성을 존중하고 보장해야 할 필요성을 강조(emphasize)한다.

46. 결의 1718호(2006), 1874호(2009), 2087호(2013), 2094호 (2013), 2270호(2016) 및 본 결의에 의해 부과된 조치들이 조선 민주주의인민공화국 주민들에게 부정적인 인도적 영향을 의도 하거나, 경제 활동 및 협력을 포함하여, 결의 1718호(2006), 1874호(2009), 2087호(2013), 2094호(2013), 2270호(2016) 및 본 결의에 의해 금지되지 않은 활동과 조선민주주의인민공화 국 주민들의 이익을 위해 조선민주주의인민공화국 내에서 지원 및 구호활동을 수행하고 있는 국제기구 및 비정부기구(NGO)의 업무에 부정적인 영향을 미치는 것을 의도한 것이 아님을 재확 인하며(reaffirm), 만일 위원회가 어떤 면제가 조선민주주의인 민공화국 내의 상기 국제기구 및 비정부기구들의 업무를 촉진하 거나 관련 결의의 목표와 일치하는 어떤 다른 목적을 위해 필요 하다고 결정하는 경우, 관련 결의들이 부과하고 있는 조치들로 부터 어떠한 활동을 사안별로 면제할 수 있음을 결정한다 (decide).

47. 6자회담에 대한 지지를 재확인하고(reaffirm), 동 회담의 재개 를 촉구하며(call for), 중국, 조선민주주의인민공화국, 일본, 대 한민국, 러시아, 미국이 발표한 2005.9.19 공동성명에 명시된 공약들에 대한 지지를 강조한다(reiterate). 동 공약은 6자회담 의 목적이 한반도의 검증가능한 비핵화를 평화적인 방식으로 달 성하는 것이라는 점, 미국과 조선민주주의인민공화국이 상대국 의 주권을 존중하고 평화적으로 공존할 것을 약속하였다 (undertake)는 점, 6자회담 참가국들은 경제협력을 증진할 것 을 약속하였다(undertake)는 점 및 여타 다른 모든 관련 공약 들을 포함한다.

48. 한반도 및 동북아 전체의 평화와 안정 유지의 중요성을 강조하고(reiterate), 상황의 평화적, 외교적, 정치적 해결에 대한 의지를 표명하며(express commitment), 대화를 통한 평화적이고 포괄적인 해결을 증진하기 위한 안보리 이사국들과 여타 국가들의 노력을 환영하며(welcome) 한반도 및 지역 긴장 완화를 위한 활동의 중요성을 강조한다(stress).

49. 조선민주주의인민공화국의 행동을 지속적으로 검토할 것이고, 조선민주주의인민공화국의 준수 여부에 비추어 필요에 따라 조치들을 강화, 수정, 중단, 또는 해제할 준비가 되어 있음을 확인하고(affirm), 이와 관련하여 조선민주주의인민공화국의 추가 핵실험 또는 발사가 있을 경우 추가적인 중대한 조치들(further significant measures)을 취할 것이라는 결의를 표명한다(express its determination).

50. 동 사안이 안보리에 계속 계류됨을 결정한다(decide).

부속서 I: 여행금지/자산동결(개인)

1. 박춘일(PAK CHUN IL)

a. 설명: 주이집트 대사, 조선광업개발무역회사(KOMID)에 지원 제공

b. 별칭: n/a

c. 신원정보: 생년월일: 1954.07.28., 국적: 조선민주주의인민공화국, 여권번호: 563410091

2. 김성철(KIM SONG CHOL)

a. 설명: 조선광업개발무역회사(KOMID) 직원, 수단에서 KOMID를

대표하여 업무 수행

b. 별칭: Kim Hak Song

c. 신원정보: 생년월일: 1968.03.26.(여타: 1970.10.15), 국적: 조선민주주의인민공화국, 여권번호: 381420565(여타: 654120219)

3. 손정혁(SON JONG HYOK)

a. 설명: 조선광업개발무역회사(KOMID) 직원, 수단에서 KOMID를 대표하여 업무 수행

b. 별칭: Son Min

c. 신원정보: 생년월일: 1980.05.20., 국적: 조선민주주의인민공화국

4. 김세건(KIM SE GON)

a. 설명: 원자력공업성을 대표하여 업무

b. 별칭: n/a

c. 신원정보: 생년월일: 1969.11.13., 국적: 조선민주주의인민공화국, 여권번호: PD472310104

5. 리원호(RI WON HO)

a. 설명: 조선광업개발무역회사(KOMID) 지원을 위한 시리아 주재 국가안전보위성 직원

b. 별칭: n/a

c. 신원정보: 생년월일: 1964.07.17., 여권번호: 381310014, 국적: 조선민주주의인민공화국

6. 조영철(JO YONG CHOL)

a. 설명: 조선광업개발무역회사(KOMID) 지원을 위한 시리아 주재 국가안전보위성 직원

b. 별칭: Cho Yong Chol

c. 신원정보: 생년월일: 1973.09.30., 국적: 조선민주주의인민공화국

7. 김철삼(KIM CHOL SAM)

a. 설명: 대동신용은행 금융(DCB Finance Limited)을 대신하여 송금을 관리하는 데 관여해온 대동신용은행(DCB) 대표. 대동신용은행 해외 대표로서 핵·미사일 프로그램과 잠재적 관련이 있는 조선민주주의인민공화국 관련 계좌의 수백만 불을 관리하고, 수십만불 가치의 송금을 지원해온 것으로 의심됨.

b. 별칭: n/a

c. 신원정보: 생년월일: 1971.03.11., 국적: 조선민주주의인민공화국

8. 김석철(KIM SOK CHOL)

a. 설명: 주미얀마대사 역임, 조선광업개발무역회사(KOMID)의 조력자로 활동. 금융문제 논의를 위해 조선광업개발무역회사(KOMID)와 미얀마 군부인사간 회의를 포함하여 조선광업개발무역회사(KOMID)를 대리하여 회의를 주선하고 지원함으로써 조선광업개발무역회사(KOMID)로부터 보수를 받음.

b. 별칭: n/a

c. 신원정보: 생년월일: 1955.05.08., 여권번호: 472310082, 국적: 조선민주주의인민공화국

9. 장창하(CHANG CHANG HA)

a. 설명: 제2자연과학원 원장

b. 별칭: Jang Chang Ha

c. 신원정보: 생년월일: 1964.01.10., 국적: 조선민주주의인민공화국

10. 조춘룡(CHO CHUN RYONG)

a. 설명: 제2경제위원회 위원장

b. 별칭: Jo Chun Ryong

c. 신원정보: 생년월일: 1960.04.04., 국적: 조선민주주의인민공화국

11. 손문산(SON MUN SAN)

a. 설명: 원자력총국 대외사업국장

b. 별칭: n/a

c. 신원정보: 생년월일: 1951.01.23., 국적: 조선민주주의인민공화국

부속서 II: 자산동결 (단체)

1. 통일발전은행(KOREA UNITED DEVELOPMENT BANK)

a. 설명: 조선민주주의인민공화국 경제의 금융서비스산업을 운영

b. 위치: PYONGYANG, DPRK, SWIFT/BIC: KUDBKPPY

2. 일심국제은행(ILSIM INTERNATIONAL BANK)

a. 설명: 조선민주주의인민공화국軍 산하기관으로 조선광선은행
(KKBC)과 밀접한 연관. 유엔제재 회피 시도

b. 별칭: n/a

c. 위치: PYONGYANG, DPRK, SWIFT: ILSIKPPY

3. 조선대성은행(KOREA DAESONG BANK)

a. 설명: 조선노동당 39호실의 소유·통제

b. 별칭: Chosun Taesong Unhaeng; Taesong Bank

c. 위치: SEGORI-DONG, GYONGHEUNG ST. POTONGGANG DISTRICT, PYONGYANG, DPRK / SWIFT/BIC: KDBKKPPY

4. 신광경제무역총회사(SINGWANG ECONOMICS AND TRADING GENERAL CORPORATION)

a. 설명: 조선민주주의인민공화국 석탄무역회사. 조선민주주의인민공화국은 천연자원 채굴 및 해외 판매로 핵·미사일 프로그램을 위한 상당한 액수의 돈을 창출

b. 별칭: n/a

c. 위치: DPRK

5. 대외기술무역센터(KOREA FOREIGN TECHNICAL TRADE CENTER)

a. 설명: 조선민주주의인민공화국 석탄무역회사. 조선민주주의인민공화국은 천연자원 채굴 및 해외 판매로 핵·미사일 프로그램을 위한 상당한 액수의 돈을 창출

b. 별칭: n/a

c. 위치: DPRK

6. 조선부강무역회사(KOREA PUGANG TRADING CORPORATION)

a. 설명: 조선민주주의공화국 방위산업을 위한 구매 및 무기 판매

지원에 특화된 거대 방위산업체인 조선연봉총회사의 소유

b. 별칭: n/a

c. 위치: RAKWON-DONG, POTONGGANG DISTRICT, PYONGYANG, DPRK

7. 조선국제화학합영회사(KOREA INTERNATIONAL CHEMICAL JOINT VENTURE COMPANY)

a. 설명: 조선민주주의공화국 방위산업을 위한 구매 및 무기 판매 지원에 특화된 거대 방위산업체인 조선연봉총회사의 자회사로서 확산관련 거래에 관여

b. 별칭: Choson International Chemicals Joint Operation Company; Chosun International Chemicals Joint Operation Company; International Chemical Joint Venture Company

c. 위치: HAMHUNG, SOUTH HAMGYONG PROVINCE, DPRK; MANGYONGDAE-KUYOK, PYONGYANG, DPRK; MANYUNGDAE-GU, PYONGYANG, DPRK

8. 대동신용은행금융(Daedong Credit Bank FINANCE LIMITED)

a. 설명: 제재 대상 대동신용은행(DCB) 위장회사

b. 별칭: n/a

c. 위치: AKARA BUILDING, 24 DE CASTRO STREET, WICKHAMS CAY I, ROAD TOWN, TORTOLA, BRITISH VIRGIN ISLANDS; DALIAN, CHINA

9. 태성무역회사(KOREA TAESONG TRADING COMPANY)

a. 설명: 시리아에서 조선광업개발무역회사(KIMOD)를 대리하여 활동

b. 별칭: n/a

c. 위치: PYONGYANG, DPRK

10. 조선대성총무역회사(KOREA DAESONG GENERAL TRADING CORPORATION)

a. 설명: 39호실 소속의 광물(금) 수출, 금속, 기계, 농산품, 인삼, 보석 및 경공업품 교역회사

b. 별칭: Daesong Trading; Daesong Trading Company; Korea Daesong Trading Company; Korea Daesong Trading Corporation

c. 위치: PULGAN CORI DONG 1, POTONGGANG DISTRICT, PYONGYANG CITY, DPRK

부속서 III: 품목, 물질, 장비, 물품 및 기술
핵 및 미사일 사용가능 품목

1. 아이소시안산류(TDI(다이아이소시안산 톨루엔), MDI(비스(페닐 아이소사이안산) 메틸렌), IPDI(다이아이아이소사이안산 아이소포론), HNMDI 또는 HDI(다이아이소사이안산 헥사메틸렌), 그리고 DDI(다이아이소사이안산 다이메릴)) 및 생산 장비

2. C.P 등급 질산암모늄 또는 상안전화된 질산암모늄(PSAN)

3. 1m 이상의 임계 내부 치수를 가지는 비파괴 시험 챔버

4. 액체 또는 하이브리드 로켓 엔진용 터보펌프

5. 고체 추진제용 바인더 고분자 물질(하이드록실 터미네이티드 폴리에테르(HTPE), 하이드록실 터미네이티드 카프로락톤 에테르(HTCE), 폴리프로필렌글리콜(PPG), 아디프산 폴리다이에틸렌 글리콜(PGA), 폴리에틸렌 글리콜(PEG)

6. 민간항공기, 위성, 지구 물리 탐사용 등을 위한 관성장비 및 이와 관련된 시험장비

7. 포화, 교란, 미사일 방어 회피목적을 위해 설계된 대응 서브시스템 및 침투 보조물(예: 전자교란기, 채프, 유인체)

8. 망간 금속 브레이징 호일

9. 하이드로포밍 성형 기계

10. 열처리로 - 온도가 850도를 초과하면서 크기가 1M를 초과하는 것

11. 방전가공기(EDMs)

12. 마찰교반 용접장비

13. 켓, 무인항공기의 공력 특성 및 열역학 분석 모델링 및 설계 소프트웨어

14. 의료 영상 시스템에 사용되는 것을 제외한 고속 영상 카메라

15. 6축 이상의 트럭 차대(chassis)

화학/생물학 무기 사용가능 품목

1. 최소 설치 폭이 2.5미터인 플로어 마운티드 품 후드(사람이 서서 드나들 수 있는 방식)

2. 로터 용량이 4L 이상이고 생물학적 물질과 함께 사용할 수 있는 배치 원심 분리기

3. 내부용적이 10-20L(.01-.02m^3)이고 생물학적 물질과 함께 사

용할 수 있는 발효기

부속서 IV: 사치품

(1) 양탄자 및 태피스트리(500미불 이상 가치)

(2) 자기나 본차이나로 된 식기류(100미불 이상 가치)

부속서 V :

안보리 결의 2321호(2016) 26항(b)호 추구를 위한

조선민주주의인민공화국으로부터 수입한 석탄 통지 표준 서식

이 서식은 유엔안전보장이사회 1718 위원회에 조선민주주의인민공화국으로부터 석탄을 결의 2321호(2016) 관련 조항에 합치하여 조달함을 통지한다.

수입국:

월:

연도:

조선민주주의인민공화국으로부터 수입한 석탄(단위: 톤):

조선민주주의인민공화국으로부터 수입한 석탄(단위: 미불, 선택):

추가 정보(선택):

서명/관인:

일자:

출처: 외교부 홈페이지〉외교정책〉안보〉북한핵문제

8) 4·27 판문점선언과 9·19 평양공동선언

해제

2018년 4월 27일 판문점 남측 구역에서 남북정상회담이 열렸다. 분단 이후 세 번째 정상회담이고, 2007년 10월 4일 2차 정상회담 이후 10여년 만이다. 그 사이 남북은 불신과 대결의 시간을 보냈다. 특히 2016-17년 한반도에는 군사적 긴장이 격화되었다. 북한의 잇달은 핵실험 및 미사일 시험발사, 미국 주도의 국제사회의 대북 제재의 확대 강화, 그리고 트럼프 대통령과 김정은 국무위원장의 설전으로 한반도에 사는 사람들은 가슴을 졸여야 했다. 그런 가운데 문재인 정부가 등장해 북한과 미국 사이에서 평화 중재자 역할을 수행하였는데, 그 계기가 평창 동계올림픽이었다. 문재인 정부는 북한의 참여를 권유하였는데 북한이 그에 응하면서 상황은 반전하였다. 대결에서 대화로, 불신에서 협력으로 전환하였다. 4·27 판문점 정상회담의 가장 큰 의의는 바로 이것이었다. 정상회담의 결과 2007년 「10·4 정상선언」에 버금갈 만큼 풍부한 내용을 담은 합의가 이루어졌다.

「4·27 판문점선언」은 크게 남북관계 발전, 긴장완화와 신뢰구축, 비핵화와 평화체제, 정상회담 정례화 등 네 가지 측면으로 구성되었다.

첫째, 남북관계 발전에서는 민족자주의 원칙을 확인하고 기존 남북 간 합의를 철저히 이행하는 데 합의하였다. 이어 고위급회담 등 분야별 대화의 조속한 개최, 실천대책 수립, 그리고 남북 당국자 상주 공동연락사무소 개성 지역 설치에도 합의하였다. 공동연락사무소 설치 합의는 남북관계를 제도적으로 발전시키는 의의를 담고 있다. 이어 다방면의 교류·협력 및 왕래·접촉의 활성화, 이산가족 상봉행사 진행, 남북적십자회담 개최에도 합의하였다. 그리고 2007년 「10·4 정상선언」 합의 사업을 적극 추진하기로 하고 그 중 남북 철도·도로 연결 및 현대화 합의가 주목을 끌었다.

둘째, 군사적 긴장완화와 신뢰구축 면에서는 적대행위 전면중지, 비무장지대(DMZ) 평화지대화 등 충돌방지 대책 마련에 합의하였다. 그 중 적대행위 중지는 북한의 평창 올림픽 참가 결정 직후부터 이루어져 오고 있었는데 그 범위를 확대하고 지속해 나가기로 했다. DMZ 평화지대화 방안은 적대행위 중단 합의를 지속적으로 이행하고 신뢰구축의 거보(巨步)를 내딛는 것이었다. 「9·19 평양공동선언」 이후 남북은 관련 시범사업을 전개하며 신뢰구축을 해나갔다. 이어 국방장관회담 등 군사 당국자 회담 개최에도 합의해 군사적 신뢰구축을 발전시켜 나가기로 하였다. 사실 이런 합의는 1991년 남북기본합의서상의 불가침 합의를 계승한 것이다.

셋째, 한반도 비핵화와 평화정착 면에서는 종전선언, 항구적 평화체제 구축을 위한 3자 또는 4자 회담 개최에 합의한 것이 눈에 띈다. 종전선언은 2007년에도 거론되었던 방안인데, 평화협정 체결까지 합의할 사안들의 복잡성과 어려움을 고려해 우선 정치적 신뢰 조치로 제시된 것이다. 종전선언안은 비핵화와 평화협정 체결 협상을 병행하는 의미가 얹어진 것이다. 특히, 남북 양 정상이 한반도의 "완전한 비핵화", "핵 없는 한반도"에 대한 의지를 분명하게 확인한 것은 북미관계 개선에 긍정적인 여건을 마련한 것으로 평가되었다.

넷째, 양 정상은 남북정상회담 정례화에 합의하였다. 선언에는 정상회담의 정례화를 언급하며, 그해 가을 평양에서 차기 정상회담 개최가 명시되었다.

「판문점 선언」은 한반도 긴장 분위기를 대화 국면으로 전환한 것 외에 남북관계 발전과 북미관계 개선의 전환점을 마련하였고, 비핵화와 평화체제 구축을 향한 남북미(중)의 협상, 특히 북미 대화의 토대를 마련하였다. 한마디로 「4·27 판문점선언」은 한반도를 평화 프로세스로 안내하는 역할을 하였다.

판문점 남북정상회담에 이어 싱가포르 북미정상회담이 개최되면서 한반도는 본격적인 평화 프로세스로 나아가는 듯했다. 나아가 판문점 선언에서 합의한 대로 남북은 평양에서 정상회담을 개최한다. 그 결과가 「9·19 평양공동선언」이다. 평양 정상회담이 기존 정상회담과 다른 것은 최초로 남한 대통령이 북한 군중 앞에 연설을 했다는 점과 남북군 최고지도자 간에 군사합의서를 처음 채택한 사실이다.

「9·19 평양공동선언」은 「4·27 판문점선언」과 연속선상에 있다. 문재인 대통령과 김정은 국무위원장은 판문점 선언의 철저한 이행을 재확인하였고 정상회담 기간 중 수 차례의 회담과 백두산 등정 등 다양한 부대행사로 정상 간 신뢰도 높아졌다. 「평양공동선언」은 군사적 긴장완화와 전쟁 재발 방지를 위해 구체적이고 새로운 방안을 제시했다는 점에서 이목을 끌기에 충분하다. 문 대통령은 9월 20일 대국민보고에서 "이번 회담에서 남북관계에 관하여 거둔 가장 중요한 결실은 군사분야 합의"라고 말했다. 사실 판문점 선언 이후 남북은 정치군사적 신뢰를 조성하는 노력을 벌여왔다. 군사분계선에서의 상호 비난을 동시에 중단하고 선전수단을 철거하는 한편, 동·서해지구 군 통신선을 복원해 우발적 충돌 방지 체계를 구축해왔다. 또 일련의 군사회담을 가져 긴장완화 방안들을 담을 '포괄적 합의서' 체결을 논의해왔다. 평양정상회담에서 이루어진 군사분야 합의는 판문점선언 이행을 위한 남북 간 공동 노력의 결과이다.[45]

---

45) 서보혁, "평화로운 한반도의 문을 열다: 평양 남북정상회담 군사분야 평가와 과제," Online Series, CO 18-39 (통일연구원, 2018.9.21). 이하 내용도 이 글을

9월 19일, 남북 두 정상이 임석한 가운데 송영무 국방장관과 노광철 인민무력상이 서명한 「판문점 선언 이행을 위한 군사분야 합의서」(이하 군사합의서)는 6개조 22개항으로 구성되어 있다. 군사합의서는 평화체제를 향한 본격적인 출발을 의미한다. 「판문점 선언」이 모든 적대행위 중지와 평화체제 구축에 관한 기본 방향을 밝혔다고 한다면, 「평양공동선언」은 당시 조건에서 남북이 할 수 있는 구체적인 방법을 망라하고 있다. 지상·해상·공중에서의 적대행위를 중지하는 방법, 비무장지대에서의 감시초소(GP) 철수, 공동경비구역(JSA)의 비무장화, 공동 유해 발굴, 한강하구 공동이용 등이다. 특히, 군사분계선 일대를 비롯한 육해공 모든 곳에서의 군사훈련 축소 합의는 남북 간 군사협력이 신뢰 구축을 넘어 군비통제 수준으로 나아갈 수 있음을 말해준다. 이런 합의가 모두 실현된다면 한반도는 전쟁 억제는 물론 공고한 평화를 닦아갈 수 있었을 것이다.

평양정상회담의 의의를 구체적으로 살펴보면 첫째, 정상회담으로 평화 프로세스가 본격 전개되기 시작하였다. 2000년 「6·15 공동선언」은 분단 이후 최초의 남북정상회담으로서 화해협력에 초점을 두었다. 2007년 「10·4 남북정상선언」은 북핵문제의 평화적 해결과 남북관계 발전을 동시에 추구했지만 이후 정세 악화로 이행되지 못하였다. 그로부터 10여년 지나 「판문점선언」은 남북관계 발전과 평화의 길을 함께 닦아간다는 큰 방향에 합의하였다. 판문점 선언 이후 남북이 착실하게 밟아온 대화와 합의 이행 노력으로 「평양공동선언」이 잉태되었다. 한반도 평화 프로세스가 본격적인 여정에 오른 것이다. 김정은 위원장은 선언 제5조에서 선제적인 비핵화 조치와 조건부 조치를 동시에 제시하며

수정한 것이다.

미국의 상응조치를 기대하였고, 비핵화에 남북이 주요 당사자로서 협력하는 데 합의하였다.

평양정상회담의 두 번째 의의는 평화를 향한 군사협력이 공약에서 실천으로 발전하고 있다는 점이다. 「판문점선언」 이후 남북은 상호비방 중단, 군사채널 복원 등 낮은 수준의 이행을 전개하며 신뢰를 쌓아갔다. 그렇지만 군사분계선 일대의 긴장이 가시지 않았다. 그에 비해 「평양공동선언」과 「군사합의서」는 적대행위 중단의 범위와 방법 등을 병력, 무기, 거리, 면적 등과 같이 매우 구체적으로 제시함으로써 평화를 체감할 기회를 열어놓았다.

세 번째 의의는 군사 분야 합의사항을 제도에 기반해 이행하도록 함으로써 지속가능성과 예측가능성을 높였다. 남북관계에서 가장 민감하고 배신의 확률이 높은 분야가 군사 분야이다. 남북이 전쟁을 겪고 오랜 기간 대결 상태를 지속해왔기 때문에 군사협력은 요원해 보인 것이 사실이다. 그런 관행을 넘어 합의한 군사협력 방안들을 지속가능하게 할 이행기구가 필수적이다. 군사공동위원회의 설치 합의가 그것이다. 그 운영에 관해서는 남북 간 협의가 있어야 하지만, 이미 1992년 5월 7일 남북 총리들이 발효시킨 관련 합의서가 있어 양측의 의지가 변수로 남았다.

넷째로 평양정상회담으로 남북 간 정치적 신뢰와 군사적 신뢰가 동반 상승하는 효과를 보았다. 군사 분야에서 이처럼 광범위하고 구체적인 합의가 도출된 데에는 무엇보다도 두 정상 간의 긴밀한 의사소통과 평화정착 의지를 제일 요인으로 꼽지 않을 수 없다. 「군사합의서」 채택은 남북이 재래식 전력에서의 군비통제를 비핵화와 병행해 추진해나갈 것임을 시사한 것이어서 주목을 받았다.

그러나 남북 간 가장 민감한 분야에서 광범위한 합의를 한 것이 불안해 보인 것도 부인할 수 없다. 양측의 상호 신뢰, 비핵화 협상의 전도 (前途), 양측 군부의 호응, 그리고 대내 정치적 제약 등 합의 이행에 영향을 미칠 변수들이 도사리고 있었기 때문이다. 그 중 두 번째 변수가 2019년 2월 하노이에서 먼저 표출되었다.

한반도의 평화와 번영, 통일을 위한 판문점선언

Panmunjeom Declaration for Peace, Prosperity and Unification of the Korean
Peninsula

대한민국 문재인 대통령과 조선민주주의인민공화국 김정은 국무위
원장은 평화와 번영, 통일을 염원하는 온 겨레의 한결같은 지향을 담아
한반도에서 역사적인 전환이 일어나고 있는 뜻 깊은 시기에 2018년 4월
27일 판문점 「평화의 집」에서 남북정상회담을 진행하였다.

양 정상은 한반도에 더 이상 전쟁은 없을 것이며 새로운 평화의 시대
가 열렸음을 8천만 우리 겨레와 전 세계에 엄숙히 천명하였다.

양 정상은 냉전의 산물인 오랜 분단과 대결을 하루 빨리 종식시키고
민족적 화해와 평화번영의 새로운 시대를 과감하게 열어나가며 남북관
계를 보다 적극적으로 개선하고 발전시켜 나가야 한다는 확고한 의지
를 담아 역사의 땅 판문점에서 다음과 같이 선언하였다.

1. 남과 북은 남북관계의 전면적이며 획기적인 개선과 발전을 이룩
   함으로써 끊어진 민족의 혈맥을 잇고 공동번영과 자주통일의 미
   래를 앞당겨나갈 것이다.

   남북관계를 개선하고 발전시키는 것은 온 겨레의 한결같은 소망
   이며 더 이상 미룰 수 없는 시대의 절박한 요구이다.

   ① 남과 북은 우리 민족의 운명은 우리 스스로 결정한다는 민족자
      주의 원칙을 확인하였으며 이미 채택된 남북 선언들과 모든 합
      의들을 철저히 이행함으로써 관계 개선과 발전의 전환적 국면

을 열어나가기로 하였다.

② 남과 북은 고위급회담을 비롯한 각 분야의 대화와 협상을 빠른 시일 안에 개최하여 정상회담에서 합의된 문제들을 실천하기 위한 적극적인 대책을 세워나가기로 하였다.

③ 남과 북은 당국간 협의를 긴밀히 하고 민간교류와 협력을 원만히 보장하기 위하여 쌍방 당국자가 상주하는 남북공동연락사무소를 개성 지역에 설치하기로 하였다.

④ 남과 북은 민족적 화해와 단합의 분위기를 고조시켜 나가기 위하여 각계각층의 다방면적인 협력과 교류, 왕래와 접촉을 활성화하기로 하였다.

안으로는 6·15를 비롯하여 남과 북에 다같이 의의가 있는 날들을 계기로 당국과 국회, 정당, 지방자치단체, 민간단체 등 각계각층이 참가하는 민족공동행사를 적극 추진하여 화해와 협력의 분위기를 고조시키며, 밖으로는 2018년 아시아경기대회를 비롯한 국제경기들에 공동으로 진출하여 민족의 슬기와 재능, 단합된 모습을 전 세계에 과시하기로 하였다.

⑤ 남과 북은 민족 분단으로 발생된 인도적 문제를 시급히 해결하기 위하여 노력하며, 남북적십자회담을 개최하여 이산가족·친척 상봉을 비롯한 제반 문제들을 협의 해결해나가기로 하였다. 당면하여 오는 8·15를 계기로 이산가족·친척 상봉을 진행하기로 하였다.

⑥ 남과 북은 민족경제의 균형적 발전과 공동번영을 이룩하기 위하여 10·4 선언에서 합의된 사업들을 적극 추진해나가며, 1차적으로 동해선 및 경의선 철도와 도로들을 연결하고 현대화하여 활용하기 위한 실천적 대책들을 취해 나가기로 하였다.

2. 남과 북은 한반도에서 첨예한 군사적 긴장 상태를 완화하고 전쟁 위험을 실질적으로 해소하기 위하여 공동으로 노력해 나갈 것이다. 한반도의 군사적 긴장 상태를 완화하고 전쟁 위험을 해소하는 것은 민족의 운명과 관련되는 매우 중대한 문제이며 우리 겨레의 평화롭고 안정된 삶을 보장하기 위한 관건적인 문제이다.

① 남과 북은 지상과 해상, 공중을 비롯한 모든 공간에서 군사적 긴장과 충돌의 근원으로 되는 상대방에 대한 일체의 적대행위를 전면 중지하기로 하였다.

당면하여 5월 1일부터 군사분계선 일대에서 확성기 방송과 전단살포를 비롯한 모든 적대행위들을 중지하고 그 수단을 철폐하며, 앞으로 비무장지대를 실질적인 평화지대로 만들어 나가기로 하였다.

② 남과 북은 서해 북방한계선 일대를 평화수역으로 만들어 우발적인 군사적 충돌을 방지하고 안전한 어로활동을 보장하기 위한 실제적인 대책을 세워나가기로 하였다.

③ 남과 북은 상호 협력과 교류, 왕래와 접촉이 활성화되는 데 따른 여러 가지 군사적 보장대책을 취하기로 하였다.

남과 북은 쌍방 사이에 제기되는 군사적 문제를 지체없이 협의 해결하기 위하여 국방부장관 회담을 비롯한 군사당국자 회담을 자주 개최하며 5월 중에 먼저 장성급 군사회담을 열기로 하였다.

3. 남과 북은 한반도의 항구적이며 공고한 평화체제 구축을 위하여 적극 협력해 나갈 것이다.

한반도에서 비정상적인 현재의 정전상태를 종식시키고 확고한 평화체제를 수립하는 것은 더 이상 미룰 수 없는 역사적 과제이다.

① 남과 북은 그 어떤 형태의 무력도 서로 사용하지 않을 데 대한 불가침 합의를 재확인하고 엄격히 준수해 나가기로 하였다.

② 남과 북은 군사적 긴장이 해소되고 서로의 군사적 신뢰가 실질적으로 구축되는 데 따라 단계적으로 군축을 실현해 나가기로 하였다.

③ 남과 북은 정전협정 체결 65년이 되는 올해에 종전을 선언하고 정전협정을 평화협정으로 전환하며 항구적이고 공고한 평화체제 구축을 위한 남·북·미 3자 또는 남·북·미·중 4자회담 개최를 적극 추진해 나가기로 하였다.

④ 남과 북은 완전한 비핵화를 통해 핵 없는 한반도를 실현한다는 공동의 목표를 확인하였다.

남과 북은 북측이 취하고 있는 주동적인 조치들이 한반도 비핵화를 위해 대단히 의의 있고 중대한 조치라는 데 인식을 같이하고 앞으로 각기 자기의 책임과 역할을 다하기로 하였다.

남과 북은 한반도 비핵화를 위한 국제사회의 지지와 협력을 위해 적극 노력해 나가기로 하였다.

양 정상은 정기적인 회담과 직통전화를 통하여 민족의 중대사를 수시로 진지하게 논의하고 신뢰를 굳건히 하며, 남북관계의 지속적인 발전과 한반도의 평화와 번영, 통일을 향한 좋은 흐름을 더욱 확대해 나가기 위하여 함께 노력하기로 하였다.

당면하여 문재인 대통령은 올해 가을 평양을 방문하기로 하였다.

2018년 4월 27일

판문점

대한민국	조선민주주의인민공화국
대통령	국무위원회 위원장
문재인	김정은

출처: 외교부 홈페이지〉외교정책〉안보〉한반도평화체제

9월 평양공동선언문

　대한민국 문재인 대통령과 조선민주주의인민공화국 김정은 국무위원장은 2018년 9월 18일부터 20일까지 평양에서 남북정상회담을 진행하였다.

　양 정상은 역사적인 판문점선언 이후 남북 당국 간 긴밀한 대화와 소통, 다방면적 민간교류와 협력이 진행되고, 군사적 긴장완화를 위한 획기적인 조치들이 취해지는 등 훌륭한 성과들이 있었다고 평가하였다.

　양 정상은 민족자주와 민족자결의 원칙을 재확인하고, 남북관계를 민족적 화해와 협력, 확고한 평화와 공동번영을 위해 일관되고 지속적으로 발전시켜 나가기로 하였으며, 현재의 남북관계 발전을 통일로 이어갈 것을 바라는 온 겨레의 지향과 여망을 정책적으로 실현하기 위하여 노력해 나가기로 하였다.

　양 정상은 판문점선언을 철저히 이행하여 남북관계를 새로운 높은 단계로 진전시켜 나가기 위한 제반 문제들과 실천적 대책들을 허심탄회하고 심도 있게 논의하였으며, 이번 평양정상회담이 중요한 역사적 전기가 될 것이라는 데 인식을 같이 하고 다음과 같이 선언하였다.

1. 남과 북은 비무장지대를 비롯한 대치 지역에서의 군사적 적대관계 종식을 한반도 전 지역에서의 실질적인 전쟁위험 제거와 근본적인 적대관계 해소로 이어나가기로 하였다.
   ① 남과 북은 이번 평양정상회담을 계기로 체결한 「판문점선언 군사분야 이행합의서」를 평양공동선언의 부속합의서로 채택하고

이를 철저히 준수하고 성실히 이행하며, 한반도를 항구적인 평화지대로 만들기 위한 실천적 조치들을 적극 취해나가기로 하였다.

② 남과 북은 남북군사공동위원회를 조속히 가동하여 군사 분야 합의서의 이행 실태를 점검하고 우발적 무력충돌 방지를 위한 상시적 소통과 긴밀한 협의를 진행하기로 하였다.

2. 남과 북은 상호호혜와 공리공영의 바탕위에서 교류와 협력을 더욱 증대시키고, 민족경제를 균형적으로 발전시키기 위한 실질적인 대책들을 강구해 나가기로 하였다.

① 남과 북은 금년 내 동, 서해선 철도 및 도로 연결을 위한 착공식을 갖기로 하였다.

② 남과 북은 조건이 마련되는 데 따라 개성공단과 금강산관광 사업을 우선 정상화하고, 서해경제공동특구 및 동해관광공동특구를 조성하는 문제를 협의해 나가기로 하였다.

③ 남과 북은 자연생태계의 보호 및 복원을 위한 남북 환경협력을 적극 추진하기로 하였으며, 우선적으로 현재 진행 중인 산림분야 협력의 실천적 성과를 위해 노력하기로 하였다.

④ 남과 북은 전염성 질병의 유입 및 확산 방지를 위한 긴급조치를 비롯한 방역 및 보건·의료 분야의 협력을 강화하기로 하였다.

3. 남과 북은 이산가족 문제를 근본적으로 해결하기 위한 인도적 협력을 더욱 강화해나가기로 하였다.

① 남과 북은 금강산 지역의 이산가족 상설면회소를 빠른 시일 내 개소하기로 하였으며, 이를 위해 면회소 시설을 조속히 복구하기로 하였다.

② 남과 북은 적십자 회담을 통해 이산가족의 화상상봉과 영상편지 교환 문제를 우선적으로 해결해 나가기로 하였다.

4. 남과 북은 화해와 단합의 분위기를 고조시키고 우리 민족의 기개를 내외에 과시하기 위해 다양한 분야의 협력과 교류를 적극 추진하기로 하였다.

① 남과 북은 문화 및 예술 분야의 교류를 더욱 증진시켜 나가기로 하였으며, 우선적으로 10월 중에 평양예술단의 서울 공연을 진행하기로 하였다.

② 남과 북은 2020년 하계올림픽경기대회를 비롯한 국제경기들에 공동으로 적극 진출하며, 2032년 하계올림픽의 남북공동 개최를 유치하는 데 협력하기로 하였다.

③ 남과 북은 10·4 선언 11주년을 뜻깊게 기념하기 위한 행사들을 의의있게 개최하며, 3·1운동 100주년을 남북이 공동으로 기념하기로 하고, 그를 위한 실무적인 방안을 협의해 나가기로 하였다.

5. 남과 북은 한반도를 핵무기와 핵위협이 없는 평화의 터전으로 만들어 나가야 하며 이를 위해 필요한 실질적인 진전을 조속히 이루어나가야 한다는 데 인식을 같이하였다.

① 북측은 동창리 엔진시험장과 미사일 발사대를 유관국 전문가들의 참관 하에 우선 영구적으로 폐기하기로 하였다.

② 북측은 미국이 6·12 북미공동성명의 정신에 따라 상응조치를 취하면 영변 핵시설의 영구적 폐기와 같은 추가적인 조치를 계속 취해나갈 용의가 있음을 표명하였다.

③ 남과 북은 한반도의 완전한 비핵화를 추진해나가는 과정에서 함께 긴밀히 협력해 나가기로 하였다.

6. 김정은 국무위원장은 문재인 대통령의 초청에 따라 가까운 시일 내로 서울을 방문하기로 하였다.

2018년 9월 19일

대한민국	조선민주주의인민공화국
대통령	국무위원회 위원장
문재인	김정은

출처: 외교부 홈페이지〉외교정책〉안보〉한반도평화체제

9) 싱가포르 북미정상회담 공동선언(2018.6.12)

해제

싱가포르 산토사 섬에서 열린 북미정상회담은 북한과 미국의 관계에서 처음 있는 역사적인 사건이었다. 2018년은 한반도 문제와 관련해 관련국 정상들 사이의 회담이 가장 많은 해로 기록되고 있다. 그중 주목을 끌었던 것이 바로 최초의 북미정상회담이다. 북미정상회담이 개최될 가능성은 2000년 말 클린턴-김정일 사이에 있었지만 미국 대통령 선거 개표상의 혼란으로 불발에 그쳤다. 두 번째 기회가 성사된 것이다. 그 주인공이 미국 트럼프 대통령과 북한의 김정은 국무위원장이었다. 트럼프는 소위 하향식(top-down) 방식으로 비핵협상을 주도하려 했지만 정치적 곤경을 벗어나려는 의도가 있었다. 김정은은 핵개발 과정에서 국제사회의 강화된 제재를 완화해 경제정책에서 성과를 내고자 하는 의도가 작용했다.

짧은 회담 결과로 「싱가포르 공동선언」이 발표되었는데, 그 내용은 전문과 4개항으로 구성되어 있다. 전문은 4개항을 요약하고 신뢰구축 의지를 담고 있다. 4개 합의 사항은 북미 간 새로운 관계 수립, 한반도 평화체제 구축, 한반도의 완전한 비핵화, 그리고 한국전쟁 시 전쟁 포로와 실종자 유해 수습 및 송환이다. 이 합의는 2000년 10월 「북미 공동성명」은 물론 1994년 「북미 제네바 합의」보다 내용에서 부족하다. 그러나 최초의 정상회담 합의에서 양국 간 상호 관심사를 추상적인 표현으로 망라하고 향후 이행 협상의 발판을 마련한 의의가 크다. 물론 그것은 양국 간 상호 불신과 양국 내부의 여건이 제약할 가능성에 노출되어 있었다.

「싱가포르 공동선언」의 전문에는 미국의 대북 안전보장과 북한의 비핵화 노력이 한 문장 안에 연결되어 있다. 이는 양국의 최고 관심사가 무엇인지, 그것이 상호 연계되어 있음을, 그래서 둘을 묶은 포괄 접근이 아니면 합의 이행이 불가능함을 암시하고 있다. 또 전문에는 "상호 신뢰를 구축하는 것이 한반도 비핵화를 증진할 수 있다"고 밝히고 있다. 이는 북한의 입장에서 비핵화 관련 가시적인 조치를 취하는 대신, 강화된 대북 제재를 완화하려는 의도가 담긴 것이다. 실제 김정은 정권은 이 정상회담 개최에 앞서 영변 핵실험장을 무너뜨리고, 평양 남북정상회담에서 동창리 미사일 엔진시험장 폐쇄를 밝히는 등 일종의 신뢰구축 조치를 취했다. 그 다음 북한은 미국에 신뢰구축 조치를 요구했지만 미국은 어떠한 조치도 내보이지 않았다. 그런 가운데 열린 2019년 2월 하노이 2차 북미정상회담이 결렬되었다. 북한의 비핵화 대 미국의 상응조치를 둘러싼 로드맵 작성이 이루어지지 못했다. 이로써 북미 간 불신은 다시 높아졌고 협상의 문은 닫혀버렸다. 북한은 동창리 미사일 엔진시험장을 다시 가동할 움직임을 보였고, 핵개발은 계속되었다. 트럼프의 성급하고 북미 간 조율되지 않은 탑-다운 방식이 한계를 드러낸 것이다.

바이든 정부 들어서 미국은 대북 인도협력을 대북 제재의 예외로 간주하고 외교를 통한 비핵화 의향을 밝혔다. 성김 대북정책 특사 등 바이든 정부의 고위관리들이 북한과의 인도적 협력과 무조건적인 대화를 제안하고 있지만, 북한은 의심과 불신의 눈초리를 숨기지 않으면서 대화에 응하지 않고 있다. 북한은 「싱가포르 공동선언」 이후 미국이 신뢰구축에 소극적이라는 판단을 버리지 않고 있는 것이다.

합의 전문

도널드 트럼프 미합중국 대통령과 김정은 조선민주주의인민공화국 국무위원장의
싱가포르 정상회담 공동성명

Joint Statement of President Donald J. Trump of the United States of America
and Chairman Kim Jong Un of the Democratic People's Republic of Korea at the
Singapore Summit

 트럼프 대통령과 김정은 위원장은 미국과 조선민주주의인민공화국의 새로운 관계 수립과 한반도의 지속적이고 견고한 평화체제 구축과 관련한 사안들을 주제로 포괄적이고 심층적이며 진지한 방식으로 의견을 교환했다. 트럼프 대통령은 조선민주주의인민공화국의 안전보장을 제공하기로 약속했고, 김정은 위원장은 한반도의 완전한 비핵화를 향한 흔들리지 않는 확고한 약속을 재확인했다.

 새로운 북미 관계를 수립하는 것이 한반도와 세계의 평화, 번영에 이바지할 것이라는 점을 확신하고, 상호신뢰를 구축하는 것이 한반도 비핵화를 증진할 수 있다고 인정하면서 트럼프 대통령과 김 위원장은 아래와 같은 합의사항을 선언한다.

1. 미국과 조선민주주의인민공화국은 평화와 번영을 위한 양국 국민의 바람에 맞춰 미국과 조선민주주의인민공화국의 새로운 관계를 수립하기로 약속한다.
2. 양국은 한반도의 지속적이고 안정적인 평화체제를 구축하기 위해 함께 노력한다.
3. 2018년4월 27일 판문점 선언을 재확인하며, 조선민주주의인민공화국은 한반도의 완전한 비핵화를 향해 노력할 것을 약속한다.

4. 미국과 조선민주주의인민공화국은 신원이 이미 확인된 전쟁포로, 전쟁 실종자들의 유해를 즉각 송환하는 것을 포함해 전쟁포로, 전쟁실종자들의 유해 수습을 약속한다.

역사상 처음으로 이뤄진 북미 정상회담이 거대한 중요성을 지닌 획기적인 사건이라는 점을 확인하고, 북미 간 수십 년의 긴장과 적대행위를 극복하면서 새로운 미래를 열어나가기 위해 트럼프 대통령과 김 위원장은 공동성명에 적시된 사항들을 완전하고 신속하게 이행할 것을 약속한다. 미국과 조선민주주의인민공화국은 북미정상회담의 결과를 이행하기 위해 마이크 폼페이오 미국 국무장관, 관련한 조선민주주의인민공화국 고위급 관리가 주도하는 후속 협상을 가능한 한 가장 이른 시일에 개최하기로 약속한다.

도널드 트럼프 미합중국 대통령과 김정은 조선민주주의인민공화국 국무위원장은 북미 관계의 발전, 한반도와 세계의 평화, 번영, 안전을 위해 협력할 것을 약속했다.

2018년 6월 12일

센토사 섬, 싱가포르

출처: 외교부 홈페이지〉외교정책〉안보〉북한핵문제; 〈연합뉴스〉 2018.6.12.

10) 한미정상회담 공동선언(2021.5.21)

해제

 2021년 1월 20일 조 바이든(Joe Biden)이 제46대 미국 대통령으로 취임하였다. 그는 트럼프 공화당 정권이 민주주의, 경제, 미국의 국제적 위신 등을 악화시켰다고 비판하고, 코로나19 극복, 경제 재건, 인종 차별 극복, 그리고 국제협력 등을 기치로 내걸고 대선에서 승리하였다. 바이든은 트럼프의 하향식 대북정책을 비판하고 실무적 검토와 동맹과의 협력을 바탕으로 한 상향적 정책을 내걸었다. 바이든은 상원의원과 부통령을 지내며 한국과의 인연을 만들어왔고 한반도 및 아시아 문제에 대해서도 정통한 노련한 정치인이다.

 바이든 대통령은 취임 이후 한국 대통령을 두 번째 대면 정상회담 파트너로 정했다. 2021년 5월 21일 미국 백악관에서 한미정상회담이 열렸다. 문재인 대통령 입장에서 바이든 대통령과의 정상회담은 트럼프 대통령과의 여덟 번 정상회담 이후 갖는 회담으로서, 2019년 9월 23일 뉴욕에서 트럼프 대통령과의 정상회담 이후 약 1년 8개월 만에 갖는 정상회담이었다.

 화기애애한 분위기에서 정상회담이 순조롭게 진행되었다. 그러나 두 정상과 양국이 처한 상황이 녹록지 않았다. 무엇보다 양 정상은 코로나19 사태와 북한 문제, 그리고 경제 재건에 공통 관심사가 있었다. 그 바탕으로 트럼프 행정부 시기 미국의 일방주의 외교로 약화된 동맹의 신뢰를 재확립하여 협력의 메시지를 발신하는 것이 필요했다. 미국으로서는 누그러지지 않은 중국과의 갈등에 우군이 필요했고 경제 재건에도 한국의 투자가 필요했다. 한국으로서는 중단된 평화 프로세스를 복원하고 코로나19 사태의 극복에 미국의 지지와 협조가 절실했다. 그런 배경 하에서 열린 정상회담의 결과 많은 합의가 이루어졌다.

정상회담 공동성명은 크게 전문과 한미동맹, 포괄협력 방안으로 구성되어 있다. 전문은 양국 간 동맹관계의 의의와 공통의 정체성을 확인하고 있다. 한미동맹 부분에서는 양국 간 파트너십 강화, 한국으로의 전시 작전권 전환 재확인, 대한(對韓) 미사일 지침 완전 해제, '완전한 한반도 비핵화' 필요성 확인, 외교 우선의 대북정책 등을 담고 있다. 미래를 향한 포괄협력 부분에서는 상호 투자 증대 및 연구·개발 협력, 차세대 기술에 대한 협력, 감염병 대응 역량 강화 및 백신 생산 능력 확대에 대한 협력, 인적 교류 확대 등을 담고 있다.

이 중 한반도 평화문제는 동맹 파트에서 다루고 있다. 바이든 행정부는 한반도 문제를 넘어 미국의 외교·안보정책의 근간을 동맹으로 삼고 있다. 이는 원칙적인 입장을 넘어 미국의 실추된 위신과 국내정치적 어려움과 경제적 한계 등을 고려할 때 동맹의 힘이 절실한 현실적인 이유가 작용하였다. 그러므로 아태 지역에서 미국의 지도력을 회복하고 중국을 견제하고, 한반도 문제 해결에 한미 동맹관계, 나아가 한미일 동맹관계의 발전은 가장 중요한 동력이다. 바이든 정부가 트럼프 정부의 대북정책을 비판했지만, 기존의 남북·북미합의를 존중한다고 밝힌 점은 동맹국인 한국의 입장을 배려하고 바이든 정부의 정책에 한국의 지지와 협조를 추구했기 때문이다. 물론 이후 바이든 정부는 북한 인권문제에 대해서는 원칙적인 자세로 북한을 비판하고 있지만, 북한과의 인도협력 의향과 무조건적인 대화 의사도 내놓고 있다.

결국 5·21 한미정상회담은 트럼프 정부 시기 약화된 양국 간 동맹관계의 신뢰를 회복했을 뿐만 아니라 미래의 동맹 비전을 공유하였다. 그리고 한반도 평화를 위해 대화와 외교를 우선해 북한과 공동의 접근을 추진하기로 합의해 평화 프로세스를 재개할 발판을 닦았다는 호평이 일어났다. 그렇지만 바이든 정부가 국내적 문제에 더 주력하고 대외정책에서도 북한 문제가 우선순위에 밀려 북한과의 협상을 적극 추구할 준비가 안 되어 있다는 점이 이후 상황에서 나타났다. 2021년 10월 들어 한국과 미국 정부 사이에 대북 인도적 협력과 종전선언 등에 관해 긴밀한 협의를 진행하고 있어 향후 정세가 주목을 끌고 있다.

합의 전문

한미정상회담 공동성명

U.S.–ROK Leaders' Joint Statement

MAY 21, 2021

　대한민국과 미합중국 간의 동맹은 70여 년 전 전장에서 어깨를 맞대고 함께 싸우면서 다져졌다. 공동의 희생으로 뭉쳐진 우리의 파트너십은 이후 수십 년 동안 평화 유지에 기여함으로써 양국 및 양국 국민들의 번영을 가능하게 하였다. 안정과 번영의 핵심축인 한미 동맹은 양국을 둘러싼 국제정세 변화에 따라 꾸준히 진화하였다. 인도·태평양 지역 안보 환경이 더욱 복잡다단해지고, 코로나19 대유행으로부터 기후 변화 위협에 이르는 생존을 위협하는 문제들로 인해 세계가 재편되고 있는 지금 우리는 철통같은 동맹에 대한 공약을 재확인한다.

　한국과 미국은 국내외에서 민주적 규범, 인권과 법치의 원칙이 지배하는 지역에 대한 비전을 공유하고 있다. 우리는 지역 및 세계 질서의 핵심축이자, 양국 국민들에게 평화와 번영이 지속되도록 하는 파트너십을 추구하고 있다. 무엇보다도 우리는 새로운 시대에 우리의 관계에 활력을 불어넣고 시대에 발맞춰 나가겠다는 결의를 함께하고 있다. 바이든 대통령은 양국 간 파트너십의 새로운 장을 열어나가기 위해 대한민국의 문재인 대통령을 워싱턴에서 맞이하게 된 것을 영광으로 생각한다.

한미동맹의 새로운 장을 열며

문재인 대통령과 바이든 대통령은 한미상호방위조약에 따른 한국 방어와 한미 연합방위태세에 대한 상호 공약을 재확인하고, 바이든 대통령은 미국이 가용한 모든 역량을 사용하여 확장 억제를 제공한다는 공약을 확인하였다. 우리는 동맹의 억제 태세 강화를 약속하고, 합동 군사 준비 태세 유지의 중요성을 공유하며, 조건에 기초한 전작권 전환에 대한 확고한 의지를 다시 한번 강조하였다. 우리는 또한 새로운 위협에 대한 효과적인 공동 대응을 확보하기 위해 사이버, 우주 등 여타 영역에서 협력을 심화하기로 하였다. 우리는 연합방위태세를 향상시키고 동맹에 대한 우리의 헌신을 보여주는 다년도 방위비분담특별협정 서명을 환영하였다.

양측은 전 세계적 비확산과 원자력 안전, 핵 안보, 안전조치가 보장된 원자력 기술 사용과 관련된 제반 사안에 대해 긴밀히 협력하는 것이 동맹의 핵심적 징표임을 재확인하였다. 미국은 비확산 노력을 증진하는 데 있어 한국의 국제적 역할을 평가하였다. 한국은 미국과의 협의를 거쳐 개정 미사일 지침 종료를 발표하고, 양 정상은 이러한 결정을 인정하였다.

문재인 대통령과 바이든 대통령은 한반도의 완전한 비핵화에 대한 공동의 약속과 북한의 핵탄도미사일 프로그램을 다루어 나가고자 하는 양측의 의지를 강조하였다. 우리는 북한을 포함한 국제사회가 유엔 안보리 관련 결의를 완전히 이행할 것을 촉구하였다. 문재인 대통령은 한국과 미국의 안보를 향상시키는 실질적 진전을 위해 북한과의 외교에 열려 있고, 이를 모색한다는, 정교하고 실용적인 접근법을 취하는 미국의 대북정책 검토가 완료된 것을 환영하였다. 우리는 또한 2018년 판문점 선언과 싱가포르 공동성명 등 기존의 남북 간, 북미 간 약속에 기초한 외교와 대화가 한반도의 완전한 비핵화와 항구적 평화정착을 이루는 데 필수적이라는 공동의 믿음을 재확인하였다. 바이든 대통령은 또한 남북 대화와 관여, 협력에 대한 지지를 표명하였다. 우리는 북한의 인권 상황을 개선하기 위해 협력한다는 데 동의하고, 가장 도움을 필요로 하는 북한 주민들에 대한 인도적 지원 제공을 계속 촉진하기로 약속하였다. 우리는 또한 남북 이산가족 상봉 촉진을 지원한다는 양측의 의지를 공유하였다. 우리는 또한 우리의 대북 접근법이 완전히 일치되도록 조율해 나가기로 합의하였다. 우리는 북한 문제를 다루어 나가고, 우리의 공동 안보와 번영을 수호하며, 공동의 가치를 지지하고, 규범에 기반한 질서를 강화하기 위한 한미일 3국 협력의 근본적인 중요성을 강조하였다.

한미 관계의 중요성은 한반도를 훨씬 넘어서는 것으로서, 우리의 공동 가치에 기초하고 있고, 인도·태평양 지역에 대한 우리 각자의 접근법에 기반을 두고 있다. 우리는 한국의 신남방정책과 미국의 자유롭고 개방적인 인도—태평양 구상을 연계하기 위해 협력하고, 양국이 안전하고 번영하며 역동적인 지역을 조성하기 위해 협력하기로 하였다. 한국과 미국은 아세안 중심성과 아세안 주도 지역 구조에 대한 지지를 재확인하였다. 우리는 법 집행, 사이버 안보, 공중보건, 녹색 회복 증진과 관련한 역내 공조를 확대하기로 하였다. 우리는 한국, 미국 및 동남아 지역 국민 간 더욱 심화된 인적 유대를 발전시키는 한편, 아세안 내 연계성 증진과 디지털 혁신을 촉진하기 위해 긴밀히 협력하기로 하였다. 우리는 또한 메콩 지역의 지속가능한 개발, 에너지 안보 및 책임 있는 수자원 관리를 증진하기 위해 함께 노력해 나갈 방안을 모색할 것이다. 한국과 미국은 또한 태평양 도서국들과의 협력 강화에 대한 지지를 재확인하고, 쿼드 등 개방적이고, 투명하며, 포용적인 지역 다자주의의 중요성을 인식하였다.

한국과 미국은 규범에 기반한 국제 질서를 저해, 불안정 또는 위협하는 모든 행위를 반대하며, 포용적이고 자유롭고 개방적인 인도·태평양 지역을 유지할 것을 약속하였다. 우리는 남중국해 및 여타 지역에서 평화와 안정, 합법적이고 방해받지 않는 상업 및 항행상공비행의 자유를 포함한 국제법 존중을 유지하기로 약속하였다. 바이든 대통령과 문재인 대통령은 대만 해협에서의 평화와 안정 유지의 중요성을 강조하였다. 다원주의와 개인의 자유를 중시하는 민주주의 국가로서, 우리는 국내외에서 인권 및 법치를 증진할 의지를 공유하였다.

우리는 미얀마 군경의 민간인들에 대한 폭력을 결연히 규탄하고, 폭력의 즉각적 중단, 구금자 석방 및 민주주의로의 조속한 복귀를 위해 계속 압박하기로 약속하였다. 우리는 모든 국가들이 미얀마 국민들에게 안전한 피난처를 제공하고 미얀마로의 무기판매를 금지하는 데 동참할 것을 요구하였다.

더 나은 미래를 향한 포괄적 협력

문재인 대통령과 바이든 대통령은 현 시대의 위협과 도전과제로 인해 새로운 분야에서의 양국 간 파트너십 강화가 필요하다는 점을 인식하였다. 우리는 기후, 글로벌 보건, 5G 및 6G 기술과 반도체를 포함한 신흥기술, 공급망 회복력, 이주 및 개발, 우리의 인적교류에 있어서 새로운 유대를 형성할 것을 약속하였다.

문재인 대통령은 2021년 4월 22일 기후 정상회의 주최를 통해 글로벌 기후 목표를 상향시키고자 한 미국의 리더십을 환영하였다. 바이든 대통령은 한국이 5월 30일~31일 P4G 서울 정상회의를 주최함으로써 포용적이고 국제적인 녹색 회복 및 온실가스 순배출 제로 달성에 기여

하기를 기대하였다. 미국은 상향된 국별 온실가스 감축목표(NDC)를
제출하였고, 한국이 지구 평균기온 상승 1.5도 제한을 위한 노력과 글
로벌 2050 온실가스 순배출 제로 달성 목표에도 부합하는 상향된 잠정
2030 NDC를 10월 초순경에 발표하고 상향된 최종 NDC를 COP26까
지 발표한다는 계획을 환영하였다. 우리는 2030 NDC 및 장기전략 등
2050 탄소중립 목표 달성을 위해 협력하고, 탄소 배출을 감축하는 데
있어 세계 지도자들 사이에서 모범사례를 제시하는 한편, 해양, 산림
등 천연 탄소흡수원을 보존·강화하며, 양국의 장기 목표 달성에 기여
할 수 있도록 기술·혁신 분야에서 무엇보다 필수적인 협력을 확대할
것이다.

문재인 대통령의 해외 석탄발전 신규 공적 금융지원 중단 선언과 바
이든 대통령의 기후위기 대응 행정명령을 바탕으로, 한국과 미국은 저
감되지 않은 해외 석탄발전소에 대한 모든 형태의 신규 공적 금융지원
을 중단하기 위해 경제협력개발기구(OECD) 및 여타 국제 논의 계기에
협력할 것이다.

한미 양국은 2050년 이내 글로벌 온실가스 순배출 제로 달성 및
2020년대 내 온실가스 배출량 대폭 감축 달성을 위해 국제 공적 금융
지원을 이에 부합시켜 나갈 것이다. 한국은 파리협정 하 신규 post-
2025 동원 목표를 위한 기후재원 공여 관련 미국 및 여타국들의 노력
에 동참할 것을 기대한다.

한국과 미국은 그간 코로나19 대유행과 오랜 글로벌 보건 도전과제
에 있어 핵심적인 동맹국이었다. 바이든 대통령은 미국이 핵심 의료물
자를 다급히 필요로 했던 당시에 한국이 이를 기부한 것에 대해 사의를
표하였다. 이러한 배경에서, 우리는 과학·기술 협력, 생산 및 관련 재
료의 글로벌 확대 등 중점 부문을 포함한 국제 백신 협력을 통해 전염

병 공동 대응 역량을 강화하기 위하여, 포괄적인 한미 글로벌 백신 파트너십을 구축하기로 합의하였다. 한국과 미국은 각국의 강점을 발휘하여 국제적 이익을 위해 엄격한 규제 당국 또는 세계보건기구에 의해 평가를 받고, 안전하고 효과적인 것으로 입증받은 백신 생산 확대를 위해 협력할 것이다. 한국과 미국은 안전하고 효과적인 코로나19 백신의 수요 증가를 적시에 충족시키기 위한 파트너가 될 것이다. 동 파트너십을 기반으로, 우리는 가까운 미래에 전염병 대유행을 종식하고 향후의 생물학적 위협에 대비하기 위해, 코백스(COVAX) 및 감염병혁신연합(CEPI)과의 조율 등을 포함하여 전 세계 국가들에 대한 글로벌 코로나19 백신 공급을 대폭 확대하는 데 적극 협력해 나갈 것이다. 이를 위해, 우리는 파트너십 이행 목적으로 과학자, 전문가 및 양국 정부 공무원으로 구성된 고위급 전문가 그룹인 한미 글로벌 백신 파트너십 전문가 그룹을 발족할 것이다. 양국은 코백스의 성공을 보장하기 위해 적극 협력할 것이며, 한국은 금년 40억 불을 기여한 미국의 대담한 결정을 평가하였다. 이를 위해, 그리고 한미 양국이 코로나 대응을 함께 선도함에 비추어, 한국은 코백스 AMC에 대한 기여 약속을 금년 중 상당 수준 상향할 것이다.

우리는 세계보건기구(WHO)의 잠재적 보건 위기에 대한 조기의 효과적인 예방진단대응을 통한 팬데믹 방지 능력을 강화하고, 투명성을 증진하며, 독립성을 보장함으로써 세계보건기구를 강화하고 개혁하는 데 협력하기로 하였다. 우리는 또한 코로나19 발병의 기원에 대한 투명하고 독립적인 평가분석 및 미래에 발병할 기원 불명의 유행병에 대한 조사를 지원할 것이다. 우리는 인도－태평양 지역 내 전염병 대유행 준비태세 개선을 지원하기 위해 과감한 조치를 취할 것을 결의하고, 모든 국가가 전염병 예방진단대응 역량을 구축해 나가도록 함께 그리고 다자적으로 협력할 것이다. 이러한 목표를 향해 나아가기 위해, 한국은 글로벌보건안보구상 선도그룹(GHSA Steering Committee) 및 행동계획워킹그룹(Action Package Working Groups)에 대한 관여를 확대하고, GHSA 목표를 지지하고 협력국간 격차 해소를 지원하기 위해 2021-2025년 기간 동안 2억 불 신규 공약을 약속한다. 또한, 한국과 미국은 지속 가능하며 촉매 역할을 할 새로운 보건 안보 파이낸싱 메커니즘 창설을 위해 유사 입장국들과 협력할 것이다.

한국과 미국은 상호 최대 무역투자 파트너 국가 중 하나이며, 특히 한미 자유무역협정(KORUS FTA) 등 강력한 경제적 유대는 굳건한 기반이 되고 있다. 양 정상은 세계무역기구(WTO) 개혁을 위해 긴밀히 협력해 나가기로 했으며, 불공정 무역 관행에 반대한다는 공동의 결의를 표명하였다.

기술 환경의 급속한 변화에 따라, 우리는 공동의 안보번영 증진을 위해 핵심 신흥기술 분야에서 파트너십을 강화하기로 합의하였다. 우리는 해외 투자에 대한 면밀한 심사와 핵심기술 수출통제 관련 협력의 중요성에 동의하였다. 문재인 대통령과 바이든 대통령은 이동통신 보안과 공급업체 다양성이 중요함을 인식하고, Open-RAN 기술을 활용하여 개방적이고 투명하고 효율적이며 개방된 5G, 6G 네트워크 구조를 개발하기 위해 협력하기로 약속하였다. 이를 위해, 우리는 반도체, 친환경 EV 배터리, 전략핵심 원료, 의약품 등과 같은 우선순위 부문을 포함하여, 우리의 공급망 내 회복력 향상을 위해 협력하기로 하였다. 또한, 우리는 상호 투자 증대 촉진 및 연구개발 협력을 통해 자동차용 레거시 반도체 칩의 글로벌 공급을 확대하고, 양국 내 최첨단 반도체 제조를 지원하기 위해 협력하기로 합의하였다. 문재인 대통령과 바이든 대통령은 차세대 배터리, 수소에너지, 탄소포집·저장(CCS) 등과 같은 청정에너지 분야 및 인공지능(AI), 5G, 차세대 이동통신(6G), Open-RAN 기술, 양자 기술, 바이오 기술 등 신흥 기술 분야에서 혁신을 주도함으로써 미래 지향적 파트너십을 발전시켜 나가기 위해 협력할 것을 약속하였다.

또한, 문재인 대통령과 바이든 대통령은 민간 우주 탐사, 과학, 항공 연구 분야에서 파트너십을 강화하기로 약속하고, 한국의 아르테미스 약정(Artemis Accords) 서명을 위해 협력할 것이다. 아울러, 우리는 국제 원자력 안전, 핵안보, 비확산에 대한 가장 높은 기준을 보장하는 가운데, 원전사업 공동 참여를 포함한 해외 원전시장 내 협력을 발전시켜 나가기로 약속하였다.

문재인 대통령과 바이든 대통령은 한미 간 개발협력 관계를 강화할 수 있는 기회를 환영한다. 우리는 미국국제개발처와 한국국제협력단 간 보다 긴밀한 협력 촉진을 위해 우리의 파트너십을 확대하게 된 점을 기쁘게 생각한다. 우리는 또한 중미 북부 삼각지대 국가들로부터 미국으로의 이주 문제의 근본 원인을 해결하는 것이 중요함을 인식하였다. 이를 위해, 한국은 2021~2024년간 중미 북부 삼각지대 국가와의 개발 협력에 대한 재정적 기여를 2.2억 불로 증가시킬 것을 약속하였다. 또한, 미국은 라틴아메리카·카리브해 지역 내 국가들과 디지털·녹색 협력 등 협력을 확대한다는 한국의 이니셔티브를 환영하였다.

한미 양국의 지속적인 우정은 양국 간 활발한 인적 유대를 통해 더욱 강화되고 있다. 1955년 이후 170만 명 이상의 한국 학생들이 미국 교육기관에 입학하였다. 200만 명 이상의 한국 시민들이 미국을 방문하거나, 미국에 근무 또는 거주하고 있으며, 20만 명 이상의 미국 시민들이 한국에 거주하고 있다. 한국의 정치 지도자들을 포함하여 1만 명 이상의 한미 양국 시민들이 후원 교환 프로그램에 참여해 왔다. 우리는 제1기 한미 풀브라이트 장학생들의 상대국 방문이 60주년을 맞이한 데 대해 큰 자부심을 느낀다. 이는 한미 양국 국민들 간 오랜 유대의 깊이와 힘을 보여준다. 한미 간 폭넓은 교환 프로그램은 양국 공동의 목표 달성을 촉진한다. 우리는 환경 등 핵심 분야에서 양국 간 협력 역량을 강화하기 위해 청년 환경 지도자들 간 쌍방향 교류를 확대하기로 합의하였다. 나아가, 우리는 한미 양국에 안정적이고 지속가능한 혁신과 경제적 회복력의 견고한 기반을 구축하기 위해, 과학기술공학수학 분야에서 전문가 간 교류 확대를 지원하고 여성의 역량을 증진하는 데 특별한 중요성을 부여한다.

문재인 대통령과 바이든 대통령은 또한 국내외에서 민주적 가치와 인권 증진을 위한 노력을 배가하기로 하였다. 우리 민주국가들의 힘은 여성들의 최대 참여에 기반한다. 우리는 가정폭력과 온라인 착취 등을 포함한 여성과 소녀들에 대한 학대를 종식시키고, 양국 모두에서 문제가 되고 있는 성별 임금 격차를 좁혀나가기 위한 모범 사례들을 교환하기 위해 노력할 것이다. 우리는 부패 척결, 표현·종교·신념의 자유 보장을 위한 협력을 확대하기로 하였다. 끝으로, 우리는 아시아계 미국인 및 태평양 도서국 공동체에 대한 폭력 규탄에 동참하고, 한국계 미국인을 포함한 모든 미국인들이 존엄성 있고 존중받는 대우를 받을 수 있도록 협력해 나가기로 약속한다.

국제적 난제와 급변하는 글로벌 환경하에서 문재인 대통령과 바이든 대통령은 한국, 미국 및 세계가 직면한 저해 요인들을 인식하고 있다. 우리는 한미 간 협력을 통해 한미동맹이 국제적 역할을 확대함으로써 중대한 도전에 대처할 수 있도록 할 것임을 인식한다. 우리의 동맹은 호혜성과 역동성을 바탕으로 70년 넘게 변함없는 국력의 원천이 되어왔다. 우리는 한미동맹이 향후 수십 년 동안에도 이를 유지할 수 있도록 긴밀히 협력해 나가기를 기대한다. 문재인 대통령은 바이든 대통령의 따뜻한 환대에 사의를 표하고, 바이든 대통령을 방한 초청하였다.

출처: 〈연합뉴스〉 2021.5.22.

제3장

한반도 평화 프로세스:
전략과 과제

1. 문헌 해제로부터 얻는 함의

이상 한반도 평화체제 관련 당사자들과 그들 간의 공식 문서를 선별해 살펴보았다. 이 책에서 살펴본 문서는 40개이다. 이들 문서를 당사자, 시기, 그리고 합의 내용을 연결 지어 정리해보면 다음과 같은 패턴을 발견할 수 있다.

먼저, 한반도 평화 관련 대화와 협상이 두드러진 시기는 국제질서가 변화하고 그에 대응하는 움직임이 활발했던 전환기와 탈냉전기이다. 그에 따라 합의 문서도 두 시기에 가장 많다. 국제질서가 양극체제로 확립된 냉전기는 진영 간 외교가 적고 새로운 질서 모색을 찾아보기 어렵기 때문에 합의 문서들이 적을 수밖에 없다. 그에 비해 전환기와 탈냉전기에 만들어진 문서들은 그 수가 많을 뿐만 아니라 관계정상화, 비핵화, 평화체제 등 평화지향적인 현상 변경 성격을 갖는 내용으로 이루어져있다. 합의 문서의 당사자도 기존의 우호동맹 관계에 있는 양자만

이 아니라 적대관계에 있던 양자로 확대되었다. 나아가 4자회담, 6자회담과 같이 다자인 경우로 늘어나 다양한 형식의 평화 프로세스가 전개되었음을 알 수 있다. 그러나 이런 평화 프로세스는 일시적, 제한적이었다. 관련 국가들 사이의 깊은 불신과 한반도 및 동아시아의 분단체제가 누르는 장기 갈등구조가 크기 때문이다.

냉전기와 변환기로 설정한 두 시기는 합의 문서들이 상대적으로 적고 그 내용은 안보와 동맹을 키워드(key word)로 하는 대결지향적인 성격이 대부분이다. 물론 「7·4 남북공동성명」과 남북·북미 정상회담에서의 합의문이 있지만 그것이 평화와 협력으로 크게 발전하지 못했다. 이 두 시기 주변 강대국들이 한반도 평화와 안정을 위해 적극적인 역할을 보이지 않은 점도 유의할 만한 현상이다. 이는 한반도 평화와 통일은 결국 남북한이 협력해 주도하지 않으면 주변국들과 국제사회가 먼저 움직이지 않는다는 함의를 던져주고 있다. 이는 한반도 평화 정착을 위해 남북협력과 국제협력이 조화를 이루되 남북한이 그 주창자, 선도자 역할을 수행해야 함을 말해준다.

한편, 탈냉전 이후 변환기의 한반도 상황이 위기의 악순환이라 부를 정도로의 대결 양상이 지배적이고 평화 논의가 일시적인 점은 유의할 대목이다. 변환기 한반도의 위기는 크게 보아 패권 쇠퇴국 미국과 부상하는 중국 간의 경쟁과 남북한의 대결로 구성되어 있다. 한미 동맹관계가 한미일 동맹 네트워크로 편입되는 경향 속에서 동맹이 세계화로 확대되고 가치동맹으로 깊어지고 있다. 이런 한미동맹의 확대·강화 현상은 북한의 핵능력 강화에 따른 대북 제재 위주의 대북정책이 촉진하고 있다. 북한의 계속되는 핵개발과 그에 대한 독자 및 다자 대북 제재 사이의 시소게임은 한반도 문제가 갈등 양상을 띠며 국제적 원심력이 더 커져감을 보여준다. 그에 비해 남북 대화와 교류는 일시적인 수준에 그

칠 뿐 대결이 완화되지 않고 있다. 북한의 핵개발과 한미 사드 배치 결정은 북한과 중국, 러시아의 결속을 가져오면서, 탈냉전 이후 변환기가 냉전기로 회귀하는 듯한 현상을 불러일으키고 있다. 그런 가운데서도 2018년은 한반도 위기가 대화로 전환해 평화 프로세스를 개시하였다. 이 해는 한반도 문제로 정상회담이 가장 많이 열린 해로 기록되었고, 무엇보다 최초의 북미정상회담이 열려 남북, 북중 정상회담과 어우러졌다. 「싱가포르 공동선언」은 비록 실행으로 전환되지 못하였으나, 미국의 새 행정부로부터 계승할 부분으로 인정받았다. 남북은 일련의 정상회담은 물론 합의 사항 일부를 실행하며 평화 프로세스의 주요 축임을 보여주었다. 물론 남북협력은 북미 채널의 강력한 제약을 받고 있는 점도 알 수 있었다. 이렇게 변환기는 평화와 비평화가 교차하며 어느 방향으로 귀결되지 않는 가운데 당사자들의 의지를 지켜보고 있다.

향후 한반도 평화체제의 구축 가능성은 동북아 강대국 권력정치와 남북한 관계가 어떤 방향으로 조합되는지에 달려있다. 이를 전망하는 데 그치지 않고 그런 방향으로 만들어가기 위해서는 전환기와 탈냉전기에 나타났던 활발하고 평화지향적이었던 국제관계에서 풍부한 교훈을 찾고, 냉전기와 변환기에 두드러진 대결 외교를 타산지석으로 삼아야 할 것이다. 그런 교훈 찾기 노력을 기약하면서 아래에서는 한반도 평화체제를 구축하는 데 필요한 전략과 추진 과제를 생각해보고자 한다.

2. 복합 평화전략

평화협정을 체결하는 과정 혹은 협정을 이행하는 과정에서는 반드시 경제협력과 화해, 인도주의 문제가 논의될 수밖에 없다. 왜냐하면 평화협정을 체결하기 위해서는 그에 적합한 환경을 조성해야 하고, 또 협정을 이행하는 데도 다양한 화해협력 프로그램을 가동할 필요가 크기 때문이다. 이러한 방법이 비록 더디게 느껴질 수 있으나 이를 우회하거나 더 빠른 길은 없다. 결국 평화협정 체결로 적대에서 협력으로, 전쟁에서 평화로 나아가는 분수령을 만들 수 있다. 그 이후 본격적인 평화 프로세스는 소위 '양질의 평화(quality peace)'를 만들어가는 길인지도 모른다. 그 길은 대중의 안위와 존엄을 증진하는, 그것도 지속적으로 추구하는 것이다.[1] 그에 앞서 비핵화, 평화협정, 국교정상화 등 정치군사적인 조치들은 결국 양질의 평화를 예비하는 일에 불과할는지도 모른다.

한반도 평화체제를 구축하기 위해서는 정전협정을 평화협정으로 전환하는 정치적, 법적, 군사적 조치가 핵심요건이라 할 수 있으나, 그 조건이 성숙하려면 경제협력과 인권·생태·평화의 거시적 틀에서 접근해야 할 것이다. 이러한 복합적 평화체제는 남북한과 미국, 중국, 일본, 러시아 등 주변국과 함께 만들어 가야 하지만 일차적 당사자인 남북이 주도적으로 추진해 나가야 할 것이다. 남북한이 상호공존을 위한 경제협력을 확대하고 식량, 보건, 재난·재해 등 인간안보(human security) 분야에서 협력하고 DMZ의 평화적 이용을 추진해 상호 신뢰구축과 긴장완화를 추진해 갈 수 있다. 북한이 핵무기 개발 의지를 좀처럼 포기할 것 같지 않은 상황에서 경제협력과 인도적 지원, 평화지대의 활용이 북핵문제 해결에 얼마나 실제적인 도움을 줄 것인가에 대한 회의가 없지 않겠지만, 비핵화 문제가 단기일에 해결될 기미가 보이지 않는 상황에서 이런 복합 접근을 통해 한반도 평화체제 구축의 길을 닦

---

1) Peter Wallensteen, *Quality Peace: Peacebuilding, Victory and World Order* (New York: Oxford University Press, 2015).

아가야 할 것이다.

중국은 이미 경제협력을 통한 비핵화라는 중국식 해법을 구사하기 시작했다. 중국은 2009년 북한의 핵실험 이후 북한의 안정화를 통한 비핵화를 제시하고 양국 간 경제·군사협력을 강화하고 있다. 중국은 2008년 8월 김정일 건강 악화로 인해 북한 정세가 불안정해지고 2008년 12월 심각한 금융위기를 겪고 있는 미국의 대북 압박정책을 마냥 따를 수만은 없다고 판단하고, 경제협력을 통한 군사 문제 해결을 서둘러 추진해온 것이다. 중국은 또 나진·선봉 지역과 황금평 개발뿐 아니라 북한 내부의 에너지 자원 개발에도 적극 참여하고 있다. 이런 정책에 대해 남한에서 북한의 중국화 가능성에 대한 우려의 시각이 존재하고 북한에서도 그런 추세에 염려하는 분위기가 있다고 전해진다. 그러나 중국의 그런 정책은 경제, 군사, 사회 등 여러 영역에서 교류와 협력을 확대함으로써 궁극적으로 북한 핵문제를 해결하는 데 기여할 것으로 보인다.

오늘날 북한 인권 문제는 대단히 심각해 국제사회가 그 책임자에 대한 책임 규명과 법적 처벌까지 논의하는 상황에 이르렀다. 유엔 인권이사회의 잇달은 북한 인권 결의와 북한인권조사위원회(COI)의 보고서 제출, 그리고 민간단체들의 북한 인권 침해 책임자들에 대한 국제형사재판 회부 운동이 그 예이다. 2008년 이후 한국 정부는 미국, 일본 등과 함께 이런 움직임을 지지하며 대북 압박의 소재로 삼기도 한다. 그럼에도 다른 한편, 국제사회는 북한 인권 개선을 위해서는 대북 인도적 및 개발 지원, 민간교류, 정치대화 및 인권대화, 한반도 평화정착을 위한 관련국들의 고위회담도 촉구하고 있다. 그런 제안들이 북한 인권 개선 조치로 크게 활용되지 못하고 있다. 북한의 계속된 핵개발 탓도 있지만 적대적 대북 인식이 재생산되는 측면도 없지 않다. 더구나 기후위기와 보건위기가 지구 공동체의 실존적 위기(existential crisis)로 부상한 오늘날 부정적 정체성에 기반한 권력정치는 그것을 추구하는 집단의 생존마저 앗아갈 위험을 안고 있다. 복합 평화전략이 표방하고 있는 인권·생태·평화의 거시적 틀에서 볼 때 이런 다양한 방안들을 균형 있고 유연하게 전개할 때 소기의 성과를 기대할 수 있을 것이다.

남북간 경제협력은 비핵화 프로세스를 재가동하는 필수 과제로 다가온다. 중국과 북한의 경제협력이 확대되고 있는 가운데 한중 FTA 체결과 북한의 경제특구 확대, 한중일 자유무역지대 및 아시아 평화은행 창설 등을 통해 '평화경제'를 확대해 나간다면, 상호이익을 바탕으로 안정된 평화구조를 형성할 것이다. 비핵화와 평화체제가 불가피하게 경제·에너지 문제와 연계되어 있으므로 정책의 실효성을 높이려면 경제협력, 지원 정책과 긴밀한 연관 속에 추진해야 할 것이다. 탄탄한 경제협력의 기반이 없이는 정치군사적 안정이 미봉책에 불과하고, 경제력이 뒷받침되지 않고서는 사회평화도 이룰 수 없다. 이런 점에서 남북이 경제교류와 협력을 비핵화 및 평화체제와 병행하여 추진해 나가야 한다.

남북한과 주변국 간 신뢰가 낮고, 각국의 이해와 목표가 다양하고, 역내 다자협력의 경험이 미흡한 상황에서 한반도 평화체제 수립을 어떻게 추진해나갈 것인가? 여기서 복합전략을 제안한다. 군사, 경제, 인도주의, 평화지대 등 4개의 복합적 평화체제를 남북 간, 북미 간, 6자 간 관계에 순차적 또는 동시적으로 적용해 볼 수 있을 것이다. 중국이 제안하고 있는 남북대화, 북미대화, 6자회담의 수순으로 문제를 푸는 방법도 복합전략의 일환으로 다루어볼 수 있을 것이다. 6자회담이 중단된 상황에서 평화체제를 추진하려면 남북한과 주변국가들 간의 다차원적인 신뢰 형성과 협력을 병행할 창조적인 방법을 강구해야 할 것이다.

가장 선행할 문제가 바로 남북 간 대화와 평화의 구조 형성이다. 이 문제만 하더라도 단선적으로 해결할 수 없는 많은 난제를 안고 있다. 남북한이 초보적인 군사적 신뢰마저 얕은 상황에서 인도주의 문제나 인간안보, 위기관리 등에 필요한 협력을 통해 최소한의 신뢰를 형성할 필요가 크다. 질병과 빈곤, 남북의 재난·재해에 공동으로 협력함으로써 남북간 사회평화의 구조를 형성할 수 있고, 이러한 사회평화 구조는 경제협력을 복원함은 물론 경제공동체 형성으로 나아가 평화 조성에 일익을 담당할 수 있다. 또한 비무장지대와 접경지역의 평화적 이용 공간을 확대하고 남북 정상이 합의한 서해평화협력지대의 개발에 협력함으로써 군사적 긴장완화와 상생의 길을 이끌어낼 수 있다.

남북간의 초보적인 신뢰가 형성되면 다음 단계로 한중, 한러 간, 그리고 북미, 북일 간의 신뢰 형성을 위한 조치들을 시행해 나갈 수 있을 것이다. 특히 북한과 미국·일본은 국교정상화를 목표로 한 당국 간 대화를 시작해야 한다. 그러나 남북대화를 북미대화나 북중협력 사이의 선후관계로 못박을 필요는 없다. 북미, 북일 간에도 인도주의 위기에 대한 공동대응과 경제협력, 평화지대 개발 등을 통해 신뢰를 쌓음으로써 대화의 기반을 다져야 한다. 현재 유엔의 대북 경제재재가 발효 중이어서 대부분 협력사업이 불가능하지만, 여기에서도 인도주의와 민간경제에 대한 협력의 길은 열려 있다. 지진과 화산 폭발 등 자연재해와 대규모 시설 화재 등 인공재난에 공동 대처하고 전염병과 기아 문제 등 인간안보 문제에 협력함으로써 사회평화 구조를 만들어낼 수 있다. 사회평화로 형성된 최소한의 신뢰를 바탕으로 비핵화 이행과 남북, 북미 적대관계를 전환시켜 나갈 수 있을 것이다. 다음 단계의 비핵화 진전에 대비하여 경수로나 다른 형태의 경제·에너지 협력도 추진해 나가야 할 것이다.

남북관계와 북미·북일 관계가 개선되면 관련국들이 모여 평화체제 문제를 종합적으로 논의하는 단계로 발전할 것이다. 남북 및 관련국들은 4자회담이나 6자회담을 통해 비핵화 최종 단계로 나아갈 것이다. 인도주의 협력과 경제지원, 평화지대의 활용을 통해 대결과 제재 상태를 신뢰와 상생의 구조로 변화시켜 나가야 한다. 진전된 사회·경제공간의 협력 네트워크 속에서 관련국들은 북한의 비핵화 조치에 따른 지원과 협력을 지속해 나가는 한편, 남과 북은 군사적 긴장완화와 군축을 진전시킴으로써 비핵화를 견인해나갈 수 있다. 이와 같이 군사는 물론 경제, 인도주의, 평화지대 등 각각의 영역에서 신뢰를 쌓고 복합적 평화구조를 연결하여 평화체제로 발전시켜 나갈 수 있다.

3. 한반도판 다자 평화 프로세스

이러한 포괄적 방식은 동서 간의 이념 대립이 첨예했던 냉전시기에 유럽에서 성공한 사례다. 헬싱키 프로세스가 그것이다. 헬싱키 프로세스란 1975년 8월 유럽의 동서 양 진영의 33개국과 미국, 캐나다 정상이 서명한 「헬싱키 협정(Helsinki Final Act)」의 이행 과정을 말한다. 헬싱키 프로세스는 동서 이념 대립의 갈등구조 속에서도 안보·경제·인도 문제를 묶어 공동안보와 협력안보를 추진해 역내 다자협력을 증진하고 결국 평화적인 냉전 해체를 가져왔다.[2] 이념적 갈등이 치열했던 냉전시기에 동유럽과 서유럽이 유럽안보협력회의(CSCE)라는 다자

---

2) John Fry, *The Helsinki Process: Negotiating Security and Cooperation in Europe* (Washington, DC: National Defense University Press, 1993).

간 안보·협력회의체를 만들어 정치·군사, 경제 및 인도적 문제를 포괄적으로 해결해 나감으로써 유럽 통합의 토대를 구축하였다. CSCE는 안보 문제를 풀기 위해 경제와 문화, 인도적 사안까지 모든 문제를 포괄적으로 논의하는 복합 회의체였다. 헬싱키 프로세스는 이념 대결, 군사적 긴장, 이질적인 세계관 등과 같은 열악한 조건에서 각국의 이해관계를 지역안보협력이라는 큰 틀에 녹여 공존공영을 서서히 제도화시켜 나간 평화 프로세스였다. 한반도처럼 이념 대결이 첨예하고 관련국들의 이해가 다양한 상황에서는 헬싱키 프로세스가 평화체제 수립의 돌파구를 찾는 데 많은 시사점을 줄 것이다.

남북의 경우에도 안보 문제와 경제협력, 인도주의 협력을 통합 패키지로 만들어 영역 간의 문제를 상호보완적으로 풀어나갈 수 있을 것이다. 헬싱키 협정은 바스켓 I 에는 안보 문제,[3] 바스켓 II 에는 경제·과학·기술협력 문제, 바스켓 III 에서는 인적접촉·정보·문화·교육 문제를 담아 상호간 패키지 교환 방식으로 담았다. 한반도 통일 과정에서도 핵 문제와 경제협력, 인도주의 문제를 복합적 해결 방식, 즉 패키지 딜(package deal)을 구상할 필요가 있다. 당사자의 정치적 이해관계가 맞물려 좀처럼 양보하거나 타협하기 쉽지 않은 상황에서는 오히려 논쟁의 범위를 확대시켜 호혜적인 결과를 추구할 수 있기 때문이다. 소련은 전후 유럽 질서의 현상유지와 경제발전을 위해 국경 불가침과 경제교류에 관심을 가진 반면, 서방 측은 인권 존중과 인도적 협력 문제에 관심을 갖고 있었다. 북한도 현재 체제 생존(안보)과 경제발전에 깊은

---

3) 안보 문제를 다룬 헬싱키 협정 바스켓 I 에는 참가국 간의 관계를 규율하는 10대 원칙이 제시되어 있는데, 그것은 1) 주권 평등, 2) 위협 또는 무력 사용 배제, 3) 국경의 불가침, 4) 영토 주권 존중, 5) 분쟁의 평화적 해결, 6) 국내 문제 불간섭, 7) 인권 및 기본적 자유의 존중, 8) 인민의 평등권과 자결권, 9) 국제협력, 10) 국제법상 의무 준수 등이다.

관심을 갖고 있고, 국제사회는 비핵화와 인권 문제에 관심이 높기 때문에 상호 관심사를 병행 추진하는 식의 포괄 접근이 필요하다. 유럽의 경험에서 보듯이, 소위 한반도판 평화 프로세스는 이런 세 영역에서의 평화 구축을 병행 추진하면서 진전되는 분야대로 합의와 이행을 전개해 나가되, 동시에 민감하고 논쟁이 많은 영역은 보다 적극적인 촉진 역할이 필요하다. 그 과정에서 정부는 물론 관련 분야 전문가집단과 시민단체 등 비정부기구들의 참여를 보장하는 것도 배울 점이다.

각 단계별로 평화체제 논의가 진전되는 상황에 따라 거기에 맞는 경제정책을 추진해 나갈 수 있을 것이다. 먼저, 정치군사적 측면에서 남북한과 미국, 중국 등 관련 국가의 정상들이 한국전쟁의 종식을 공식 선언할 수 있다. 이미 지난 2006년 11월 미국의 부시 대통령이 한반도 비핵화를 전제로 북한과 한국전쟁의 종전선언 가능성을 언급한 바 있어서 실현성이 살아있다. 이런 선언을 시작으로 하여 비핵화와 적대국가 간 관계정상화, 경제협력과 인도적 지원, DMZ의 생태·평화적 이용 등의 문제를 포괄적으로 풀어나가는 복합정책을 추진할 수 있을 것이다.

중국 북경대 국제대학원 왕지스(王緝思) 원장은 북핵문제 해결에 장시간이 소요될 것으로 보고 지속적인 대화와 경제협력, 인도적 지원을 실시하여 북한 정권이 개혁의 길로 가도록 유도하여 핵무기를 포기하게 하는 장기적 방안을 추진해야 한다고 주장했다.[4] 이 방안은 국제사회가 대북 접촉, 경제교역, 인도적 지원 등을 통해 북한이 스스로 핵개발을 포기하도록 한다는 '경제-안보-인도주의 교환모델'인 셈이다. 우선 핵문제 해결에 상응하는 경제협력과 인도주의 협력을 점진적 패키

---

4) 왕지스, "북핵문제 및 당면 한·중 관계(朝核問題与當前中韓關係)," 민주평화통일자문회의 주최 '2010 한·중 평화포럼: 한중 양국 전략적 협력동반자 관계의 새로운 비전' 토론회 자료집 (2010.9.28), pp. 49-50.

지 방식으로 풀어가는 폭넓은 이행 방안을 구상해 볼 필요가 있다. 초기 단계에서는 인도주의 협력을 바탕으로 신뢰를 쌓고 경제협력을 확대하여 핵문제 해결과 평화체제 구축에 필요한 조건을 조성하는 데 집중해야 할 것이다.

4. 한반도 평화체제의 영역과 과제

한반도 평화체제 논의는 우선 한국전쟁이 낳은 정전체제의 평화적 전환과 북한 핵문제 해결, 그리고 장기간의 적대관계를 우호관계로 전환하는 정치군사적 문제가 해결 과제이다. 정전체제를 고려할 때 평화협정 체결이 가장 핵심적인 의제임에도 불구하고 북핵문제가 불거짐으로써 한반도 비핵화에 모든 초점이 쏠려 있다. 2000년대 중반 들어 6자회담에서 관련국들은 한반도 비핵화를 위한 3단계 청사진과 해법을 제시해 초기 단계의 조치들을 진행했으나, 불능화 개념과 농축우라늄 프로그램의 사찰 여부에 대한 의견 차이로 답보 상태에 놓여 있다. 그 이후에는 상호 대결과 비방이 계속되면서 평화체제 수립의 기초인 긴장완화와 신뢰구축조차 튼튼하지 못한 상태다. 한반도 평화체제 논의 과정에서 보듯이 평화체제는 공동성명이나 평화협정과 같은 공식적 의제도 중요하지만, 평화의 합의를 도출하는 데 필요한 포괄적 환경 조성이 무엇보다 중요하다. 그런 점에서 2007년 6자회담 2·13합의의 5개 실무 영역으로 구체화된 북미 대화, 북일 대화의 진전과 경제·에너지 협력, 평화포럼 등을 동시 병행으로 진전시켜야 평화체제 수립을 기약할 수 있다.

이상 한반도 평화 구축을 위한 주요 3대 영역은 각각 그 의미가 있지만 세 영역이 포괄적 틀에서 병행 추진될 때 의미가 있다. 가령, 셋 중 어느 하나가 생략된 채 다른 둘을 달성하는 방식으로 평화구축을 시도한다면 그것은 한계가 있을 수밖에 없다. 한반도 비핵화 없이 평화협정 체결이 가능하지 않고 긴장완화나 신뢰구축도 불가능하다. 그렇다고 평화협정 체결 없이 비핵화와 긴장완화가 가능할지 의문이거니와 평화협정 체결 없이 평화체제 구축도 요원해 보인다.

현실적으로 평화체제 구축을 위한 세 영역 간에 시간 개념을 적용하면 추진 단계가 만들어진다. 물론 평화체제 추진 전략을 구상함에 있어서는 각 행위자의 역할과 단계별 목표 설정도 있어야 할 것이다. 이를 전제로 평화체제 구축의 세 영역을 추진 단계에 대입하면 1단계: 긴장완화와 신뢰구축 → 2단계: 한반도 비핵화 → 3단계: 평화협정 체결과 같은 순서로 도식적으로 생각해볼 수 있다. 물론 각 단계 사이에 중첩이 있을 것이다. 1단계가 완전히 끝나고 그와 구별되는 2단계가 새롭게 시작한다는 의미가 아니다. 지난 2007년에는 2단계에 깊이 진입한 적도 있었지만 2017년 상반기 이래 1단계 초입에 들어서야 하는 상황으로 악화되었다. 그리고 한국의 입장에서는 이런 3영역/3단계의 평화구축의 틀에 만족하기 어려운 특수한 입장에 있음에 유의할 필요가 있다. 바로 한반도에서 지속가능하고 안정적인 평화체제의 구축은 남북 평화통일에 있다는 사실이다. 한국전쟁 이후 분단은 정전체제와 동전의 양면을 이루며 한반도 거주민들의 모든 것을 규정해왔다는 사실을 상기할 때, 분단고착형 평화체제는 바람직한 평화체제라 말하기 어렵기 때문이다.[5]

---

5) 임동원, 『피스 메이커: 남북관계와 북핵문제 25년』 (파주: 창비, 2015); 김병로·서보혁 엮음, 『분단 폭력: 한반도 군사화에 관한 평화학적 성찰』 (서울: 아카넷, 2016) 참조.

결국 한반도 평화체제 구축은 아래 몇 가지 사항을 주요 컨텐츠 (contents)로 하는 복합 구조물이라 하겠다. 한반도 평화체제 구축의 주요 컨텐츠는 ① 목표: 평화체제 구축과 통일 준비, ② 주요 당사자: 남·북한, 미국, 중국, ③ 3영역: 긴장완화와 신뢰구축, 한반도 비핵화, 평화협정 체결, ④ 3단계: 긴장완화와 신뢰구축 → 한반도 비핵화 → 평화협정 체결, ⑤ 한반도판 다자 평화 프로세스: 안보협력, 경제협력, 인도협력으로 정리할 수 있다. 다만, 이런 복합 평화체제를 구상에서 현실로 구체화하는 데는 역시 관련 당사자들의 대화와 소통, 그것도 적극적이고 지속적인 노력이 필요하다.

세계화의 심화와 정보통신의 발달로 평화에 대한 관심은 국경을 초월하는 문제로 발전해 왔고, 평화체제에 참여하는 행위자가 국가만이 아니라 비국가 영역으로 확대되고 있다. 동북아시아와 한반도에서도 국가 차원의 역할도 중요하지만 새로운 비국가 행위자들이 지구적 네트워크를 조직하여 연성권력이 강조되는 방향으로 변모하고 있다. 또한 안보 문제가 전통적인 안보 이슈만이 아니라 경제협력과 에너지 문제, 자연재해와 전염병, 빈곤과 환경 문제와 같은 인간안보로 그 범위가 넓어지고 있다. 한반도 평화체제는 이러한 21세기적 상황에 능동적으로 대처하는 의미 있는 제도가 되어야 하며 복합 구상, 포괄 접근을 양 축으로 하여 지혜롭게 추진해 나가야 한다. 새로운 한반도 평화체제 구상이 남과 북에 전쟁의 위험을 제거하고 모든 구성원들에게 양질의 평화를 보장하며 지속가능한 평화를 구현하는데 기여할 수 있기를 기대한다.

참고문헌

김계동. "남북한 외교정책 비교: 의존적 동맹외교와 교차적 평화외교." 체제통합 연구회 편. 『남북한 비교론』. 서울: 명인문화사, 2006.

_____. 『북한의 외교정책』. 서울: 백산서당, 2002.

_____. 『북한의 외교정책과 대외관계』. 서울: 명인문화사, 2012.

김동명. "한반도 평화체제 구상." 『통일과 평화』 3집 1호 (2011).

김병로·서보혁 편. 『분단폭력: 한반도 군사화에 관한 평화학적 성찰』. 서울: 아카넷, 2016.

김보영. "정전회담 쟁점과 정전협정." 『역사문제연구소』 제63호 (2003).

노중선. 『남북대화 백서: 남북교류의 갈등과 성과』. 서울: 한울아카데미, 2000.

대통령공보비서실 편. 『민주·번영·통일의 큰 길을 열며: 노태우 대통령 재임 5년의 주요연설』. 서울: 동화출판사, 1993.

문성묵·신범철. "평화공동체 구상: 조건과 시기." 북한연구학회 2011년 춘계학술회의 발표문 (2011.4.22).

박찬봉. "7·7선언체제의 평가와 대안체제의 모색: 기능주의에서 제도주의로." 『한국정치학회보』. 제42집 제4호 (2008).

서보혁. "북한의 평화 제안 추이와 그 특징." 『북한연구학회보』 제13권 1호 (2009).

_____. 『탈냉전기 북미관계사』. 서울: 선인, 2004.

_____. "평화로운 한반도의 문을 열다: 평양 남북정상회담 군사분야 평가와 과제." Online Series, CO 18-39. 통일연구원 (2018.9.21).

_____. "한반도 평화체제 구상: 10대 쟁점." (사)통일맞이 4·2공동성명 21주년

기념 토론회 발표문 (2010.4.1).

서보혁·나핵집. 『지속가능한 한반도 평화를 향하여』. 서울: 동연, 2016.

신범철. "탈냉전기 평화협정 관행을 통해 본 한반도 평화협정에의 시사점." 『서울
국제법연구』 제14권 2호 (2007).

신정화. 『일본의 대북정책 1945-1992년: 국내정치 역학의 관점에서』. 서울: 도
서출판 오름, 2004.

오경섭·홍석훈·홍제환·정은미·이지순·홍예선. 『북한인권백서 2021』. 서울: 통
일연구원, 2021.

왕지스. "북핵문제 및 당면 한·중 관계(朝核問題与當前中韓關係)." 민주평화통일
자문회의 주최 '2010 한·중 평화포럼: 한중 양국 전략적 협력동반자 관계
의 새로운 비전' 토론회 발표문 (2010.9.28).

외교부. 『1992년 외교백서』. 서울: 외교부, 1992.

이종석. 『북한-중국관계 1945~2000』. 서울: 중심, 2001.

이즈미하지메. '미조관계의 기적과 전망,' 이즈미하지메 외. 『북조선: 그 실상과
기적』. 도쿄: 고문연출판사, 1998.

임동원. 『피스 메이커: 남북관계와 북핵문제 25년』. 파주: 창비, 2015.

장달중·이정철·임수호. 『북미 대립: 탈냉전 속의 냉전 대립』. 서울: 서울대학교
출판문화원, 2011.

조성렬. "한반도 비핵화와 평화협정의 연계 배경과 전망: 북핵문제의 포괄적 해
법을 위한 시사점." 북한연구학회 2010년 춘계학술회의 발표문 (2010.
4.9).

통일연구원 편. 『한반도 평화체제: 자료와 해제』. 서울: 통일연구원, 2007.

통일원 편. 『통일백서 1990』. 서울: 통일원, 1990년.

_____. 『통일백서 1992』. 서울: 통일원, 1992년.

_____. 『통일백서 1993』. 서울: 통일원, 1993년.

허문영. 『한반도 비핵화와 평화체제 구축전략』. 서울: 통일연구원, 2007.

Fry, John. *The Helsinki Process: Negotiating Security and Cooperation
in Europe*. Washington, DC: National Defense University Press,

1993.

Oberdorfer, Don. *The Two Koreas: A Contemporary History*. New York: Basic Books, 1997.

Wallensteen, Peter. *Quality Peace: Peacebuilding, Victory and World Order*. New York: Oxford University Press, 2015.

Wit, Joel S., Daniel B. Poneman, and Robert L. Gallucci. *Going Critical: The First North Korean Nuclear Crisis*. Washington, DC: Brookings Institution Press, 2005.

小此木政夫.『日本と北朝鮮、これから5年』. ＰＨＰ研究所, 1991.

鐸木昌之. "北朝鮮の對日政策: '恨'を解かんとする首領の領導外交." 小此木政夫編.『ホスト冷戦の朝鮮半島』. 東京: 日本国際問題研究所, 1994.

찾아보기

| 김병로 |

성균관대학교 사회학과를 졸업하고 미국 인디애나주립대학교 대학원에서 사회학 석사, 럿거스대학교 대학원에서 사회학 박사학위를 받았다. 통일연구원 선임연구위원 및 북한연구실장, 아신대학교 교수를 거쳐 현재 서울대학교 통일평화연구원 HK교수로 재직하고 있다. 통일부·국방부·국가정보원 자문위원과 민주평통 상임위원, 민화협 정책위원으로 활동하였으며 제22대 북한연구학회 회장을 역임하였다. 주요저서로는 *Two Koreas in Development*, 『개성공단』(공저), 『북한, 조선으로 다시 읽다』, 『다시 통일을 꿈꾸다』, 『탈사회주의 체제전환과 북한의 미래』(공저) 등이 있다.

| 서보혁 |

성균관대학교 신문방송학과를 졸업하고 한국외국어대학교에서 정치학 석·박사 학위를 받았다. 국가인권위원회 전문위원, 이화여대와 서울대에서 연구교수를 거쳐 현재 통일연구원 평화연구실 연구위원으로 근무하고 있다. 현대북한연구회와 비교평화연구회 회장을 역임했고 20여년 동안 통일·외교·안보 관련 정부기구와 비정부기구에 자문해오고 있다. 주요 저서로 『한국 평화학의 탐구』, 『코리아 인권』, 『탈냉전기 북미관계사』, 『배반당한 평화』, 『분쟁의 평화적 전환과 한반도』(공편), 『12개 렌즈로 보는 남북관계』(공편), 『인간안보와 남북한 협력』(엮음), *North Korean Human Rights* 등이 있다.